天津市地方志编修委员会办公室资助出版

天津地方史研究丛书

清代天津府
聚落地理研究

杜晨 著

天津社会科学院出版社

图书在版编目（ＣＩＰ）数据

清代天津府聚落地理研究 / 杜晨著. -- 天津 ： 天
津社会科学院出版社，2021.12
（天津地方史研究丛书）
ISBN 978-7-5563-0794-4

Ⅰ．①清… Ⅱ．①杜… Ⅲ．①聚落地理－研究－天津
－清代 Ⅳ．①K928.5

中国版本图书馆 CIP 数据核字 (2021) 第 276141 号

清代天津府聚落地理研究
QINGDAI TIANJINFU JULUO DILI YANJIU

出版发行：天津社会科学院出版社
地　　址：天津市南开区迎水道 7 号
邮　　编：300191
电话/传真：（022）23360165（总编室）
　　　　　（022）23075303（发行科）
网　　址：www.tass-tj.org.cn
印　　刷：天津午阳印刷股份有限公司

开　　本：787×1092　毫米　　1/16
印　　张：25.75
字　　数：339 千字
版　　次：2021 年 12 月第 1 版　2021 年 12 月第 1 次印刷
定　　价：78.00 元

总 序

　　盛世修史是中华民族的优良传统，史志文化是中华民族光辉灿烂文化的组成部分。习近平总书记指出："历史是最好的教科书"，强调"要高度重视修史修志"；李克强总理提出："修志问道，以启未来"。为新时代史志工作指明了方向，也提出了新的更高的要求。

　　津沽丰饶，人杰地灵。天津是我国历史文化名城，是高人巨匠聚集之地，有着独特的历史发展轨迹和地域人文气质。"天津地方史研究丛书"和"天津地情资料丛书"坚持以马克思列宁主义、毛泽东思想、邓小平理论、"三个代表"重要思想、科学发展观、习近平新时代中国特色社会主义思想为指导，坚持辩证唯物主义和历史唯物主义的立场、观点、方法，从社会生活不同的角度观察天津城市发展脉络和不同历史阶段特征，在不同领域的发展演进中感受天津沧桑变迁的历史逻辑。以史为鉴，开创未来，深入挖掘和传承天津优秀文化，讲好天津故事，总结天津发展的规律，推进天津改革开放和社会主义现代化建设，阔步新时代，续写新篇章。

　　天津市档案馆（天津市地方志编修委员会办公室）以挖掘天津历史文化资源，繁荣城市文化和学术研究为职志，资助出版这些书籍，意在贯彻落实市委市政府文化强市战略、贯彻落实中国地方志指导小组要求及

《天津市地方志工作办法》，大力整合社会资源，推动天津地方史研究深入发展。我们要以"天津地方史研究丛书"和"天津地情资料丛书"编辑出版为新的起点，继续做好此项工作，希望广大史志工作者持之以恒予以支持，贡献更多的精品力作，为繁荣天津史志研究，推进天津地方志事业高质量发展，把天津建设成为社会主义现代化大都市贡献智慧和力量。

天津市档案馆

（天津市地方志编修委员会办公室）

2021 年 10 月

前　言

　　天津设卫筑城于明初,清雍正间,裁卫设州纳入行政区划建制,数年间连升为直隶州、府,至 1913 年撤销天津府。这是迄今为止天津作为正式行政区划建制最稳定的一段时间。且天津府辖境也与今时之天津市有很大的区别,呈现出时代特性。

　　本书重在探究清代天津府聚落体系的形成与演变。从聚落的角度出发,将各类聚落作为一个体系进行全面、系统地研究,从而探索不同类型的聚落在发展变化过程中存在的内在联系及规律。尝试从四个方面进行探讨:(1)通过天津府的形成过程,弄清天津府的范围及设置原因;(2)分别以天津府所辖城市、村落、镇作为研究对象,从数量、分布、选址、外形、内部结构等多方面进行描述和分析,探寻其内在规律;(3)从地名学的角度来提取、分析村落名称中所包含的历史地理信息;(4)对天津府聚落体系的构成进行总结、分析的同时,以天津县为例,利用文献提供的计量数据,用统计分析的方法,对其聚落类型进行分析,以此为缩影来看中国传统时期城市化的动态过程。

目 录

绪　论

第一节　选题缘起

历史聚落地理是历史地理学的一个重要分支,它将历史时期的聚落作为研究对象,在空间、时间两个维度进行探讨。聚落是人类住所及其附带的各种营造物之集合,一般分为城市和村落两种类型。这二者之间并非泾渭分明的关系,它们是聚落发展到不同程度的产物,在纵向上有着层次的区别;在横向上,聚落也并非单独存在,无论是城市还是村落,都或多或少地与周围其他聚落存在联系,特别是随着政治、军事、经济、交通等人类需求的发展和进步,这种联系愈加紧密、复杂,形成了由诸多城市、村落构成的不同层级的聚落群。

1986 年天津被列为国家历史文化名城,属于近代史迹型,素有"近代百年看天津"一说。那么百年之前的天津是怎样的? 且不谈金元时期的直沽寨、海津镇,毕竟史料匮乏,也不谈明代时的"天津卫",那时的天津还是军事卫所性质的机构,既不辖民,也不在行政区划的序列里。但自雍正三年(1725)天津卫升为天津州,纳入正式行政区划以来,时隔六年,天津州就于雍正九年(1731)升为天津府,辖天津县、静海县、沧州、南皮县、盐山县、青县、庆云县等六县一州,一跃成为一府之地,直至清朝灭亡。也就是说,天津在清代已经成为府城,虽然不能与当今天津四大直辖市之一的地位相比,但其辖区面积之大并不在今天天津之下。值得注意的是,清代天津府的辖区与今天天津的辖区差异巨大,其中四县一州,即沧州、南皮县、盐山县、青县、庆云县皆在其外。换言之,在空间上,清代天津府与当代天津差异显著。

尽管天津府城与天津市是前后一脉相承的,是天津作为城市聚落发展不同阶段的产物,学界对天津城市史的研究也颇丰,特别是对近代天津关注更甚,但是天津辖区并非一个单一聚落,而是一个聚落群,仅将天津作为一个城市聚落进行研究显得不够全面,仅以今天的天津辖区看待这个聚落群还不能体现其时空变化。笔者希望通过对清代天津府辖区内各类聚落的整体研究,对天津地方史研究起到一定的补充作用。

同时,在城市化高速发展的今天,城市的扩张,必然伴随着村落的大量消失,通过对村落数量、名称、分布的梳理、描述,为消失或即将消失的村落留下一些痕迹,并试图通过观察这一过程来窥得一些城市化规律或特点,为当前城市化建设提供借鉴或参考。

第二节 学术史回顾

　　天津是中国四大直辖市之一,其政治地缘使它分担了首都的部分功能,其经济地理又使它成为华北地区经济的龙头,在历史上它又曾有着国别最多的外国租界,中外文化交流频繁。这些背景自然引起诸多学者对天津广泛的关注,有关天津史的研究也较为丰富,已有一些学者从不同的角度总结了这些成果。① 本书仅就天津②历史聚落地理相关研究进行梳理概括。

一、天津城市历史地理相关研究

1. 城市起源与发展研究

对某一聚落的认识往往是从其起源和发展开始的,这是后续研究的前提和基础。天津城市起源研究的早期代表性著作当数《天津聚落之起源》,该书是侯仁之在抗战期间,经过资料搜集和实地勘察,完成的一部

① 万新平在《近年来天津地方史研究概括》(《中国史研究动态》1988 年第 8 期)一文中总结了截至 20 世纪 80 年代末天津史的研究成果,并将这一时期的研究成果归纳为三个方面,即天津平原成陆问题、天津地区的早期开发和天津城市聚落的形成和发展。同时也指出天津史的研究还处在起步阶段,资料还需要搜集和消化,很多课题还无人问津,有些问题还存在不少分歧。张利民、任吉东通过《近代天津城市史研究综述》(《史林》2001 年第 2 期)一文,按照时间顺序,简述了新中国成立前天津城市史的研究状况,重点叙述新中国成立后天津城市史研究的成果,并根据研究内容和方法的特点,将这一时期分成三个阶段来介绍,使我们能更加清晰地了解天津城市史学术研究的发展脉络。而且还将国际上对天津城市史的研究也纳入综述范围,为我们了解天津城市史研究状况拓展了视野。展龙的《明清以来天津古代史研究回顾与展望》(《城市史研究》第 24 辑,天津:天津社会科学院出版社,2006 年)按时间先后总结回顾了明清以来天津古代史研究概况,展现了天津古代史研究鲜明的阶段性特征。林姿呈的《英美近代天津城市研究综述》(《史林》2012 年第 1 期)总结了近 30 年来英美学者研究近代天津城市的论著,并将其与中国城市史理论研究的主要议题相比较,从政治、经济、文化与社会等方面来综合评析这些海外天津史研究,以此探究天津史研究在城市史领域的新突破。

② 天津自清雍正三年(1725)改天津卫为天津州,成为正式行政区划以来,其辖区几经变换,但总的来看,皆不超过清代天津府所辖六县一州(天津县、静海县、青县、南皮县、盐山县、庆云县、沧州)和当今天津所辖十六个区(和平区、河东区、河西区、南开区、河北区、红桥区、滨海新区、东丽区、西青区、津南区、北辰区、武清区、宝坻区、宁河区、静海区、蓟州区)的范围,本书就上述区域相关研究进行整理概括。

天津历史聚落地理考订专著,并于 1945 年 8 月在津印行。该书从天津聚落的起源谈起,论及天津地方开辟前后的状况、沿革、名称演变,探讨了天津肇建之经过和初期聚落的发展,将天津聚落的起源和发展的动力归结为水陆交通的影响。① 张恒秀在此基础上,重点追述了北宋时代天津地区的早期聚落,将天津聚落起源的时间又向前推进了一步。② 郭凤岐编著的《天津的城市发展》一书将天津的形成与发展分成"早期的天津""明代天津卫""清代是天津发展的重要时期""激烈动荡的民国时期"四个时期,系统介绍了天津城市的起源与发展。③

除了论述城市起源、发展的专门著作外,相继出版的一系列"通史类"著作也都用不同篇幅介绍了天津城市的起源和发展。南炳文编著的《天津史话》梳理了从远古到 20 世纪末天津的演变。④ 万新平、濮文起编著的《天津史话》分别对先秦至清代天津的成陆与史迹,天津市区聚落的形成等做了考察。⑤ 郭蕴静主编的《天津古代城市发展史》分上、下两编,共十三章,其中上编五章的内容涉及天津平原的形成以及天津城市的形成与演变过程。⑥ 韩嘉谷著《天津古史寻绎》在前人的基础上,不仅旁征博引散见在古代文献典籍、方志中的材料,并以大量考古发现相佐证,展现了天津远古至明清数千年的历史脉络,更全面、深入地论述了天津城市起源及发展。⑦《天津近代史》《近代天津城市史》和《空间与社会——近代天津城市的演变》三本著作虽以近代天津史为主,但仍设专章对近代

---

① 侯仁之:《天津聚落之起源》,天津工商学院,1945 年专刊;亦收入《侯仁之文集——我从燕京大学来》,北京:生活·读书·新知三联书店,2009 年。
② 张恒秀:《北宋时代的天津聚落》,天津:天津市编纂室,1957 年。
③ 郭凤岐:《天津的城市发展》,天津:天津古籍出版社,2004 年。
④ 南炳文:《天津史话》,北京:中华书局,1984 年。
⑤ 万新平、濮文起:《天津史话》,上海:上海人民出版社,1986 年。
⑥ 郭蕴静:《天津古代城市发展史》,天津:天津古籍出版社,1989 年。
⑦ 韩嘉谷:《天津古史寻绎》,天津:天津古籍出版社,2006 年。

以前天津城市的形成和发展做了不同程度的叙述。① 《天津简史》和《天津概观》也在有限的篇幅内对天津的早期成陆、都市形成等进行了简要的论述。② 先后两部《天津港史》对天津港的起源、发展规律、历史地位及特点等分别做了总结。③

另外,《追寻大直沽》与《宝地三岔河口》两部论文集形式的著作分别对"大直沽"和"三岔河口"这两个天津早期起源地做了集中讨论,均涉及这两个地点的位置、早期聚落等问题。④

论及天津城市起源和发展的论文也很丰富,众多学者从不同的视角考察了天津城市聚落的兴起和变化。有的研究直接以天津城市自身兴起发展为题进行系统阐述。如鲍觉民讨论了天津都市聚落基点的兴起和发展,认为天津在地理位置上和地形上的条件虽然是天津聚落的兴起和发展的重要因素,但绝不起着决定性的作用,起着主要作用的是经济因素和社会的因素。其中,漕运和盐业是核心因素,农业、手工业、渔业的作用微小。此外,还讨论了天津港口建立后市区聚落的扩展,并对新中国成立后的新天津的发展方向做了展望。⑤ 张仲则重点论述了天津城市建成区的基点与发展过程。⑥ 天津师院(天津师范大学前身)地理系"天津史话"组在简要介绍从春秋战国到开埠前天津形成过程的基础上,重点论述了开

---

① 来新夏:《天津近代史》,天津:南开大学出版社,1987 年;罗澍伟:《近代天津城市史》,北京:中国社会科学出版社,1993 年;刘海岩:《空间与社会——近代天津城市的演变》,天津:天津社会科学院出版社,2003 年。

② 天津社会科学院历史研究所《天津简史》编写组:《天津简史》,天津:天津人民出版社,1987 年;李林山:《天津概观》,北京:海洋出版社,1987 年。

③ 周馥:《天津港史》1938 年石印本;李华彬:《天津港史》,北京:人民交通出版社,1986 年。

④ 郭长久:《追寻大直沽》,天津:百花文艺出版社,2000 年;贾长华:《宝地三岔河口》,天津:天津古籍出版社,2004 年。

⑤ 鲍觉民:《天津都市聚落的兴起和发展》,《南开大学学报》1956 年第 1 期。

⑥ 张仲:《天津市区的历史变迁》,《天津师范大学学报(社科版)》1979 年第 2 期。

埠后天津城市的发展。① 罗澍伟在记述天津生成、发展过程的同时,分析总结了其原因②,后来在天津建卫六百年之际又写有纪念性的文章,记叙了天津地区从成陆到城市兴盛至今的过程。③ 唐茂华着重从区域关系变化的视角来看天津从古至今的发展过程及现实启示。④ 张秀芹梳理了天津城市发展的历程并进行了分期,探讨天津城市规划的阶段划分。⑤

有的研究关注天津城市某一时期或某一区域的发展,如韩嘉谷关注天津的早期开发,在文献资料的基础上结合考古发现,对天津西汉及以前的历史做了梳理。⑥ 罗澍伟综合分析了近代天津城市发展的原因,涉及租界的设立以及开埠后工业化、国内外贸易的发展、金融业兴起、西方文化教育传播等多个方面。⑦ 刘海岩就天津滨海地区的早期开发和现代发展做了专门探索。他认为,天津滨海地区由于空间上的隔离,使得这些地方既是天津城市聚落的一部分又有各自独立的区域发展历程。⑧ 刘致勤、徐凤琪、王长松等人分别撰文论述天津港的形成发展问题。其中刘致勤系统梳理了自四千年前天津平原开始成陆以来,天津地区水系的形成变化以及天津港作为航运枢纽的兴衰起伏过程。⑨ 徐凤琪论述了从金代在三岔口设立直沽寨以来,天津港的发展过程,重点介绍了新中国成立后

---

① 天津师院地理系"天津史话"组:《天津城市的形成和发展》,《天津师院学报》1977 年第 2 期。

② 罗澍伟:《一座筑有城垣的无城垣城市——天津城市成长的历史透视》,《城市史研究》第 1 辑,天津:天津教育出版社,1989 年。

③ 罗澍伟:《一个临河滨海城市的历史发展与文化底蕴——为天津设卫城 600 周年而作》,《天津成人高等学校联合学报》2004 年 11 月。

④ 唐茂华:《区域视角下天津发展的历史变迁与现实启示》,《求知》2014 年第 11、12 期。

⑤ 张秀芹、于伟:《天津城市发展历程及城市规划的阶段划分》,《天津城建大学学报》2014 年第 4 期。

⑥ 韩嘉谷:《天津平原的西汉县治和相关历史》,《天津社会科学》1983 年第 4 期。

⑦ 罗澍伟:《近代天津城市史散论》,《近代史研究》1991 年第 4 期。

⑧ 刘海岩:《天津滨海地区的早期开发及其现代发展》,《城市》2006 年第 5 期。

⑨ 刘致勤:《古代天津港的形成与变迁》,《天津社会科学》1986 年第 4 期。

天津港的发展。① 王长松从海河河道治理的视角,探讨海河淤塞、旱涝灾害等自然因素对天津港由内河向河口空间转移起到了巨大作用,在内港逐渐衰落,河口塘沽新港兴起过程中产生了深远影响。②

有的研究以天津早期聚落地点、"天津"相关地名的由来为出发点,进而论及城市起源的相关问题。如丁鹤年详细考述了直沽的位置,并分析了其与海运以及军事的关系。③ 张绍祖分别从三岔口、大直沽两个地点出发,追述了与其相关的历史,认为二者皆是天津聚落早期起源地。④ 来新夏、聂兰生、王培利通过解析"天津卫"这一名称,记述天津城市发展的起源。⑤ 杨大辛则通过进一步追述出现在"天津卫"之前的"大、小直沽"这一名称,推进了天津起源时间的认识。⑥ 卞僧慧、郭凤岐、刘金明三位学者皆撰文论及"天津"名称的由来,尽管观点不一,但在考辨之余也更加深化了对天津城市起源的认识。⑦ 袁蕊对天津"七十二沽"这一特色称谓的历史沿革进行考释,并论述了其与城市形成发展的关系。⑧

有的研究从自然环境、交通运输、工商业发展等城市发展动力因素角度,来论述其与城市发展的关系。如刘海岩注意到区域环境与资源对城

---

① 徐凤琪:《从三岔口到天津港》,《求知》1997 年第 2 期。

② 王长松:《近代海河河道治理与天津港口空间转移的过程研究》,北京大学博士学位论文,2011 年。

③ 丁鹤年:《天津卫考初稿》,《河北学刊》1934 年第 3、4 期。

④ 张绍祖:《三岔口——天津城市的摇篮》,《城市》1995 年第 2 期;《先有大直沽后有天津卫》,《城市》1994 年第 3 期。

⑤ 来新夏:《"天津卫"考》,《北京日报》2004 年 12 月 6 日;聂兰生、孙石村:《卫城沧桑——天津卫的由来》,《小城镇建设》2011 年第 2 期;王培利:《话说明代天津卫》,《经济史话》2003 年第 4 期。

⑥ 杨大辛:《话说大小直沽》,《天津人大》2016 年第 5 期。

⑦ 卞僧慧:《略谈天津名称的由来》,《地名工作》1982 年第 7 期;郭凤岐:《天津建城六百年由来》,《天津经济》2004 年第 1 期;刘金明:《女真人与天津城市称谓》,《黑龙江社会科学》2015 年第 2 期。

⑧ 袁蕊:《天津七十二沽考——兼论其与城市形成发展之关系》,天津师范大学硕士学位论文,2004 年。

市发展的影响,探讨了海河水系与天津城市成长的互动历史过程。① 刘文智、经纬、林纯业、李俊丽、陈隽如、蒋超等分别撰文就漕运、海运等水路运输对天津城市的生成及在其发展中的作用做了探索。② 满维钧、王列辉则从港口的兴起看天津城市的发展。③ 刘海岩、许檀、郭蕴静、王兆祥各自从工业结构演变、沿海贸易、商业城市形成等角度看天津城市的发展。④ 此外,刘金明还从天津水系形成和政治中心变化两个方面探讨北方民族与天津兴起与发展的关系。⑤

有的研究以地理沿革、行政区划变化、城市建置演变为主,但也反映了天津城市的兴盛和发展,如卞僧慧分别解析"天津卫""天津道""天津州""天津府"等名词,明确了历史上有关天津的地理区划的变化。⑥ 华林甫在 2012 年中国历史地理国际学术研讨会会议论文中披露了新修《清史·地理志》涉及天津直辖市地域清代地理沿革的相关情况,并做了系

---

① 刘海岩:《生态环境与天津城市的历史变迁》,《城市》2002 年第 4 期;《海河孕育天津城》,《经济史话》2003 年第 1 期。

② 刘文智:《漕运与古代天津的兴起》,《天津经济》2003 年第 2 期;经纬:《漕运与天津之生成探微》,《中国文化报》2013 年 5 月 16 日第 014 版;林纯业:《明代漕运与天津商业城市的兴起》,《天津社会科学》1984 年第 5 期;李俊丽:《清代漕运对天津的影响》,《中国地方志》2013 年第 7 期;陈隽如:《元朝海运对天津的影响》,《天津日报》1961 年 8 月 23 日第 4 版;蒋超:《水运在天津城市发展过程中的作用》,《中国大运河水利遗产保护与利用战略论坛论文集》,中国水利学会水利史研究会学术年会,2013 年。

③ 满维钧:《天津港口兴起与城市发展溯源》,《港口经济》2004 年第 2 期;王列辉:《外港与城市发展研究——以上海、天津为中心》,《地域研究与开发》2013 年 12 月。

④ 刘海岩、周俊旗:《近代天津工业结构的演变与城市发展》,《城市史研究》第 4 辑,天津:天津教育出版社,1991 年;许檀:《清代前期的沿海贸易与天津城市的崛起》,《城市史研究》第 13、14 辑,天津:天津古籍出版社,1997 年;郭蕴静:《清代天津商业城市的形成初探》,《天津社会科学》1987 年第 4 期;王兆祥:《明清繁荣商业城市的形成》,《天津经济》2003 年第 3 期。

⑤ 刘金明:《浅析北方民族与天津城市兴起与发展的关系》,《满族研究》2013 年第 4 期。

⑥ 卞僧慧:《天津市地理沿革易知初稿》,《天津史志研究文集》,天津:天津古籍出版社,2011 年。

统论述。① 郭凤岐系统论述了天津从"卫"到"市"的城市建制体制变化。② 王培利则从天津城市区划先有"区"后有"市"这一特性分析了近代天津行政区划的特点、成因。③ 他还撰文记述了天津开埠前地域性政区的确立、发展和管理,并分析了演变的特点和原因。④ 史习芳从七个时期,即早期天津、明清时代的天津、清末时期(1902—1911)、北洋政府时期(1912—1927)、国民政府时期(1928—1937)、日伪统治时期(1937—1945)、国民党统治时期(1945—1948),详细梳理了新中国成立前天津的历代市区行政区划变迁。⑤ 刘幼铮结合考古和文献两类资料,关注春秋战国时期天津地区的沿革。⑥ 类似研究还有乔虹⑦、韩俊兴⑧等,虽同是论述天津行政区划沿革,但侧重点不同,亦能互相补充,也能为了解天津城市聚落发展提供参考。

有的研究通过城市间的互动、比较来看城市的发展。如王玲从北京古代军事活动与海河水系形成、北京转化为都城、北京对天津近代工业的刺激等方面探讨了北京地位变迁对天津发展的影响,同时她也指出天津本身的地理形势、水陆运输条件、鱼盐之利等也反过来辅助北京,两座城市之间是在动态互动中发展的。⑨ 于美霞则从历史上京、津的分工与协

① 华林甫:《天津直辖市地域的清代地理沿革——新修〈清史·地理志〉天津相关部分》,《走向世界的中国历史地理学——2012 年中国历史地理国际学术研讨会论文集》,北京:中国社会科学出版社,2014 年。

② 郭凤岐:《从"卫"到"市"——天津城市建置体制的演变》,《天津经济》2004 年第 3 期。

③ 王培利:《天津先有"区"后有"市"的形成及其原因》,《历史教学》2011 年第 6 期。

④ 王培利:《略论天津开埠前的地域型政区》,《城市史研究》第 24 辑,天津:天津社会科学院出版社,2006 年。

⑤ 史习芳:《解放前天津行政区划沿革》,《天津社会科学》1982 年第 2 期。

⑥ 刘幼铮:《春秋战国时期天津地区沿革考》,《天津社会科学》1983 年第 2 期。

⑦ 乔虹:《天津的建置及区划变迁》,《天津史志》1985 年第 1 期。

⑧ 韩俊兴:《近代天津行政区划沿革》,《天津史志》1986 年第 3 期。

⑨ 王玲:《北京地位变迁与天津历史发展》,《天津社会科学》1986 年第 1、2 期。

作的角度探讨了两城市的发展,并在历史考察的基础上对未来两市的发展模式提出一些构想。① 罗澍伟、樊如森就近代天津、上海两城市的发展进行了比较,前者在简要对比古代的天津与上海后,重点从五个方面,即开埠后两城市所受政治影响、清代洋务、外交的南北中心、近代南北对外贸易大港、外资在华的南北两大据点、民族工业南北发展基地,对天津与上海的城市发展进行了比较;后者以上海和天津为近代沿海口岸城市的代表,从二者经济联系的演化过程来看中国近代沿海口岸城市的基本发展轨迹。② 此外,王志勇还从城市空间、城市地位等方面对近代天津与保定的城市发展做了比较研究。③

有的研究在关注天津城市发展的基础上,将视野扩大,论及天津地域内聚落体系的形成发展以及形态变化。如李兆江将天津地域内聚落演化过程分为四个阶段,并对现代天津城镇体系形成发展及变化原因做了分析。④ 任吉东将近代天津城市及环津村镇的数量、空间分布的发展规律进行了梳理,并分析了现代天津城乡体系形成的原因。⑤

2. 城市空间结构、景观研究

城市空间结构研究主要关注城市的外部形态、内部结构的时空演变

---

① 于美霞:《北京与天津城市发展中的分工与协作——历史考察与未来构想》,天津师范大学硕士学位论文,2006 年。

② 罗澍伟:《近代天津上海两城市发展之比较》,《档案与历史》1987 年第 1 期;樊如森、徐智:《从沪津经济关系看近代沿海口岸城市的发展轨迹》,《城市史研究》第 26 辑,天津:天津社会科学院出版社,2010 年。

③ 王志勇:《近代保定天津城市发展比较研究(1840—1927)》,华中师范大学硕士学位论文,2005 年。

④ 李兆江:《天津聚落的演变及城镇体系的形成》,《走向世界的中国历史地理学——2012 年中国历史地理国际学术研讨会论文集》,北京:中国社会科学出版社,2014 年。

⑤ 任吉东:《从乡村到城镇:近代天津城乡体系探析》,《求索》2014 年第 11 期。

与规划布局,特别是人类活动对其的影响。而城市内的建筑、道路系统等城市景观也是城市规划、文化的一种突出表现。这方面的相关著作有:乔虹编著的《天津城市建设志略》系统介绍了天津城市建设过程中内、外空间变化的历史过程,特别是选录了大量西洋古典建筑的实例,反映了天津开埠后多元文化对天津近代建筑的影响,此外还选录了名人故居、风景园林、名胜古迹等内容,较为全面地表现了天津城市景观风貌。① 张惯文编《百年沧桑——天津名街名镇》则通过介绍天津著名的街、镇,向读者展现了天津别具特色的人文景观。② 谢国祥、高仲林分别编著《天津古代建筑》《天津近代建筑》二书,收录大量图片,对天津古、近代建筑做了详细的介绍。③ 荆其敏、张丽安、邱上嘉编《天津的建筑文化》专门将天津租界时期的建筑成就加以整理。④ 章用秀编著《天津的园林古迹》收录了近六十处园林古迹,折射出天津南北融合、中西交汇、传统与现代包容结合的城市面貌。⑤

论述天津城市空间结构的论文已有不少。有些学者从总体上论述天津城市空间的演进,但时间上各有侧重。如陈雍利用文献资料对明清天津城市的地理位置、内部空间结构、社会结构以及城市等级结构做了详细的分析。⑥ 张寰轩把天津城市空间演化过程分为四个阶段,并逐一对其空间演化特征、形态进行了分析。⑦ 王伟凯从明代、清初期、清雍正至道

---

① 乔虹:《天津城市建设志略》,北京:中国科学技术出版社,1994年。

② 张惯文:《百年沧桑——天津名街名镇》,天津:天津社会科学院出版社,2002年。

③ 谢国祥:《天津古代建筑》,天津:天津科学技术出版社,1989年;高仲林:《天津近代建筑》,天津:天津科学技术出版社,1990年。

④ 荆其敏、张丽安、邱上嘉:《天津的建筑文化》,天津:天津大学出版社,1998年。

⑤ 章用秀:《天津的园林古迹》,天津:天津古籍出版社,2004年。

⑥ 陈雍:《明清天津城市结构的初步考察》,《城市史研究》第10辑,天津:天津古籍出版社,1995年。

⑦ 张寰轩:《开埠城市街区空间形态演化的历史分析——以天津为例》,天津大学硕士学位论文,2014年。

光三个阶段对古代天津城区发展进行了较为详尽的梳理,并分析了成因。① 杨佳进一步将天津城市空间发展变化的过程总结至当代。② 赵冰更是在回顾历史、立足当代的基础上,将眼光延伸至对未来天津城市空间规划的设想。③ 靳润成、刘露总结了天津传统城市时期(1860 年以前)、近代城市时期(1860—1948)、现代城市时期(1949 年至今)的城市空间结构特点。④ 张秀芹、王静都关注天津近代城市空间的演变,前者将近代天津城市空间形态分为突变、融合、发展三个阶段,并分析了特点和成因,后者探讨近代天津城市商业空间布局的演变及特征。⑤ 谢广靖、杨昌鸣等在回顾天津城市建设历史过程的基础上对其中出现的问题进行了反思,并提出了相应的对策和建议。⑥

有些学者以影响城市空间的各种因素为切入点,探讨天津城市空间的变化。如刘海岩考察了租界对近代天津城市空间演变的影响。⑦ 沈旸从天津会馆的建设发展来看其与城市空间结构、布局的互动关系。⑧ 刘海岩、刘露、王迎、李里均从交通发展变革的角度看城市空间的变化。其

① 王伟凯:《天津城区建设研究(1404—1949)》,南开大学博士学位论文,2005 年;《明代天津卫城城区建设考略》,《城市史研究》第 22 辑,天津:天津社会科学院出版社,2004 年。

② 杨佳:《刍议天津城市空间布局的历史演进》,《城市》2012 年第 3 期。

③ 赵冰:《海河流域:天津城市空间营造》,《华中建筑》2014 年第 8 期。

④ 靳润成、刘露:《明代以来天津城市空间结构演化的主要特点》,《天津师范大学学报(社会科学版)》2010 年第 1 期。

⑤ 张秀芹、洪再生:《近代天津城市空间形态的演变》,《城市规划学刊》2009 年第 6 期;王静:《近代天津城市商业空间探析》,《消费导刊》2010 年第 6 期。

⑥ 谢广靖:《天津城市空间形态演变:回顾、问题与对策》,《城市时代,协同规划——2013 中国城市规划年会论文集》,中国城市规划年会,2013 年;杨昌鸣、张威、丁炜:《宏伟的蓝图 失控的时空——反思近年来天津的城市建设》,《城市建筑》2008 年第 12 期。

⑦ 刘海岩:《租界与天津城市空间的演变》,《城市史研究》第 13、14 辑,天津:天津古籍出版社,1997 年;《租界、社会变革与近代天津城市空间的演变》,《天津师范大学学报(社会科学版)》2006 年第 3 期。

⑧ 沈旸:《明清时期天津的会馆与天津城》,《华中建筑》2006 年第 11 期。

中,刘海岩系统回顾了近代电车等公共交通发展的过程,发现电车加快了城市人口空间流动,促进了城市空间的重构和扩展,进而奠定了现代天津城市空间结构的基础。[①] 刘露梳理出不同交通方式下城市空间形态的变化,并通过数学模型对城市空间结构与交通方式之间的关系进行论证,从而推断天津交通发展对城市空间形态的影响具有代表性。[②] 王迎则以近现代天津交通系统变革对城市空间的影响过程来分析城市交通系统与城市空间演变的互动机理。[③] 李里重点分析清末铁路的引入对天津城市空间拓展带来的冲击。[④] 牛会聪探讨了大运河天津段自起源至今的几个重要时段中,运河文化生态对天津聚落形态的形成和发展产生的影响。[⑤] 任云兰、李森、李百浩、吕婧等人从城市规划的角度来反映天津城市空间的变迁。任云兰总结了天津建卫以来六百余年的城市规划布局与特点。[⑥] 李森就开埠前和近代两个时期的城市规划演变做了探索。[⑦] 李百浩、吕婧对天津近代城市规划的历史过程做了系统研究。[⑧]

还有一些学者通过对比研究的形式来讨论天津城市空间的变化。如苏心从历史城区空间形态演变的角度,选择天津、北京两座城市发展过程

---

① 刘海岩:《电车、公共交通与近代天津城市发展》,《史林》2006 年第 3 期。

② 刘露:《天津城市空间结构与交通发展的相关性研究》,华东师范大学博士学位论文,2008 年。

③ 王迎、侯静:《近现代交通系统变革下天津城市空间形态演变》,《天津城市建设学院学报》2013 年第 3 期。

④ 李里:《天堑与通途:清末民初铁路与天津城市空间探析》,《中国历史地理论丛》2015 年第 2 期。

⑤ 牛会聪:《多元文化生态廊道影响下京杭大运河天津段聚落形态研究》,天津大学博士学位论文,2011 年。

⑥ 任云兰:《600 年天津:历史上的城市规划》,《北京规划建设》2005 年第 5 期。

⑦ 李森:《天津开埠前城市规划初探》,《城市史研究》第 1 辑,天津:天津教育出版社,1989 年;《近代天津城市规划布局的演变》,《城市史研究》第 11、12 辑,天津:天津古籍出版社,1996 年。

⑧ 李百浩、吕婧:《天津近代城市规划历史研究(1860—1949)》,《城市规划学刊》2005 年第 5 期;吕婧:《天津近代城市规划历史研究》,武汉理工大学硕士学位论文,2005 年。

中较有代表性的时期,分析其城区发展过程并进行比较。① 罗海江着重讨论 20 世纪上半叶天津、北京城市建成区的扩展,通过对比发现,北京在这一时期的城市扩展相对缓慢,甚至个别地区出现退化,而天津则呈现出快速发展的态势。②

关于天津城市空间问题的文章中,特别值得注意的是刘海岩和任吉东的研究。他们能摆脱从天津中心城区变化为主进行讨论的惯性,前者将视线从城市中心区转向边缘区,对其历史成因、空间特征以及边缘区居民的职业与生活做了分析和讨论。③ 后者在分析天津城市崛起的因素之后,将视野进一步扩大,从清代天津县辖村、镇、城市组成的聚落群的角度,重点分析天津城区与周围村落发展的互动关系。他指出天津近城乡村街区化、近郊市镇化是天津城市空间扩展的主要表现。④

有关反映天津城市景观的论文主要集中在老城建筑、城墙和街道等方面。聂兰生、王岩主要关注老城厢地区历史建筑的特征及保护问题。⑤ 林耕等对天津老城传统民居的建筑形制、风格以及更新保护问题做了讨论。⑥ 解俊兰专门对天津老城现存佛教建筑布局进行了分析比较。⑦ 张绍组、陈凯、王伟凯等人分别就天津城墙的兴建、历次修建、拆除以及城砖

① 苏心:《空间句法下北京天津历史城区形态活力演变研究》,天津大学硕士学位论文,2014 年。

② 罗海江:《20 世纪上半叶北京和天津城市土地利用扩展的对比研究》,《人文地理》2000 年第 4 期。

③ 刘海岩:《近代天津城市边缘区的形成及其结构特征》,《天津师范大学学报(社会科学版)》2007 年第 4 期。

④ 任吉东:《近代"环津圈"村镇空间衍化初探》,《理论与现代化》2013 年第 5 期。

⑤ 聂兰生:《卫城沧桑——天津旧城的去留》,《建筑学报》1998 年第 10 期;王岩、张顾:《天津老城厢地区历史文化及拆迁前保留建筑现状记述》,《天津大学学报(社会科学版)》2008 年第 3 期。

⑥ 林耕、刘辉:《天津老城传统民居》,《城市》2003 年第 3 期。

⑦ 解俊兰:《天津老城佛教建筑分析》,《天津城市建设学院学报》2000 年第 3 期。

的下落做了详细的考察。① 南炳文、肖立军等还专门就与天津筑城相关的一些细节问题(如主要参与人员、时间等)做了考证。② 杨玥专门研究了清咸丰十年(1860)天津濠墙修建的始末并对其历史意义与旅游文化价值做了分析。③ 兰旭以时代背景为依据,从"传统""近代""现代"三个时期归纳了天津街道演变的轨迹及影响因素。④ 郭凤岐重点考察了天津历史最久的商业街,即估衣街的发展脉络。⑤ 另外,侯福志对天津水系这一自然景观变化做了简要的梳理。⑥ 黄定福对宁波、天津、汉口、杭州等城市近代以来建筑风貌演变做了对比研究。⑦

二、天津历史上所辖区县及区域整体相关聚落地理研究

有关天津历史上所辖区域以及现在所辖行政区内各州县或单一聚落的研究相对较少。其中关于沧州的有邢成荣等据正史《地理志》等文献对历代沧州及沧州古城变迁的研究⑧;于秀萍对明初移民对沧州的开发

---

① 张绍组:《天津城垣沿革记》,《天津成人高等学校联合学报》2004 年 1 月;陈凯:《天津老城墙的消失》,《天津日报》2010 年 7 月 4 日第 5 版;王伟凯:《论雍正三年天津修城及其法律意义》,《城市史研究》第 23 辑,天津:天津社会科学院出版社,2005 年。

② 南炳文:《天津建城之初事》,《天津日报》2004 年 12 月 20 日;肖立军、王锡超:《明代天津筑城置卫若干问题考辨》,《天津师范大学学报(社会科学版)》2010 年第 5 期。

③ 杨玥:《天津城内的濠墙修建及变迁》,《城乡治理与规划改革——2014 中国城市规划年会论文集》,中国城市规划年会,2014 年。

④ 兰旭:《天津市街道的演变与发展》,《中国轻工教育》2014 年第 3 期。

⑤ 郭凤岐:《津沽历史最久的商业街——估衣街》,《天津经济》2003 年 12 月。

⑥ 侯福志:《"七十二沽"今不在 悠悠水韵话沧桑》,《天津科技》2006 年第 2 期。

⑦ 黄定福:《宁波与天津汉口杭州近代城市及建筑发展之比较》,《三江论坛》2010 年第 5 期。

⑧ 邢承荣、路秀霞:《古代沧州的建置沿革及沧州古城的历史变迁》,《渤海学刊》1998 年第 1 期。

以及聚落的形成、发展进行了探索①;郑民德、肖秀杰从运河对聚落影响的角度,分别对沧州城市的历史变迁以及回族在沧州聚居点的形成和发展进行了讨论②。关于青县的研究主要集中在王庆成利用《青县村图》《深州村图》以及地方志等文献对晚清华北村落的形态、结构、规模进行的描述和探讨。③ 此外,李书兵运用地方志材料对清代至民国期间青县所辖城、镇、村各类聚落的数量、分布的变化进行了梳理和分析。④ 关于蓟州的研究主要包含在对明代蓟镇军事性聚落的研究中。如王琳峰在梳理明代蓟镇的军事建置历史地位、变迁、防御范围以及功能的基础上,描绘了蓟镇军事聚落的分布、变迁及影响因素。⑤ 苗苗则重点对明代蓟镇长城沿线关城堡寨等相关聚落的选址、构成等做了探讨。⑥ 关于单一聚落的研究,除上文论及的天津城市聚落之外,主要集中在杨柳青镇,但成果数量与前者相比差距甚大。如徐凤琪系统梳理了杨柳青起源与发展的历史脉络。⑦ 周建利用墓志、诗歌等史料,重点考察杨柳青在元代以前的情况⑧。郑民德等从京杭大运河对沿线城镇的影响来看清代杨柳青的兴衰变化。⑨ 此外还有一些区县的探讨包含在相关区域研究中。如黄忠怀

---

①　于秀萍:《明初沧州移民的到来及移民聚落的形成》,《沧州师范专科学校学报》2007 年第 1 期;《明初移民对沧州的再开发》,《沧州师范专科学校学报》2006 年第 1 期。

②　郑民德:《明清运河城市的历史变迁——以河北沧州为中心的历史考察》,《河北工业大学学报(社会科学版)》2012 年第 2 期;肖秀杰:《运河对回族在沧州聚居点形成与发展的影响》,《才智》2016 年第 7 期。

③　王庆成:《晚清华北村落》,《近代史研究》2002 年第 3 期;《晚清华北乡村:历史与规模》,《历史研究》2007 年第 2 期。

④　李书兵:《清代至民国青县聚落地理分布研究》,天津师范大学硕士学位论文,2017 年。

⑤　王琳峰:《明长城蓟镇军事防御性聚落研究》,天津大学博士学位论文,2011 年。

⑥　苗苗:《明蓟镇长城沿线关城聚落研究》,天津大学硕士学位论文,2004 年。

⑦　徐凤琪:《说古道今杨柳青》,《求知》1996 年第 9 期。

⑧　周建:《元代以前杨柳青形成和发展初探》,《科技风》2014 年第 18 期。

⑨　郑民德、刘杨:《京杭大运河与城镇变迁——以清代天津杨柳青为视角的历史考察》,《聊城大学学报(社会科学版)》2014 年第 4 期。

在其明清村落的系列研究中就论及了盐山县、南皮县、青县、宝坻县等地。① 王建革在探索华北平原内聚性村落形成因素过程中,对静海、南皮有所涉及。② 陈喜波等在对京津区域城市发展及空间结构演变过程的探讨中包含了蓟州、武清、宝坻、宁河、静海等地。③

以天津历史上不同时期辖区为范围的整体区域历史聚落地理研究尚不多见。以笔者目力所及,以现代天津直辖市行政区划为范围的研究,仅见田涛等对该区域内明清以来小城镇兴起、发展、衰落的历史变迁过程的探讨。④ 而以天津府所辖区域为范围的历史聚落地理研究更为少见,一般是在较大区域研究中有所涉及,如陈新海对清代直隶地区的城镇数量、分布变化进行了梳理,并分析了核心城市的移动对其带来的影响,其中对天津府所辖市镇的数量、分布变化有所描述。⑤

除了国内的研究外,国外的相关学者也出版了一些反映天津城市发展的作品。如日本于 1903 年编写的《天津志》和同时期英国在华领事馆编写的《20 世纪香港、上海和其他中国口岸的印象》等,都记述了天津的历史、地理环境等信息。20 世纪末,日本还成立了"天津地域史研究会",

---

① 黄忠怀:《从聚落到村落:明清华北新兴村落的生长过程》,《河北学刊》2005 年第 1 期;《从土地到城隍——明清华北村落社区演变中的庙宇与空间》,《清史研究》2011 年第 4 期;《人口的增殖流动与明清华北平原的村落发展》,《中国历史地理论丛》2005 年第 2 辑;《庙宇与华北平原明清村落社区的发展》,《历史地理》第 21 辑,上海:上海人民出版社,2006 年;《整合与分化:明永乐以后河北平原的村落形态及其演变》,复旦大学博士学位论文,2003 年。

② 王建革:《华北平原内聚性村落形成中的地理和社会影响因素》,《历史地理》第 16 辑,上海:上海人民出版社,2000 年。

③ 陈喜波、王亚男:《京津地区区域城市发展过程及空间结构演变》,《城市发展研究》2015 年第 9 期。

④ 田涛、张晓晗:《明清以来小城镇的历史变迁——以天津地区为例》,《经济社会史评论》2014 年第 1 期。

⑤ 陈新海:《清代直隶地区城镇分布的地域特征》,《廊坊师范学院学报》2004 年第 2 期。

出版了《天津史》一书,对近代天津城市的近代化发展进行了论述。①

有关英美学者对天津城市的研究,林姿呈已专门撰文介绍②,此不赘述。

综上所述,天津历史聚落地理研究已经有了较丰富的成果,涵盖了聚落起源、发展、外部空间形态演变、内部空间结构变化等诸多方面,但其发展现状也呈现出不平衡的特点,研究成果大多集中在天津城市聚落,而城市之外的市镇、村落研究较为匮乏;研究对象以单一城市、市镇、村落为主,少有将某一区域内的城、镇、村各类聚落作为整体对象进行探讨,从而缺乏对区域整体聚落变化趋势的认识。而以某一区域范围内的各类历史聚落为对象,进行整体分析,从时间变化和地理空间分布的角度,即从历史地理的角度来探讨,是深化历史聚落认识的重要途径。

---

① 转引自张利民、任吉东:《近代天津城市史研究综述》,《史林》2001 年第 2 期。
② 林姿呈:《英美近代天津城市研究综述》,《史林》2012 年第 1 期。

第三节　区域与时间段选择以及
资料运用与研究方法

一、区域与时间段的选择

本书地域研究的范围是天津府所辖的区域,包括天津县、静海县、青县、盐山县、南皮县、庆云县、沧州,共计六县一州。之所以这样选择,是因为这是天津自成为正式行政区划以来截至目前辖区稳定时间最长的一段时期。下面就天津历史上行政区划变迁做一个简要的梳理。

清雍正三年(1725)天津卫改为天津州,从军事建置转变为地方区划。同年升为直隶州,下辖武清、静海、青县三个县。雍正四年(1726)又将武清县还属顺天府通州。雍正九年(1731)升天津直隶州为天津府,下辖上述六县一州,一直延续到1913年裁府,前后达182年。此后的天津仅余天津县一地,直到1928年南京国民政府在天津县中心地区设立"天津特别市",直属国民政府,其余四乡为天津县,属河北省。自此,天津进入"市""县"并存的时期。而市、县界限直到1934年才划定,此后市区分别在 1935 年、1946 年又有扩展,但包围它的天津县四周没有什么变化。①
1949 年天津解放后,定为中央直辖市。同年,河北省天津区行政督察专
员公署在永清县成立,因环绕直辖市天津市周边且属于天津的经济腹地
而得名,一般简称为天津专区,天津县划归其管辖。此外静海县、文安县、
大城县、霸县、永清县、安次县、武清县、宝坻县、宁河县、杨柳青镇、胜芳
镇、汉沽镇也属天津专区管辖,形成了天津专区、天津中央直辖市、天津县
三个有关"天津"的行政区划概念。1952 年,由于天津专区管辖的天津县
隔断了同属于天津市管辖的塘沽与天津市区,故将天津县划归天津市领
导,使得天津市区与塘沽区连为一体。同年,将原沧县专区下辖的青县、
任丘县划入天津专区。1953 年,天津县行政建制撤销,设立东、南、西、北
四个郊区,即现在的东丽、津南、西青、北辰四区,结束了天津"市""县"并
存的局面。天津专区则于 1958 年撤销,其所辖武清县、静海县、黄骅县、
沧县、盐山县、宁河县、吴桥县、交河县、献县、河间县、任丘县、霸县划归天
津市领导。而天津中央直辖市也于同年改为河北省省辖市。1961 年再
度恢复天津专区建制,隶属河北省和天津市双重领导,以天津市领导为
主。专署驻天津市,将静海县、霸县、武清县、宝坻县、蓟县划归天津专区。
1962 年宁河县划归天津专区。1967 年天津专区改为天津地区,隶属河北
省革命委员会,机关驻天津市。1967 年,天津专区革命委员会成立,辖区
无变动。1969 年天津专区机关迁入廊坊镇。1973 年,静海县、宁河县、武
清县、蓟县、宝坻县划归天津直辖市领导。自此,天津直辖市的区划范围
进入稳定时期,延续至今。

对天津行政区划变迁梳理之后不难看出,自雍正三年(1725)至 2018
年的 293 年间,天津作为正式行政区划建置其范围频繁调整变化,唯有天
津府稳定了 182 年,是稳定时间居第二位的现代天津直辖市时期 45 年的

---

① 卞僧慧:《天津市地理沿革易知初稿》,《天津史志研究文集》,天津:天津古籍出
版社,2011 年。

三倍不止。

研究某一区域的聚落地理状况,能有相对明确稳定的区划范围,能有相对较长的持续时间,有利于更为清晰地描述聚落的动态发展过程,而不必考虑行政从属关系改变带来的诸多影响。

时间段的确定是随着研究区域的选择而产生的。以天津府这一行政区划建置存在的时间段为主,即从清雍正九年(1731)至1913年,其中绝大部分时间段为清代,1912至1913年间已经进入民国时期,处于政权交替、区划调整的过渡时期,且时间短暂,对天津府聚落整体变化而言影响甚微,故在文章中未将进入民国这一时期的两年作为独立时间段,亦未在题目中列出。同时,由于本研究所采用的文献多来自地方志,而保存下来的地方志是有限的,在时间上存在断层,所以在探讨某些问题时,时间范围可能会出现缩短或溢出。同时,需要说明的是,本书涉及的时间段跨越古代、近代两个时期,一般而言是将清道光二十年(1840)第一次鸦片战争作为古代与近代的分界。而对于天津而言,其社会变化更多的是从清咸丰十年(1860)开埠之后才出现的,已有学者对此做过详细的阐述。[①]因此,本书涉及相关问题时,将清咸丰十年(1860)天津开埠作为古代与近代的分界。

二、资料的运用与研究方法

天津府聚落研究的资料在正史、实录、一统志、地方志以及相关舆图中皆有所反映,其中正史、实录、一统志等文献中的资料较为分散、简略,而方志以及相关舆图中的资料相对较为集中、详细。下面仅就其中最为

---

① 卞僧慧:《从天津开埠前后的变化看近代天津的起点》,《天津史志研究文集》,天津:天津古籍出版社,2011年。

主要的方志及相关舆图文献在历史聚落地理研究中的价值做简要的探讨。

1. 天津旧志在历史聚落地理研究中的价值

地方志是我国宝贵的历史文化遗产,其历史悠久、内容广泛,可以反映地方一定时期内自然、人文等各类信息,是具有地方百科全书式性质的综合性文献。学术界已经注意到地理学、历史地理学与地方志的关系①,而且对运用地方志资料进行历史地理学研究十分重视。就历史聚落地理研究而言,地方志中包含丰富的城市、村落、市镇的相关信息,本书在探讨天津府聚落地理问题的过程中会用到大量的地方志资料,仅以天津现存方志为例,对其史料价值进行初步探索。

(1)天津旧志中的历史城市地理信息

地方志主要以各级行政区划为范围,记录该区域内自然、社会等各方面信息。各级行政区划的治所所在地的信息往往是记录的重点,我们通常将中国历史上县级以上治所的驻地看作城市。

首先,旧方志中的图较为集中地反映了城市地理信息。这些图依据技术条件的限制,主要有示意图、地图、照片等类型。依据所反映的内容,主要有疆域图、城市布局图、建筑景观图。仅就有关天津市的地方志来看,民国所修三部方志中多采用图的形式,所反映的多是街道、建筑等城市景观,虽然只能表现城市中的很小一部分面貌,但也为了解城市内部景观提供了直观的材料。民国方志中所绘的地图已经采用了现代地图的绘

---

①　参见陈桥驿:《地理学与地方志》,《中国地方志》1989 第 2 期;史念海:《论历史地理学和方志学》,《中国地方志》1981 第 5 期;马村杨等:《浅谈方志的地理学价值》,《齐齐哈尔师范学院学报》1994 年第 1 期;陈国生等:《我国方志的源流及其在历史地理研究中的利用》,《贵州师范大学学报》1997 年第 2 期;曾新:《浅谈方志的学术性——以与地理相关门类的记述为例》,《中国地方志》2014 年第 3 期。

制方法,如民国《天津市概要》中收录的《天津市现行区域图》即属此类。该图不仅呈现了天津城市的整体面貌,还将城市的外形、区位、内部空间结构、街道布局等地理信息充分表现出来。清代所修五部天津地方志中的附图限于技术条件多为示意图和少量地图,表现城市景观、城市布局的主要是示意图,如康熙《天津卫志》中的《天津文庙之图》《天津武庙之图》《天津道衙门图》《总镇衙门图》《清军厅衙门图》《户部分司衙门图》《天津卫守备衙门图》和《监院衙门图》,乾隆《天津县志》中的《天津县城图》《天津府学图》《天津县学图》《天津县文庙图》和《天津县署图》,同治《续修天津县治》中的《郡城濠墙图》《海口炮台图》《问津书院图》《三取书院图》《问津行馆图》和《育婴堂图》等皆属此类。表现疆域的地图中既有示意图,也有依一定比例尺绘制的地图,如乾隆《天津府志》中的《天津府境舆地全图》、乾隆《天津县志》中的《天津县境舆图》都是示意图,而光绪《重修天津府志》的正文中所附的《疆域府境图》《天津县境图》《青县境图》《静海县境图》《沧州县境图》《南皮县境图》《盐山县境图》《庆云县境图》等已经改进为带有比例尺的地图,虽然比起现代地图仍有很大的差距,但已经较真实地反映相关疆域的外形、河流、道路、城市及部分村落的分布等信息。总的来说,地方志中的附图都不同程度地反映了城市的外形、区位、内部结构以及城址周围的整体自然环境等地理信息。曾新[1]对此已有专门论述,此处不再赘述。

其次,地方志中的一些篇目也集中反映了有关城市地理的信息。在体例上,民国编修的地方志由于受到中国近代社会变革的影响,在志书中出现了新的变化与发展。如民国《天津县新志》在《舆地卷》加入了有关电车的信息,在《邮驿卷》加入了电报、电话等现代通信手段的介绍,还将

① 曾新在《旧志古城图在复原古代城市历史面貌中的作用——以古代广州城地图为例》(《中国地方志》2005年第8期)一文中详细论述了旧方志地图在复原古代城市历史面貌中的作用,充分肯定了其在复原古代城市区位、认识城市整体自然环境、研究城市形制境域变迁、考订城市布局及道路变迁等方面的重要史料价值。

体现现代工业的铁厂、电灯、自来水等内容单独列为《工艺卷》,体现了新时代城市发展的变化。民国《天津志略》和民国《天津市概要》则采用全新的体例,内容上也以记录民国时期的天津为主,把反映城市整体面貌、外部结构的内容,通过《概要》或《纲要》编来体现。而有关行政机关、宗教场所、学校、医院、金融机构、工厂、商店等的名称、位置的信息则分散在《政治》《宗教》《教育》《卫生》《金融》《工业》《商务》等各编中,便于我们按照行业来认识城市内部的分区、布局的特点。这些有关城市内部的地理信息看似分散,实则集中,更符合今天的认识习惯。

清代编修的五部天津方志在体例上较为传统,其中《形胜疆域志》《山川志》《河渠志》主要记录城市区位以及城址周围自然环境的有关信息,如《乾隆天津县志》卷四《形胜疆域志》对天津的城市区位有这样的记述:"天津一城,三面临河,大海在其东南,三角淀绕其西北,为水陆通衢,畿南要地。"①虽然仅有短短数十字,却将天津城的位置及周围环境直观地表现出来。此外,城市中重要建筑、设施、机构的位置及类型等信息,主要集中在《城池公署志》《学校志》《寺观志》《古迹志》等记录城市建置的篇目里,这些信息可以为了解城市内部结构、功能分区提供一定帮助。

最后,地方志中的《艺文志》也散落着不少城市地理信息。在大量的诗词、碑文等文献中不乏城市地理情况的描述,如《修造卫城旧记》《河东大直沽天妃宫旧碑》等,虽然系统性稍差,但可以较为详细地了解某些建置的创立、修缮的缘起、过程等,通过整理和分析,或可补充有关资料之不足。

（2）天津旧志中的历史村落地理信息

除旧有的专门的村志②而外,中国旧方志中的村落资料相对于城市

---

① 乾隆《天津县志》卷四《形胜疆域志》,来新夏、郭凤岐:《天津通志·旧志点校卷（中）》,天津:南开大学出版社,2001年,第49页。

② 毛曦、董振华:《城市化进程中系统开展村志编纂的意义与建议》,《中国地方志》2016年第6期。

而言要稀少很多。这主要是村落的数量要远大于城市,无论以哪一级行政区划为范围编制的方志,村落受重视的程度都远逊于城市。特别是对于省志、全国志而言,村落信息基本上无力涉及,一般只有府、县一级的志书才有可能涉及村落,但所反映的重点亦有所不同。有的地方志中只是概述或简要列举,如康熙《天津卫志》是以天津卫所辖区域为范围的志书,卫所并不辖民,而卫所下辖屯庄的信息也没有详细体现;同治《续修天津县志·城池》中仅对村落信息进行了概述,而且是引自乾隆《畿辅义仓图》中的村落地理信息,并不能反映该志书编修时的村落面貌;民国《天津志略》在第一编第六章《四乡》一节中也是仅记录了四乡所属村落的数量,列举了一些村落名称。而有的地方志中会收录村落的数量和名称,如乾隆《天津县志》在卷四《形胜疆域志·乡都》中,以县治驻地为中心,按东南、西、北、四个方向分别列出村名;乾隆《天津府志》中设置《乡都户口志》,专门叙述天津府下辖六县一州所属的村庄名称;光绪《重修天津府志》中进一步丰富了村落信息,不仅在卷十九《舆地》所附的天津所辖各县的县境图中将村落标注在图上,还单列出《舆地》之《城乡》一卷,来记录村落名称、位置,甚至将村落的发展变化也加以记录,正如方志中所述:

> 前志、旧通志均无舆图,三辅舆图之流传者,应始于《义仓图》,在创造固难,而南北易向,究为大失。惟当时计庄设仓,事尚征实,闻新通志图非遣测绘,即取仓图为粉本,而以各属呈送者参之,在诸旧图中固已称尊矣,但其乡庄亦由各州县开呈,或有写自故册,未必实存,斯非但不足证前,亦且不足证今,爰置不数因。今图系专遣测绘,虽已核知,不能无漏,应必不至虚衍,故按图开列之。念前志先《义仓图》仅十余年,宜无大异,故首以前志校之,同者自不待注,凡所无与小异从省,只注前无某、前作某,更校以《义仓图》,无者又不待注,凡所有与小异亦从省,只注仓有某、仓作某,此因仓图之有即可决前

志之漏，否则当是后增矣。其减者，别录存各乡之后，此亦当分虚、实二种，虚则今图漏耳，实减之故，必因河流啮地，或漫淹日久，庐舍尽圮，民他徙而庄遂亡，但又有名垂亡而实非亡者，此惟郡城绕郭，昔因星罗分散，各有小名，近则烟户日增，渐成一片相连，故通称大名而小名转隐矣；至各州县志先后详略既皆不一，非可取证，且其书具存，将俟后修各志者以此参考焉。①

根据上述材料，不但能知道村落随着时间变化的增减情况，还可以对变化的原因有所了解，为研究村落的动态变化提供了宝贵的信息。

（3）天津旧志中的历史市镇地理信息

还有一类介于城市与村落之间的聚落，即市镇，其性质难以界定，一般将其看作城市与村落的过渡形态，这虽然增加了研究难度，但也体现了它的研究价值。鉴于此，有效提取地方志中有关市镇的信息是对市镇研究的有力支持。然而，除了一些个别市镇专门编修过镇志外，如杨柳青镇在民国时期编有《杨柳青小志》，为有关杨柳青镇的研究提供了专门的资料，地方志中的市镇信息既没有城市信息记录得丰富、全面，也不像村落信息较为集中，而往往与反映城市和村落的信息夹杂在一起，需要进行仔细分辨。如民国《天津政俗沿革记·舆地》中所载：

天津村镇最著者，如西沽、丁字沽、军粮城、大直沽、马厂、咸水沽、泥沽、葛沽、大沽、堤头、土城、宜兴埠，皆居户稠密，均与荒僻不同。杨柳青地方繁富，几与从前城治相埒，比之近时城治，则尚远也，然亦县治中之大镇也。其地业田者，多近代作新疆商业，别辟生殖之地。科举未废时，杨柳青在文昌阁设崇文书院，成就人才，其文艺见

---

①　光绪《重修天津府志》卷二十三《舆地》，来新夏、郭凤岐：《天津通志·旧志点校卷（上）》，天津：南开大学出版社，2001 年，第 965—966 页。

称于时,尤为乡镇中所罕见者。至东南乡,所谓新农镇者,天津镇总兵周盛传于其地开支河,建桥闸,畎浍交错,树木成阴,则同、光以来之新开辟也。地无广狭,有人则兴;乡镇繁庶,日月新异。此特举其端也。①

依据上文不难看出,所列举的西沽、丁字沽、军粮城、大直沽、马厂、咸水沽、泥沽、葛沽、大沽、堤头、土城、宜兴埠等村落已经不同于普通的乡村,应归于市镇一类,杨柳青和新农镇更是其中的代表。

有的地方志虽将市镇与村落混在一起记录,但能明确地指出哪些为市镇,为其性质的界定提供了方便。如光绪《重修天津府志·舆地·城乡》中收录了天津府辖六县一州的村落名称,并将其中市镇名称再次单独列出。以下仅以天津县下东乡、南乡记载村落为例:

> 东乡(以陈家沟减河分北与东。案,四乡之分固不可少,惟各以意分,不言分法,遂无可校;兹既察形势,以水与大道为界,又各声明一隅,则合观之而四境了然。)贾家口(前无,仓有)、小关(前无)、盐坨(前无)、李公楼、季家楼、太平庄、大王庄、小王庄、唐家口、沈庄、王庄、郭庄、旺道庄(前无,仓有)、王厂(前无)、赵沽里(前无,仓有)、徐家庄、小田家庄、大直沽、小孙庄、挂甲寺(前无)、杨家庄、郑家庄、汪家庄、卢家庄、张达庄、贾家沽道、大毕庄、何家庄(庄前作圈)、潘庄、新庄、张家庄(前无)、孙家庄、崔家马头、张贵庄、顾庄、翟家庄、桃园沽、小新庄、上小汀、荒草坨、李明庄、于家庄、小王庄、程林庄、高家庄、朱家庄、赵家庄、杨家场(场前作庄)、唐家庄、下小汀、张满庄、邢家庄(庄前作沽道)、高家庄、范家庄、欢陀、泥窝、城上、卧河

---

① 民国《天津政俗沿革记》卷一《舆地》,来新夏、郭凤岐:《天津通志·旧志点校卷(下)》,天津:南开大学出版社,2001年,第10—11页。

庄、田家嘴、阮家庄(前无)、秦庄、勾庄、大刘庄、下郭庄(前作郭家庄)、四里沽、小刘庄、潘家庄、毛家台(毛前作倪)、谢家屯(前无)、小赵北庄、大赵北庄、贯儿庄、孙家庄、柴家庄、王四楼(王四前作黄家)、郑家庄、魏家码头(前无)、东唐家洼(前无)、西唐家洼(前无)、大刘台(前无)、军粮城。凡八十一庄(内前无今有计十四庄)。录存前有今无八庄:于王二庄、王瓦刀庄、窑儿上、小李家庄、詹家庄、小郑家庄、楼家庄(案,前志于此首以头甲、二甲、三甲、四甲,查悉即自贾家大桥沿河至盐坨老龙头一带,今多连合,遂通称河东矣)。

南乡(以海河分东南)马家口、紫竹林(前无)、小刘庄、贺家口、西楼(前无)、八里台、吴家窑、佟家楼(佟前作童)、小王庄(前无)、黑牛城、东楼(前无)、前尖山、后尖山、土城、宣家楼(宣前作苑)、陈唐庄、上河圈(圈前作园)、小河圈、吴家嘴、冯家口(冯前作凌)、杜庄、灰堆、何家庄、朱家庄、黄家庄、路庄(前无,仓作芦家)、边家村、于家台(台前作庄)、曾家台(台前作庄)、辛家庄(前无,仓有)、前杨家楼(楼前作庄)、大倪庄、小倪庄、王兰庄(兰前作监)、高家庄、王姑娘庄、庞家庄、梨园坨(前作大、小梨园头)、侯家道口(前无)、倪黄庄(前无)、门道口、张道口(前无,仓作张家道口)、周家庄、大任庄、郭黄庄(前无,仓有)、北马集、南马集、双港、高园(前无)、蛮子营(前无)、后三合庄、前三合庄、西三合庄、北里八口、南里八口、贾家庄、胡家楼(胡前作孙)、王家庄、王家村、于家台(台前作庄)、许家台(前无)、张家台(前无)、大寺庄、白塘口、小杨庄、前新庄、后新庄、郭家庄、王家庄(前无,仓有)、张家嘴、蔡新庄(前无)、徐新庄(前无)、北羊马头、南羊马头、东泥沽、西泥沽、盘沽、韩家庄(前无)、芦北口、时庄(时前作官)、李庄(前作赵北李庄)、南八里台(前作八里庄)、巨客庄(客前作蒿)、大韩庄、大孙庄、咸水沽、老鼠套(前无)、长港(前无)、草堡(前无)、东庄子(前作东刘家庄)、周家庄(前无)、王家庄(前无,仓有)、大站(前无)、新开路(前无)、南天门(前无)、杨家岑、辛家庄(前无,仓有辛庄)、邓家岑、上沽林(前无)、葛沽、高庄、殷家庄(前无)、刘家庄、萧家房、粮台(前无)、芦家嘴、郝家沽、新城(前无)、黄家圈、南开庄(前无)、大梁庄、小梁庄、邓善沽、东大沽、西大沽、草头沽、道沟庄(前无,仓有道沟)、高沙岭(前无,仓有,沙作山)、白沙头(前无,仓有,头作岭)、唐巨河(前无)。凡一百二十一庄(内前无今有计三十七庄),内七镇:新农镇(即小站)、白塘口镇、咸水沽镇(有把总)、葛沽镇(有巡检)、新城镇(有同知、守备)、双港镇(有把总)、灰堆镇。录存前有今无十四庄:靳家园、炮台、前小儿庄、后小儿庄、李七家庄、郭家村、宋家庄、凌家庄、李家庄、营房、杨回庄、梁子上、班家楼、陈林庄(案前志于此首倪家台、康家花园,查悉即今闸口溜米厂一带)。[①]

根据上述记录天津县东乡与南乡村落信息的资料可以看出,东乡、南乡村落的名称与市镇名称混杂在一起记录,但在记录每乡后会将市镇名称再次列出,以示区分,还会记录镇中驻扎的行政机构,以此可以对市镇的分布、功能等信息有所了解。

然而,市镇已经脱离了一般村落较为单一的结构和功能,其内部结构逐渐复杂化,有关信息则散落于地方志中。上文曾提到的在地方志中大量记录城市信息的各卷中,除了收录坐落于城市中的建筑、设施以外,也将设置于市镇中的同类建筑、设施相关信息收录其中,包括公署、祠庙、仓廒、桥梁、渡口等。例如同治《续天津县志·学校·附祠庙》中就有这样的记载:

玉皇庙五:中渡口、葛沽、丁字沽、咸水沽、河东小关。文昌庙四:

---

① 光绪《重修天津府志》卷二十三《舆地》,来新夏、郭凤岐:《天津通志·旧志点校卷(上)》,天津:南开大学出版社,2001年,第965—967页。

东门内;西门外西北隅,曰文昌宫,乾隆年建;杨柳青;葛沽。文昌阁二:城北小伙巷;杨柳青。魁星阁三:文学东;县署旁,天津府李公(梅宾)捐建;城东南角楼,康熙年,郑世泰建。观音阁五:河东盐坨;东门外;北门内;北门外;葛沽。观音堂三:大直沽,乾隆年,知县孙公(景曾)重修;城西马庄;咸水沽。观音庵四:东门外南斜街;杨柳青;赵北庄;城东姚家庄,明建。天后宫十六:东门外,元建,明永乐元年重建,仁宗睿皇帝御制额联,今皇帝御制额,恭纪;陈家沟;丁字沽;咸水沽;贺家口;葛沽;泥沽;东沽;前辛庄;后尖山;秦家庄;城西马庄;河东唐家口;芦北口;城西如意庵南,名天后行宫;大直沽。火神庙十一:鼓楼西板桥胡同;闸口下,宝林庵南;河东盐坨;北门外;城西教场;西渡口;丁字沽;赵家楼;杨柳青河北;河东锦衣卫桥;北门外河北,名丙德庵。①

从以上述记录来看,不但收录了分布在天津县城中的各处庙宇、祠、观等祭祀场所,也将分布在各镇与村中的祠庙一并罗列在一起,这些信息点不但分散,而且比较隐蔽,如不仔细分辨,很容易遗漏、混淆,错失重要资料。

(4)天津旧志在历史聚落地理研究中的价值

通过对地方志中城市、村落、市镇三类聚落的相关信息进行梳理可以看出,聚落地理学关注的聚落起源、发展、数量、分布、外形、结构、选址等诸多问题在地方志中都有所体现,但所反映的程度有较大差异,因此在运用地方志资料进行历史聚落地理研究时,需要对史料的价值及局限有理性的认识。

第一,无论是城市、村落还是市镇的数量和分布信息均较为集中,但

---

① 同治《续天津县志》卷四《学校(附祠庙)》,来新夏、郭凤岐:《天津通志·旧志点校卷(中)》,天津:南开大学出版社,2001年,第295页。

需要注意区分村落性质与记录口径。

地方志中对聚落类型区分较为明显,特别是城市和村落的划分较为清晰,但市镇和村落的分类较为模糊,市镇的名称、方位往往与村落的记录混杂在一起,有的会另外说明哪些属于市镇,如上文光绪《重修天津府志》的情况,也有不做特别说明,还需要依据地方志中的其他信息加以区分。

关于聚落分布的信息较为全面,各类聚落的方位都有涉及,但精确程度差异很大。其中城市的位置最为明确,不仅记录其详细地点,还能反映城市所处地域的自然地理情况,且大多附有地图或示意图。图文对照,不仅能获悉聚落的位置、分布情况,也能对选址规律做出一定推断。村落和市镇的位置信息相对简单,往往以各级政府治所驻地为中心,标识大致的方位,依据这些信息,可以对村落的分布、密度有一个总体的认识和推断,但精确定位尚显不足。如果有相关图幅可以参照,如光绪《重修天津府志》中的各县县境图、乾隆《畿辅义仓图》和《津门保甲图说》等,则能更加精确地了解各村落的位置,再根据图中标注的山川、河流的信息,还能对村落分布与地形、地貌的关系有所认识,对村落选址原则的总结提供一定的参考。此外,需要特别注意的是,地方志中记录村落信息的规则有所差异。黄忠怀曾指出,清初直隶方志所载村落有的是自然村,有的则是相当于保甲的"保",而在旗、汉混居的地方,村落只包括汉人聚居的村落,旗人聚落没有纳入统计。①

第二,地方志中对聚落的外形、结构布局等信息的记录详略程度分化明显,而且要注意简单罗列中的动态变化。

地方志中有关城市外形的记录清晰,除了有详细的描述外,一般都有附图,不仅能直观地获知城市的外形,还能对城内的大致布局有所反映。

---

① 黄忠怀:《清初直隶方志中的村落数据问题与农村基层管理》,《史学月刊》2010年第10期。

城市内部结构的信息主要通过城墙、衙署、祠庙、学校等重要建筑反映出来，一些衙署、学校等建筑设施内部情况也会附有图录。这些信息为认识城市功能分区、勾勒城市景观提供了重要线索。但对民居、商铺等普通建筑的记录甚微，由此还不能对城市内部结构产生更加立体的认识。

市镇、村落，无论功能还是结构与城市相比都显得单一、简单。特别是村落，更是以民居为主，或有少量如祠庙等非民居功能的建筑。地方志对于反映市镇与村落内部结构的记录极为缺乏，目前较为可行的方法是，利用专门修撰的个别的镇志与村志做典型性个案研究，并以此初步推断出一定地域范围内相似村落的形态、结构等情况。但这样得到的结论先天不足，外部效度较低，推广价值有限，不能对广泛分布在各类地貌、文化区的村落形成全面系统的认识。

还需要注意的是，地方志中的记录往往多是简单罗列，抄旧补新，有的村落已经荒废、消失，有的建筑已经废弃或功能发生转变，有的规模出现了变化，但在记录中没有明确反映这种变化。在研究中还要仔细甄别，如果能善加利用，可对聚落动态变化过程有所了解，起到扩展、深化认识的作用，反之则会产生一定误导。

第三，聚落起源、发展以及城市化的过程也隐含在地方志的大量记录中，更需要详细对比、仔细分辨，还要避免被旧志记载中的错漏、简单化所误导。

聚落总在发展变化中，其分布、形态、布局、规模等都在动态变化之中，甚至影响到类型划分，有的普通村落逐渐发展成为市镇或城市，有的城市或市镇也会衰退为村落，甚至消失。地方志中一般都会记录城市的沿革，其起源和发展的过程显而易见，是研究城市化的宝贵资料，但此类记录也比较粗略、概括，仍需发掘更加具体的信息。仔细对比同一地区不同时间段编修的地方志，通过衙署的设立或裁汰，祠庙的兴建或荒废，学校的增修或缩减，以及人口、赋税、屯田等各方面的变化，可以发现隐含在其中的变化过程，这些都是聚落动态变化过程的具体展现。

此外,地方志中市镇、村落的记录虽相对粗略,但也能通过其数量增减,对其分布、密度的变化过程有所认识,再结合与城市的空间关系,根据其聚散趋势的变化亦可对城乡关系做出一些推论。

还需要注意的是,要区分地方志中的记录发生变化的原因。有的来源于编修、刻印中的疏漏,有的则是简单抄录前志,未将内容更新,虽为新志,但装的却是旧内容,误导读者。如民国《天津县新志》的村落信息就是抄录自乾隆《天津县志》,未做更新,稍有疏忽就会得出从乾隆到民国村落数量稳定不变的错误认识。因此,在使用地方志材料时,需仔细区分,认真对比,若有条件还可参照同一时期的相关材料,验证其一致性。

综上所述,地方志以其记录全面细致、连续更新等特点为历史聚落地理研究提供了十分有价值的实用信息,但对各类聚落信息的反映并不平衡,而且不同时期不同地方所修地方志体例不一,从而造成内容不系统、不连贯的现象,鉴于此,本书对某些问题的探讨可能只以部分地区或个案为主。

2. 乾隆《畿辅义仓图》的价值及局限

《畿辅义仓图》是直隶总督方观承在清乾隆十四至十八年(1749—1753)间,在直隶全省大规模兴建义仓时绘制的图录。方观承认为,义仓应设在乡间,而不是按当时清政府的规定,无论官仓或是民间的义仓,都要设在城市中。这样平时便于运输,受灾时便于赈济。因此,兴建义仓就必须先掌握全省的村落布局及地理信息。于是,他派人以州、县为单位,对全省村落进行了调查,再结合地形的实际情况确定义仓位置,并将这些村落和义仓都绘制成图,共计144幅,1005座义仓,39687个村庄。图中详细记录了每个义仓服务范围内的村落信息,包含名称、数目、方位、距离,为我们提供了直隶省清乾隆前期这个时间断面上的村落信息,是研究华北地区历史聚落地理的重要材料。

《畿辅义仓图》所记录的聚落信息包含了本书所涉及的研究范围,需对其资料价值及准确性进行科学评价。

黄忠怀在他的博士论文中,对该资料的价值给予了肯定,他认为《畿辅义仓图》记录了其所涉及范围内的大小村庄,并推断图中的村庄为自然村。①

郑微微在文章中也对《畿辅义仓图》的村落资料价值进行了考订,并提出了几点问题。她通过考察制图过程发现,制图虽有统一指挥,但各县在独立完成的操作过程中存在差异,在图中反映为各县分图字体体例、书写风格不一,这势必会导致绘制的图录详略不一。进而对图中所载地名校核发现,有些县村落记载有脱漏的情况,这些未记入的村庄往往距离义仓过远,无法纳入义仓服务系统中。此外,各县统计口径亦不统一,有些县统计的为官村,有些为自然村。②

《畿辅义仓图》并非一般意义上的地图,而是为了在民间推行义仓制度,使官民明确义仓服务的范围而编制的图录,那么凡是与此初衷不符的情况,在《畿辅义仓图·义仓图凡例》中以及每幅图的注释中已有明确的说明,例如:"山乡如涿州三坡二十三村居民樵炭为业,滨海之区如天津县羊回等十四村、盐山县狼坨铺等七村居民鱼盐为业,皆存其村名无庸建仓。"③再具体到图中可以看到,如在天津县的《义仓图》左下角明确标有"天津县东至宁河县……再东南羊回等十七村庄系滨海之区,鱼盐为业,不事耕种,无庸附仓,合并声明。"④

综上,《畿辅义仓图》所载村落信息并不完整,只列入义仓制度所覆

---

① 黄忠怀:《整合与分化——明永乐以后河北平原的村落形态及其演变》,复旦大学博士论文,2003 年,第 16 页。

② 郑微微:《地貌与村落扩展:1753—1982 年河北南部村落研究》,《中国历史地理论丛》2010 年第 3 辑。

③ (清)方观承:《畿辅义仓图·义仓图凡例》,台北:成文出版社,1970 年影印本,第 13—14 页。

④ (清)方观承:《畿辅义仓图》,台北:成文出版社,1970 年影印本,第 125 页。

盖的村落,且由于统计口径的差异无法区分官村与自然村。所以使用
《畿辅义仓图》中的村落信息来反映乾隆前期华北聚落分布的情况,其准
确性势必受到影响。因此,本研究将其作为辅助参考材料,仍以有关地方
志中提供的聚落信息为主。

3. 研究方法

本书在参考借鉴国内外相关研究的基础上,综合历史学和地理学的
理论及观点,采用多种研究方法。在资料运用上,除了使用历史文献资料
之外,还借鉴考古研究的成果作为补充。在条件允许的情况下进行实地
考察以获得更加直观的认识。同时,文中涉及大量数据信息,使用计量统
计、图表对比等方法,可以使数据信息得到科学有效的处理,从而有助于
精确地解读,以便得出更加符合实际的结论。

第一章

清代天津府的形成

第一节　天津府的形成过程

清代天津府的建置始于雍正九年（1731），将已经是直隶州的天津升为天津府，直到1913年裁府，共历时182年。看似一道行政命令完成的区划建制，实际上经历了长时间的数次变化，在全国行政区划调整的大趋势下才完成。

一、天津三卫的裁并

清军入关以后，逐渐建立了全国的统治秩序，初期主要沿袭明制。按照明朝制度，卫所属军事系统，不理民事。但随着时间的推移，其军事职能逐渐失去作用。因此，清朝在接管各地之时，对卫所采取了暂时维持现状的办法。随着政权的逐渐稳定，改革在所难免。

《世祖实录》卷十九顺治二年七月庚戌：

> 摄政王多尔衮遗书定国大将军和硕、豫亲王多铎等曰，王遣多罗

贝勒博洛等招抚苏州、杭州、绍兴等四府①,又招抚潞惠等王及王之仁等官兵已悉知之。大兵日久劳苦,王可亲率诸将士远京。今已遣多罗贝勒勒克德浑、固山额真叶臣、总督洪承畴等代王俟。贝勒勒克德浑等到日,一切事务交付伊等。王所统将士可留满洲,每旗护军参领一员、每甲喇护军校一员、每牛录护军二名、骁骑营每甲喇下章京一员,不留兵。汉军每翼梅勒章京一员、每旗章京一员、每甲喇骁骑校一员、每牛录马兵五名益。贝勒勒克德浑等军红衣炮留置南京,炮手、绵甲兵俱带回。勒克德浑已尽率此处护军南行,王处所余护军俱带回。南京着改为江南省,应天府着改为江宁府,设知府,不设府尹,掌印指挥、官屯指挥暂留,余指挥俱裁去。其卫所改为州县,俟天下大定从容定夺。②

从上述材料可知,将卫所改为州县早在顺治二年(1645)就已经开始有所行动。但大规模改制的条件尚不成熟,还需要逐步调整。首先要解决的是隶属于卫所的官兵问题。

《世祖实录》卷二十八顺治三年九月至十月乙未:

兵部奏言,指挥、千、百户名色既已尽裁,而卫所必不可裁。应每卫设掌印官一员,兼理屯事,改为卫守备;千户改为卫千总,每所设一员,俱由部推;百户改为卫百总,每所设一员,由督抚选委。其不属卫之所,俱给关防。卫军改为屯丁。凡卫所钱粮、职掌及漕运、造船事务,并都司、行都司分辖,皆宜照旧。从之。③

上述材料反映出,清初卫所官兵人事调整的总趋势是将其原有的军

_____

① 原文仅列出苏州、杭州、绍兴三府,特此说明。
② 《清实录》第三册,北京:中华书局1985年影印本,第166页下—167页上。
③ 《清实录》第三册,北京:中华书局1985年影印本,第238页下。

事性质身份逐渐民化。此外,清初还陆续对卫所实行了裁并。如《世祖实录》卷六十五顺治九年五月至六月丁未:

> 裁直隶镇朔卫、营州卫归并蓟州卫;东胜右卫、宽河所归并遵化卫;涿鹿左卫、中卫、兴州中屯卫归并涿鹿卫;抚宁卫归并山海卫;卢龙卫、东胜左卫、兴州右卫归并永平卫;密云后卫归并密云中卫;营州后卫归并兴州后屯卫,通州右卫、神武中卫、定边卫归并通州左卫;天津左卫、右卫归并天津卫,神武右卫、倒马、平定二所、唐山屯归并真定卫;保定中卫归并保定左卫;保定前卫、后卫归并保定右卫,裁营州左屯卫、渤海守御所、白洋口后所、镇罗关所、顺德守御所。①

由史料可见,天津左卫、右卫在清顺治九年(1652)裁并为天津卫,将三卫合一是在清初卫所制度变革的背景下完成的。这只是清代天津行政区划变迁的第一步,真正意义上的变化则发生在清雍正时期。

二、天津卫改为散州

清代行政区划调整主要集中在前期,顺治年间为了安定社会秩序,缓解民族矛盾,对政区更动较小。康熙年间则忙于开疆拓土,也未顾及全国政区的调整。雍正皇帝继位后,统治秩序基本稳固,这就为调整政区提供了较好的社会条件,因此这一时期全国政区变动最为巨大。② 但总的来说省一级政区变动不大,主要是调整府、直隶州、散州、县等政区。

清朝大体上采用对明故土"内地十八省"实行正式郡县制,边疆地区

---

① 《清实录》第三册,北京:中华书局1985年影印本,第509页下—510页上。
② 华国樑:《论雍正年间的政区变动》,《苏州大学学报(哲学社会科学版)》1991年第3期。

实行军事型或监护型的特殊政区制度,比元代不顾地域差异,一律分置中书省的办法是一个重要改进。① 清初,沿袭明制共设有直隶、山东、山西、河南、陕西、江南、浙江、四川、江西、湖广、福建、贵州、云南、广东、广西十五个省。清康熙三年(1664)将湖广省分为湖北、湖南二省,清康熙六年(1667)又将江南省分为江苏、安徽二省,陕西省分为陕西、甘肃二省,清代"内地十八省"的政区概念自此形成,直到清光绪十年(1884)新疆新建行省时才有所变化。清代十八省的政区建置延续了近 220 年。同时,对于省以下的府、直隶州、散州、县等政区则进行了较大的变动。华国梁将清雍正年间政区调整分为四种情况,一是直隶州升府,二是析分直隶州,三是改卫、所为府、州、县,四是增设县级政区。② 天津自三卫合一之后,先后经历了改卫为州、直隶州升府两个阶段。

《世宗实录》卷三十雍正三年三月乙巳:

> 改天津卫为州,设立知州一员。改卫经历为吏目,教授为学正。其保定左所学生员并入保定府学,每试额取童生十八名,分入清苑等六州县酌量加增。原附左所考试之任邱卫军籍生源归入河间府学。延庆卫生员分入昌平、延庆二州学,每试额取童生亦分拨各府州学考取。从直隶总督李维钧请也。③

《世宗实录》卷三十六雍正三年九月甲子:

> 升直隶河间府所属天津州为直隶州,管辖武清、青县、静海三县。

---

① 周振鹤:《中华文化通志·地方行政制度志》,上海:上海人民出版社,2010 年,第 136 页。

② 华国梁:《论雍正年间的政区变动》,《苏州大学学报(哲学社会科学版)》1991 年第 3 期。

③ 《清实录》第七册,北京:中华书局 1985 年影印本,第 450 页下。

从长芦盐政御史莽鹄立请也。①

上述材料反映了天津改卫为州的具体过程,先是于清雍正三年(1725)三月改天津卫为天津州,同年九月又将天津州升为直隶州,辖武清、静海、青县。次年八月,武清县还属顺天府通州。②

六年后,在直隶总督唐执玉的建议下,又将天津直隶州升为天津府。据《世宗实录》卷一〇三雍正九年二月丙辰:

> 吏部议复,署直隶总督唐执玉疏言。天津直隶州系水陆通衢,五方杂处,事务繁多,办理不易,请升州为府,设知府一员、粮捕通判一员、经历一员、教授一员、训导一员;附郭置天津县,设知县一员、县丞一员、典史一员;改州学正为教谕。此新设一县,同该州原辖之青县、静海,及沧州、南皮、盐山、庆云一州三县统归新升之府管辖。其旧设之河间府海防同知,应就近改属天津;天津旧设之州同吏目,应请裁汰。再霸昌道属之宝坻县,广袤六百余里,其毗连之梁城所距宝邑甚远,一切公务该县不能兼顾,请将宝坻县之江洼口起至西头庄止路南一带割归梁城,并改所为县,设知县一员、典史一员、教谕一员、训导一员。旧设所千总一员应请裁汰。均应如所请。从之。寻定天津新升府曰天津;梁城所新改县曰宁河。③

由文献材料可见,清雍正九年(1731)二月天津直隶州升为天津府,府治设在天津县,即以原天津直隶州界为县界,天津府下辖天津县、静海县、青县、盐山县、南皮县、庆云县和沧州。

---

① 《清实录》第七册,北京:中华书局1985年影印本,第545页上。
② 雍正《畿辅通志》卷14《建置沿革·天津府》:"雍正四年,武清县还属顺天。"(《钦定四库全书·史部·畿辅通志卷十四》)
③ 《清实录》第八册,北京:中华书局1985年影印本,第368页。

短短六年间,天津完成了由卫改散州、散州升直隶州、直隶州升府的行政区划调整。如果只是从天津单个案例来看,其变化可谓巨大,但从雍正时期大规模调整政区这一大背景来看,则属正常现象。

对于卫所改为政区问题,清雍正二年(1724),雍正皇帝就在谕旨中说:

> 兵部等衙门议复条奏内,改并各卫所归于州县管辖一条。查得各处军民户役不同,未便归并,且武官科甲出身人员专选卫所守备千总。若尽裁卫所,必致选法雍滞,应无庸议。得旨,此事部议所见甚小。滇、蜀两省曾经裁减卫所,未闻不便。今除边卫无州县可归于漕运之卫所,军民各有徭役仍旧分隶外。其余内地所有卫所,悉令归并州县。饬令直省督抚分别详细区划,其武举进士作何铨选,不令雍滞之处,吏、兵二部详议奏闻。①

可见,雍正皇帝对于卫所改制问题态度坚决,并给出了相应指示。结果雍正朝改卫所为政区后,各级政区增加了 54 个,其中府 6 个、直隶州 1 个、州县厅 47 个。②

三、天津升直隶州

散州升直隶州的情况在雍正时期也是非常多见。在雍正朝十三年的时间里,曾增设直隶州 69 个(包含后来又升府、降散的州县),涉及 14 个省,其中山西省将蒲州、解州、绛州、吉州、隰州、平定州、忻州、代州、保德

---

① (清)王先谦:《正续东华录》雍正四,撷华书局,第 27 页上。
② 华国樑:《论雍正年间的政区变动》,《苏州大学学报(哲学社会科学版)》1991 年第 3 期。

州升为直隶州;①河南省将陈州、许州、禹州、郑州、陕州、光州升为直隶州;②山东省将泰安州、武定州、滨州、曹州、沂州、济宁州、东平、高唐、濮州、莒州升为直隶州;③安徽省将颖州、亳州、泗州,六安州升为直隶州;④江苏省将太仓州、邳州、海州、通州升为直隶州。⑤ 陕西省将商州、同州、华州、乾州、邠州、耀州、鄜州、葭州、绥德州升为直隶州;⑥甘肃省将秦州、阶州、肃州升为直隶州;⑦四川省将升资县、绵州、茂州、达州、忠州为直隶州;⑧福建省将永春、龙岩升为直隶州;⑨湖北省将归州升为直隶州;⑩湖南

---

① 《世宗实录》卷十九"雍正二年闰四月己卯"条(《清实录》第七册,北京:中华书局 1985 年影印本,第 311 页)。

② 《世宗实录》卷二十三"雍正二年八月癸巳"条(《清实录》第七册,北京:中华书局 1985 年影印本,第 373 页)。

③ 《世宗实录》卷二十四"雍正二年九月庚戌"条(《清实录》第八册,北京:中华书局 1985 年影印本,第 201 页下—第 202 页上)。

④ 《世宗实录》卷二十四"雍正二年九月己未"条(《清实录》第七册,北京:中华书局 1985 年影印本,第 383 页下)。

⑤ 《世宗实录》卷二十四"雍正二年九月己未"条(《清实录》第七册,北京:中华书局 1985 年影印本,第 383 页下)。

⑥ 《世宗实录》卷三十六"雍正三年九月乙未"条(《清实录》第七册,北京:中华书局 1985 年影印本,第 537 页下—第 538 页上)。

⑦ 《世宗实录》卷七十六"雍正六年十二月己丑"条(《清实录》第八册,北京:中华书局 1985 年影印本,第 57 页上)。

⑧ 《世宗实录》卷六十三"雍正五年十一月庚午"条(《清实录》第七册,北京:中华书局 1985 年影印本,第 970 页上);《世宗实录》卷七十五"雍正六年十一月庚午"条(《清实录》第七册,北京:中华书局 1985 年影印本,第 1120 页下);《世宗实录》卷136"雍正十一年十月乙卯"条(《清实录》第八册,北京:中华书局 1985 年影印本,第 742 页)。

⑨ 《世宗实录》卷一四三"雍正十二年五月辛卯"条(《清实录》第八册,北京:中华书局 1985 年影印本,第 794 页下—第 795 页上)。

⑩ 《世宗实录》卷七十二"雍正六年八月己丑"条(《清实录》第七册,北京:中华书局 1985 年影印本,第 1077 页下—第 1078 页上)。

将澧州、沅州、桂阳州升为直隶州;①广东将连州、程乡升为直隶州;②广西省将郁林州、宾州、西隆州升为直隶州;③可见,全国范围内升散州为直隶州的情况非常普遍,仅天津州所在的直隶省升散州为直隶州的调整就有八次。据《世宗实录》卷二十一雍正二年六月丙申:

> 户部等衙门议复直隶巡抚李维钧疏言。直隶正定府管辖三十二州县,知府实有鞭长不及之虞。请改设直隶州分辖。将南宫、新河、枣强、武邑、衡水五县分隶冀州;柏乡、隆平、高邑、临城、宁晋五县分隶赵州;武强、饶阳、安平三县分隶深州;无极、藁城二县分隶晋州;曲阳、新乐二县分隶定州。直隶知州照知府之例稽查各县钱粮案件。其五州钱粮仓库等项,令直隶守道不时委员盘查。均应如所请,从之。④

《世宗实录》卷三十六雍正三年九月甲子:

> 升直隶河间府所属天津州为直隶州,管辖武清、青县、静海三县。

---

① 《世宗实录》卷八十八"雍正七年十一月己卯"条(《清实录》第八册,北京:中华书局1985年影印本,第182页下)。《清朝文献通考》卷二百八十一《舆地考十三》:"雍正八年开置永绥厅,又升沅州为直隶州,分黔阳、麻阳二县往属。"(王云五总编纂:《万有文库》第二集,《十通第九种·清朝文献通考》第一册,北京:商务印书馆,第7325页。)《世宗实录》卷一二三雍正十年九月乙未:"改湖南衡州府属桂阳州为直隶桂阳州,管辖临武、蓝山、嘉禾三县。从湖南巡抚赵弘恩请也。"(《清实录》第八册,北京:中华书局1985年影印本,第620页上。)

② 《世宗实录》卷八十三"雍正七年七月庚申"条(《清实录》第八册,北京:中华书局1985年影印本,第110页下—第111页上);《世宗实录》卷一二九"雍正十一年三月丁酉"条(《清实录》第八册,北京:中华书局1985年影印本,第680页下—第681页上)。

③ 《世宗实录》卷三十五"雍正三年八月甲戌"条(《清实录》第七册,北京:中华书局1985年影印本,第529页);《世宗实录》卷六十"雍正五年八月乙未"条(《清实录》第七册,北京:中华书局1985年影印本,第915页下)。

④ 《清实录》第七册,北京:中华书局1985年影印本,第347页下—第348页上。

从长芦盐政御史莽鹄立请也。①

《世宗实录》卷八十四雍正七年闰七月辛卯：

> 升直隶河间府属之沧州为直隶州，管辖南皮、盐山、庆云、东光四县。从原署直隶总督杨鲲请也。②

《世宗实录》卷一三七雍正十一年十一月甲辰：

> 升直隶保定府属易州为直隶州，以保定府之涞水及山西省之广昌二县隶之。从直隶总督李卫请也。③

上述材料反映了直隶省将冀州、赵州、深州、晋州、定州、天津州、沧州、易州升为直隶州的具体过程。由此可见，无论是在全国范围内，还是在直隶省范围内，天津由散州升为直隶州仅是同类调整中很普通的一例。

四、天津直隶州升府

雍正时期曾先后增置府一级政区 34 个，大致可分为五种情况：一是划地增置府，仅有云南省于普洱地方设普洱府一例；④二是将土司、土府、军民府改府，共计 6 个，即湖南省将保靖、桑植、永顺三土司改土归流置永

---

① 《清实录》第七册，北京：中华书局 1985 年影印本，第 545 页上。
② 《清实录》第八册，北京：中华书局 1985 年影印本，第 125 页下。
③ 《清实录》第八册，北京：中华书局 1985 年影印本，第 753 页。
④ 《世宗实录》卷八十四"雍正七年闰七月丁酉"条（《清实录》第八册，北京：中华书局 1985 年影印本，第 127 页下—第 128 页上）。

顺府,①广西省分别将泗城军民府、镇安土府改土归流置泗城府和镇安府,②云南省将镇雄土府、镇沅土府、乌蒙土府分别改为流府;③三是卫所改置为府,共计7个,即山西裁撤右玉卫、宁武所分别置朔平府和宁武府,④陕西省于原榆林卫地置榆林府,⑤甘肃省裁宁夏卫、西宁卫、凉州卫及甘州左右二卫分置宁夏府、西宁府、凉州府和甘州府;⑥四是散州、厅、县升府,共计4个,即湖北省先将原荆州府属夷陵州升为宜昌府,⑦随后

---

① 《世宗实录》卷八十一"雍正七年五月戊午"条(《清实录》第八册,北京:中华书局1985年影印本,第68页上—第69页上)

② 《世宗实录》卷六十"雍正五年八月癸卯"条(《清实录》第七册,北京:中华书局1985年影印本,第920页下—第921页上);《世宗实录》卷八十六"雍正七年九月戊子"条(《清实录》第八册,北京:中华书局1985年影印本,第153页下)。

③ 《世宗实录》卷五十五"雍正五年闰三月癸亥"条(《清实录》第七册,北京:中华书局1985年影印本,第831页上);《清史稿》卷七十四《地理志二十一》:"镇沅直隶厅:最要。隶迤南道。明,镇沅府。雍正五年,设流官,并改者乐甸长官司为恩乐县来隶。乾隆三十五年,降直隶州。道光二十年升厅,省恩乐入焉。"(赵尔巽等撰:《清史稿》第九册,北京:中华书局,1977年,第2346页)《世宗实录》卷六十六"雍正六年二月戊戌"条(《清实录》第七册,北京:中华书局1985年影印本,第1011页下—第1012页上)。

④ 《世宗实录》卷三十二"雍正三年五月甲子"条(《清实录》第七册,北京:中华书局1985年影印本,第495页上)。

⑤ 《世宗实录》卷一百"雍正八年十一月壬午"条(《清实录》第八册,北京:中华书局1985年影印本,第331页下—第332页上)。

⑥ 光绪《大清会典事例》卷三十《吏部》:"又改甘肃宁夏卫置宁夏府,以所属左卫置宁夏县,以右卫置宁朔县,并为府治。改中卫置中卫县,改平罗所置平罗县,俱隶宁夏府。改碾伯所置碾伯县隶西宁府。改凉州厅置凉州府,以所属卫地置武威县为府治。改镇番卫置镇番县,改永昌卫置永昌县,改古浪厅置古浪县,改庄浪厅置平番县,俱隶凉州府。改甘州厅置甘州府,以所属左右两卫置张掖县为府治。改山丹卫置山丹县,改高台厅置高台县,俱隶甘州府。各设知县、典史等官,张掖县设县丞一人。"(清人昆冈等修《钦定大清会典事例》,清光绪十二年钞本)

⑦ 《世宗实录》卷一五三"雍正十三年三月己卯"(《清实录》第八册,北京:中华书局1985年影印本,第879页)。

又将宜昌府属恩施县升为施南府，①贵州省将安顺府属南笼厅升为南笼府，②又把原威宁府属大定州升为大定府，并将威宁府降为散州；③五是直隶州升府的情况，共计 16 个。其中直隶省升天津直隶州为天津府就属于这种情况，据《世宗实录》卷一〇三雍正九年二月丙辰：

　　吏部议复，署直隶总督唐执玉疏言。天津直隶州系水陆通衢，五方杂处，事务繁多，办理不易，请升州为府，设知府一员、粮捕通判一员、经历一员、教授一员、训导一员；附郭置天津县，设知县一员、县丞一员、典史一员；改州学正为教谕。此新设一县，同该州原辖之青县、静海，及沧州、南皮、盐山、庆云一州三县统归新升之府管辖。其旧设之河间府海防同知，应就近改属天津；天津旧设之州同、吏目，应请裁汰。再霸昌道属之宝坻县，广袤六百余里，其毗连之梁城所距宝邑甚远，一切公务该县不能兼顾，请将宝坻县之江洼口起至西头庄止路南一带割归梁城，并改所为县，设知县一员、典史一员、教谕一员、训导一员。旧设所千总一员应请裁汰。均应如所请。从之。寻定天津新升府曰天津；梁城所新改县曰宁河。④

此外，还有江苏省升徐州直隶州为徐州府，⑤安徽省升颍州直隶州为

---

　　①　《清高宗实录》卷六"雍正十三年十一月壬寅"（《清实录》第九册，北京：中华书局 1985 年影印本，第 264 页）。

　　②　《世宗实录》卷六十"雍正五年八月癸卯"条（《清实录》第七册，北京：中华书局 1985 年影印本，第 919 页上—第 920 页下）。

　　③　《世宗实录》卷八十七"雍正七年十月乙巳"条（《清实录》第八册，北京：中华书局 1985 年影印本，第 159 页上）。

　　④　《清实录》第八册，北京：中华书局 1985 年影印本，第 368 页。

　　⑤　《世宗实录》卷一二九"雍正十一年三月癸巳"条（《清实录》第八册，北京：中华书局 1985 年影印本，第 680 页）。

颍州府,①山东省升武定、忻州、泰安、曹州直隶州为府,②山西省升蒲州、泽州直隶州为府,③河南省升陈州、许州直隶州为府,④陕西省升同州直隶州为同州府,⑤福建省升福宁直隶州福宁府,⑥四川省升雅州、嘉定、潼川直隶州为府。⑦ 可见,直隶州升府的情况是新设府级政区中所占比例最大的一种,且直隶州升府往往伴随着邻近的直隶州降为散州同时归并入新升的府中,如:江苏省升徐州直隶州为徐州府,降邳州直隶州为散州,往属徐州府;⑧安徽省升颍州直隶州为颍州府,降亳州直隶州为散州,往属颍州府;⑨山东省升武定、忻州、泰安、曹州直隶州升为府,降滨州直隶州为散州,往属武定府,降莒州直隶州为散州,往属忻州府,降东平直隶州为

① 《世宗实录》卷一五八"雍正十三年七月己酉"条(《清实录》第八册,北京:中华书局1985年影印本,第936页)。

② 《世宗实录》卷一四四"雍正十二年六月癸亥"条(《清实录》第八册,北京:中华书局1985年影印本,第803页下—第804页上);《世宗实录》卷一五八"雍正十三年七月甲辰"条(《清实录》第八册,北京:中华书局1985年影印本,第932页上—第933页下)。

③ 《世宗实录》卷六十八"雍正六年四月壬午"条(《清实录》第七册,北京:中华书局1985年影印本,第1032页下—第1032页上)。

④ 《世宗实录》卷一四六"雍正十二年八月辛酉"条(《清实录》第八册,北京:中华书局1985年影印本,第821页)。

⑤ 《世宗实录》卷一五四"雍正十三年四月戊午"条(《清实录》第八册,北京:中华书局1985年影印本,第890页上)。

⑥ 《世宗实录》卷一四三"雍正十二年五月辛卯"条(《清实录》第八册,北京:中华书局1985年影印本,第794页上—第795页下)。

⑦ 《世宗实录》卷八十"雍正七年四月辛巳"条(《清实录》第八册,北京:中华书局1985年影印本,第48页下—第49页上);《世宗实录》卷149"雍正十二年十一月癸巳"条(《清实录》第八册,北京:中华书局1985年影印本,第850页下—第851页上)。

⑧ 《世宗实录》卷一二九"雍正十一年三月癸巳"条(《清实录》第八册,北京:中华书局1985年影印本,第680页)。

⑨ 《世宗实录》卷一五八"雍正十三年七月己酉"条(《清实录》第八册,北京:中华书局1985年影印本,第936页)。

散州,往属泰安府,降濮州直隶州为散州,往属曹州府;①河南省升许州直隶州为许州府,降禹州直隶州为散州,往属许州府;②陕西省升同州直隶州为同州府,降华州直隶州为散州,往属同州府,降耀州直隶州为散州,其所辖白水县往属同州府;③直隶省升天津直隶州为天津府,降沧州直隶州为散州,往属天津府。④

　　通过对雍正时期政区调整的梳理不难发现,天津在雍正时期完成了由卫改散州、散州升直隶州、直隶州升府的区划调整。此次调整是在全国调整的大背景下完成的,其调整过程也与当时总的趋势相符合。除此之外,天津由卫到州再到府的变化亦与这一地区的社会发展密切相关,此方面内容后文已有详述,在此不再赘言。

　　① 《世宗实录》卷一四四“雍正十二年六月癸亥”条(《清实录》第八册,北京:中华书局 1985 年影印本,第 803 页下—第 804 页上)。《世宗实录》卷一五八,“雍正十三年七月甲辰”条(《清实录》第八册,北京:中华书局 1985 年影印本,第 932 页上—第 933 页下)。

　　② 《世宗实录》卷一四六“雍正十二年八月辛酉”条(《清实录》第八册,北京:中华书局 1985 年影印本,第 821 页)。

　　③ 《世宗实录》卷一五四“雍正十三年四月戊午”条(《清实录》第八册,北京:中华书局 1985 年影印本,第 890 页上)。

　　④ 《世宗实录》卷一〇三“雍正九年二月丙辰”条(《清实录》第八册,北京:中华书局 1985 年影印本,第 368 页)。

第二节　天津府的政区范围及其属县的设置

清雍正九年(1731),清廷应直隶总督唐执玉所请,将天津直隶州升为天津府,附郭置天津县,同时把沧州直隶州降为散州,与其原辖的南皮、盐山、庆云统归天津府。再加上天津直隶州原辖的静海、青县二县,天津府共辖天津县、静海县、青县、南皮县、盐山县、庆云县、沧州共六县一州。

根据光绪《重修天津府志》中对府境疆域的记载:"府在省治东四百六十里,至京师二百五十里,东西广二百二十里,南北袤三百八十里,治天津,领州一县六:天津、青县、静海、沧州、南皮、盐山、庆云。东界顺天府、西界顺天府,南界山东武定府、直隶河间府,北界顺天府,东南界海,西南界河间府,东北界顺天府,西北界顺天府。"可见从雍正九年(1731)至光绪二十一年(1895)①天津府的政区总体上保持稳定。

天津府下辖的六县一州中,只有天津县是随着天津直隶州升府需附

---

① "征引书籍,必注所出……府志创于乾隆四年……今更百有余年矣,海防议起,督府移驻于此,治理尤为繁重。沈子惇太守莅任,倡议增修……盖光绪廿有一年之夏,征事具文,爰即是年为断,以示限制,凡越三年告成,都为五十四卷。"[光绪《重修天津府志》重修凡例,来新夏、郭凤岐:《天津通志·旧志点校卷(上)》,天津:南开大学出版社,2001年,第596页。]

郭县而新设立的,这势必影响其相邻政区的范围,因此需要对天津县辖区进行一下梳理。

雍正三年(1725)三月,清政府决定改天津卫为天津州,但天津州的辖区仍延续了天津卫所时期的范围,直到雍正三年(1725)七月长芦盐政莽鹄立给皇帝上疏:

奏为请正疆域,以便吏治事。窃臣查天津一卫始于前明,散军屯田,分布各州、各县。自天津直至山东德州卫交界四百余里,津卫屯田皆与民庄错杂,因设守备治之。我朝定鼎以来,虽有卫备之官,而无屯田之军,纳粮当差,与民一体。现在改卫为州,实为画一,但天津所管屯庄俱在各州、各县,远有三、四百里不等,津城附近,反无统属,西门、南门以外即为静海县地方,北门、东门以外仅隔一河,又系武清县地方。静海犹是河间府属,津道宜于布置,武清则系顺天府属,兼辖于通永道员,而天津道驻扎于此,一有缓急,虽咫尺之民,呼应不灵,且州牧一官,征解钱粮、审理词讼、缉逃捕盗、修理城池仓库,以及传发公文、应差夫役,种种不一,皆有考成,乃所属屯民,远之在于三、四百里,近之止一城之地,欲其趋事办公,缓急有备也,难矣。仰请皇上敕下直隶督臣,详加妥议,将天津州改为直隶州,分武清、静海、青县三邑属之;至于天津旧辖之鸾远屯民,即就近分隶于各州县,其附近天津百里内村民,向为武清、静海所属者,查明丁户、地亩、钱粮,相度地势,俱归天津州管辖。如此则经界整齐,设施便利,既无鞭长不及之虞,亦无邻封掣肘之患,庶几官民两便,于治道不无裨于万一矣。[1]

---

[1]　同治《续天津县志》卷十六《艺文》,来新夏、郭凤岐:《天津通志·旧志点校卷(中)》,天津:南开大学出版社,2001年,第418页。

由上述奏折内容可知,天津卫改为散州之后,辖区未变,分散各处的屯庄给管理带来了极大的困难,因此恳请调整政区,并提出了方案。同年九月,清政府决定升天津散州为直隶州,下辖武清、静海、青县三县。而对于天津州则将原辖一百四十三屯就近并入武清、静海、青县、沧州、南皮,又归拨武清、静海、沧州三州县地凡二人百六十七村庄入天津州。① 六年后,天津直隶州升为天津府,附郭天津县,即以原州界为县界。

通过梳理可知,天津府的辖区中,除天津县有一部分来自原属顺天府的武清县,其余均来自河间府。这样的行政区划一直延续到 1913 年裁府。

---

① 乾隆《天津县志》卷三《地舆志》,来新夏、郭凤岐:《天津通志・旧志点校卷(中)》,天津:南开大学出版社,2001 年,第 47 页。

第三节　清代天津设府的原因分析

天津由卫所到府的政区变化过程是在清雍正时期完成的。实际上，明弘治年间就有过将天津三卫改为州县的想法。

《明孝宗实录》卷六十三弘治五年五月乙未：

> 鸿胪寺右少卿李鐩应诏言十二事……添州治。天津南至静海县百余里，北至通州二百余里，中间俱无有司衙门，事多废弛。乞开设一州于天津城内。①

然而，此建议未被采纳。之所以有此建议，是因为当时天津三卫设立后已经出现了很多问题。

永乐二年（1404）十一月始设天津卫，因为此处地理位置重要，设卫

---

① 《明实录》第七册，台湾"中央研究院"历史语言研究所 1962 年影印本，第 1225—1226 页。

作为北京的海防前线。① 同年十二月，又设天津左卫，②永乐四年（1406）十一月再增加天津右卫。③ 由于天津三卫是军事建置，并不辖民，所以除三卫衙门集中在天津卫城内，大量官兵分散在各地的屯庄，卫城附近的居民仍属地方府县管辖。明代采取这种军民分治的政策本身并无不妥，但具体到某一地方则会遇到各种变化。对于当时的天津三卫来讲，随着永乐十九年（1421）明成祖朱棣迁都北京，天津作为漕运咽喉的地位更显重要。漕运必经之地、百货汇集，再加上本有的渔盐之利，使得天津三卫附近的商业得到了快速发展，以至于迁都北京两年后，就开始征收商税。据《明成祖实录》卷二五五永乐二十一年正月庚寅：

> 巡按山东监察御史陈济言："淮安、济宁、东昌、临清、德州、直沽，商贩往来之所聚。今建都北京，而四方百货，倍于往时。其商税宜遣人监闸一年，以为定额，庶无侵欺之弊。"从之。④

可见迁都北京给附近地区的发展带来了极大的促进，天津三卫所处漕运咽喉之地，大量货物、商品、人口的流动既刺激了地区经济的发展，同时也给管理带来了大量的困难。尽管卫城就设在此地，卫所衙门也在城中，但军民分治的政策使得就近管理难以实现，该地所属的州县治所距离相对较远，以至鞭长莫及。

成化五年（1469）明宪宗命永平巡抚加强管理，在给永平巡抚的敕书

---

① 《明太宗实录》卷三十六"永乐二年十一月己未"条："设天津卫。上以直沽海运商舶往来之冲，宜设军卫，且海口田土膏腴，命调缘海诸卫军士屯守。"（《明实录》第二册，台湾"中央研究院"历史语言研究所1962年校印本，第628页。）

② 《明太宗实录》卷三十七"永乐二年十二月丙子"条："设天津左卫。"（《明实录》第二册，台湾"中央研究院"历史语言研究所1962年校印本，第632页。）

③ 《明太宗实录》卷六十一"永乐四年十一月甲子"条："改青州右卫为天津右卫。"（《明实录》第二册，台湾"中央研究院"历史语言研究所1962年校印本，第882页）

④ 《明实录》第二册，台湾"中央研究院"历史语言研究所1962年校印本，第2365页。

中说：

> 敕巡抚永平等处赞理军务右佥都御史阎本兼巡抚真定、保定等
> 府，仍提督仓粮屯种。时大宁都司奏保定等府外迤边境内辅京师，军
> 民降虏混处漫无统摄，卒有非法势难禁戢。乞设官巡抚。事下户部，
> 会廷臣议宜命本永平、山海、涿州抵真定、保定关隘营堡并河间、天津
> 等出俱属统理。从之。①

然而这么广大的范围交由永平巡抚管理，很难面面俱到，结果天津的
状况并没有多少起色。于是成化七年（1471）兵科给事中秦崇等再次奏
请设都指挥使一人守御，并设馆驿以便往来。但宪宗皇帝没有采纳。②

随着问题日渐严重，明政府于弘治三年（1490）始设"天津兵备道"，
即"整饬天津等处兵备山东按察使司副使"。据《明孝宗实录》卷四十五
弘治三年十一月乙未：

---

① 《明宪宗实录》卷六十六"成化五年四月甲寅"条，《明实录》第六册，台湾"中央
研究院"历史语言研究所 1962 年校印本，第 1323 页。

② 《明宪宗实录》卷八十九"成化七年三月乙酉"条："兵科给事中秦崇等奏备边四
事。其一曰居庸等关朝廷之北门也，东抵山海，西抵雁门，山势难曰陡峻，而可通行之路
亦多，所司固循怠惰，礌木炮石军器类不具备，且富家亦高筑墙垣以防寇盗，况国都之藩
篱而可废弛乎。参将阴杰累次挫衄，宜罢拙之，仍命官修治关隘，务令坚完，则都邑晏然
而军民安矣。二曰甘肃西控番夷，北连胡虏，而总兵蒋琬文病，副总兵李荣衰老，一旦有
警谁其击之。扬州、山东道止防海道，而永康侯居东莱，都督佥事董宴居苏州日事游乐，
无益于事，乞选徐安别任，董宴专于海滨操卫，不许居苏州繁华之地以图己便。其三曰大
同、延绥俱西北要害重镇，今巡抚大同都御史王越转住延绥已及一年，大同有警谁任其
责。乞命大臣巡抚大同庶边，方事宜各有责任。四曰天津为南北要冲，有盐海之利，其民
嗜利不畏刑法。且沿河军卫俱有府州县以相钤辖，而天津既无有司以控制，又无驿递以
迎送。都督陈迹镇守而居于通州，未尝一至其地，所以恣肆尤甚。况今水旱相仍，倘有相
聚为梗者，岂不深可虑乎？乞选都指挥一人守御，且设馆驿以便往来，则积习之弊可以渐
革矣。事下兵部议以为可行。上谓关隘但敕巡关御史治之；阴杰、徐安、李荣且勿动；大
同巡抚不必设；天津令陈迹往来巡历。"《明实录》第六册，台湾"中央研究院"历史语言研
究所 1962 年校印本，第 1727—1728 页。

增设山东按察司副使一员,整饬天津等处兵备陕西副使刘福丁忧服阙因以命之。先是,刑部侍郎白昂言天津之地水陆咽喉所系甚重,请增设宪职一员为兵备官,从之。赐福敕曰:天津三卫系畿内重地,东濒大海,北拱京师。因无上司钤束以致奸盗窃发,军政废弛,地方骚扰不宁。今特命尔整饬彼处兵备,专在天津驻扎。自天津至德州止,沿河附近军卫有司衙门悉听管辖,尔须不时往来巡历,操练兵马,修理城池,禁革奸弊。遇有盗贼生发,即督应捕官员率领军夫民快火甲相机扑捕,勿令滋蔓。巡司驿递衙门损坏即与修理。兵夫吏役人等时常点闸。河道淤浅与巡河御史工部管河官会议疏浚。运粮官民船只往来停泊须令人防护,勿致劫害。一应军民词讼应受理者即与问理官员有犯文职物品以下听尔拿问,五品以上并军职奏闻区处。其操练一事,河间、德州已有署都指挥薛瑛等专官,尔不必预。天津则分通州署指挥同知王宣已尝往来提督,尔不须协和行事,但有捕盗事情应与薛瑛、王宣约会者计议而行,仍听经该巡抚都御史节制。故谕。[①]

增设一个凌驾于府和卫之上兼管兵和民的官员,就是为了对当时军民分治所带来的不足而进行的补救措施。同时从给首任副使的敕书中也可以看到,其中详细列出的任务可谓千头万绪,说明积弊多年非朝夕可除。而且这个补救措施也很可能仅是应急之选,否则明孝宗也不会在弘治五年(1492)命臣下再次详议此事,这才引出上文提到的鸿胪寺右少卿李鐩应诏言,请开设一州于天津城内之事。

天津建卫不足百年间,管理上出现的问题就使得当时的明政府一筹莫展,尽管设置了天津兵备道以弥补,但任务繁重,千头万绪,很难根本解

---

① 《明实录》第七册,台湾"中央研究院"历史语言研究所1962年校印本,第909—910页。

决问题,所能达到的效果更多地依赖官员的个人能力,而非制度本身的保障。如嘉靖三十三年(1554)出任天津道的毛恺勤于政务,在任三年就获得了天津百姓的认可,以至于离任后百姓为其立生祠,即报功祠(后讹为"鲍公祠"),又立碑以纪念。据《天津整饬副使毛公德政去思旧碑》所载:

毛公恺,字达和,越之江山人也。以读书起至天津整饬副使,三年擢山西参政。于其行也天津人遮道涕泣而留之,去后涕泣而思之,为之立生祠,号曰报功祠,又为之立碑;今十年,天津人又涕泣而思之,又为之立碑,十年之间,追琢者二三,何思公之深也!盖天津近东海,故荒石芦获处,永乐初始辟而居之,杂以闽广吴楚齐梁之民,风俗不甚统一,心性少淳朴,官不读书,皆武流,且万灶沿河而居,日以戈矛弓矢为事,兵马倥偬之际,而欲其和辑小民不亦难乎?既不读书,争相骄侈为高,日则事游猎、从歌舞,俱在绮襦纨绔之间,而欲其道德揖让不亦难乎?武以储将,因有终身在家死守一事,而不愿他出为将,他出复返,返而复在家死守一事,冀利有泽薮也;又以中贵人皆所亲属与故所善,赍金必脱于法,又善所过者,赍金亦脱于法。公至以大振公道为先,不信私书为本,一年不废鞭笞,二年半鞭笞、半不鞭笞,三年鞭笞不用。上者讲兵陶镕将才数辈;中者和平公正,若读书人;下者亦知奋发,不至废坠。天津地下,九河之水从兹而入,岸悬如线,往时壅溃不修,惟公筑堤修堰,长三百里,下屯芦草以作固,上植杨柳万本以生材,亦以作固,兹事具人得其利焉,水安其流,利于桔槔,与汉时寨荙筑树引淮渠何以异哉?天津无沃田,人皆以贾趋利,既以贾趋利,彼必与时俯仰,然不平其值,人皆散之。鱼盐蠃蛤不贩天津而贩都会,絮帛粟稻不之天津而之丰台,曲纸板木不泊天津而泊河西务,阛阓之中,惟薪藁满车,酱醢满甄,彼贾者性苦而啬,善保物不以予人,彼安得不散?公至,罢官价夙弊,彼与时俯仰,此亦与时高下,一时鱼盐蠃蛤、絮帛粟稻、曲纸板木,复从都会、丰台、河西务至焉，至则颇有立产业基址者。又燕俗剽悍，蒮苇弥途，豺狼易生，烟水连天，鲸鲵肆出，是盗贼出入，不可不为之备。公至，简武流中有志节、有勇力一二人，又州县中有志节、有勇力一二人，往来捕索殆尽。往时不为捕索，反系亡家，后不敢告，以故溃广；间捕索一二，则沿门抵诬，坐与巨寇通，甚至大酒肥肉邀巨寇于上坐，令其指某家某，巨寇有良心亦负气，决不肯指某家某，彼必怒叱而拷掠之；又群小趋之使言，亦不得不为言之，兹事甚于掠杀也。什伍中有缺者，则从籍选家人子，闽广万里、吴楚三千里、齐梁千里，来岂容易？管辖者利其田，而来则必令去，且家人子起田中，从军亦有故乡之思，令其去亦乐去。公至严隐占屯田、埋没军伍之禁，而万里、三千里、千里稍稍有至者，至则乐业无敢去。天津不出城廓设巡捕官三，设小委巡捕官三，又设把总一，把总管操官一，事权太分，号令不一，烦扰若此，非计之得者也。公至，革二把总，如明旌旗、击刁斗、严机警，则付武流处断，而他政不与焉。他政在贤有司，贤有司多读书，明义理，寓情于法，宽在严中，于是天津无坐不辜之人。什伍中子弟有岁办公家银，往时征银设有银头，银头选在贾中，公革去。盖征银不以官而以贾非法也。什伍中有鼓乐，官有仆，狱有卒，往时亦选贾中，公亦革去。盖银头以贾，则为审户奇货；鼓乐以贾，则为中军奇货；仆以贾，则为印捕奇货；卒以贾，则为镇抚奇货。诸贾尽在诸君门下，日夜焦劳，所得不足供其所求，少有不遂，则呈侵欺而欲其赔，遂使诸贾不出银办公家，而出银办私家，皆下户也，下户贫必亡去。服食，人所欲。往时造酒出于沽酿家，养鹰取于屠鹾家，设席陈绣帷、列翠屏，夏以湘簟，冬以绒毹毺，取于贾家，夜则游宴，列炬之外随以灯笼。公下令不敢复蹈前愆，间有一二，众皆丑之，久则肃然矣。驿递用财出力，公非持节者不应，非执符者不应，他以赀以荫自能出路，又安用应？往时用度无节，致扰闾巷，少壮者戍于边，家有颓叟弱龄又为人牵缆送船，仁人不忍见闻也。车有脚户，船有纲户，往时一出于私家，公至革之。往时天灾流行,百姓多死,遗骸骨于中野,公恶其暴而掩之。以至重学校、广赒赙、恤孤贫、逐娼优、驱游惰,其大节大要,在好恶公正,奸宄难容,扶植善类,始终如一,法逾久而名逾著。公何以得此?盖出途中则问之耕牧,入则延父兄问以饥寒疾苦之状,故按脉而治,治无不平。公自奉俭约,布衣瓦器,饭常蔬菜,衣食必以常禄,非常禄所处则弗衣食;学宗孔孟,际时而行,于道家《道德》《参同契》诸书,释家《法华》《楞严》诸书,亦无不究极其义,又尝梓《真武垂训》以教人。公容貌清癯,精神炯炯,外若自下,而志念常伸焉。其他景、沧、盐、济诸州县善政,不可殚述,具在景、沧、盐、济诸州县。①

碑文中不仅反映了毛恺在任期间的政绩,也反映了当时天津三卫地区存在的严重问题,而且百姓对毛恺的思念、感恩,也说明了历任天津道官员多数履职不力,明代曾任天津道的官员共计七十五位,被列入名宦的仅十二人。② 这既可能是官员本身的原因,也可能是设置天津道以弥补军民分治不足的办法本身的缺陷所致。天津的这种情况一直延续到明朝灭亡也没有解决。

清军入关以后,定都北京,随着局势逐渐平稳,天津的漕运、商业恢复发展,而且更有上升之势。康熙四年(1665)将原设在河西务的税关迁到天津,康熙七年(1668)巡盐御史自北京移驻天津,康熙十六年(1677)长芦盐运使司署自沧州移到天津。天津卫城虽没有扩大,但承载的内容却进一步提高。仅盐政、盐运衙门的移驻就吸引大量为了方便与其交往的盐商聚集津城。地区发展的同时,管理问题更加复杂。

---

① 康熙《天津卫志》卷四《艺文志》,来新夏、郭凤岐:《天津通志·旧志点校卷(上)》,天津:南开大学出版社,2001年,第78—79页。

② 数据来自乾隆《天津县志》卷十四《职官志》、卷十六《名宦志》,来新夏、郭凤岐:《天津通志·旧志点校卷(中)》,天津:南开大学出版社,2001年,第143—145、175—176页。

除了明代遗留的问题需要解决以外,随着改朝换代,疆域也发生了巨大的变化。诸多明代在边地设置的卫所,到了清代已经成为内地,且清代兵制不采用卫所制,明代遗留的军卫与周围府州县相互交杂,给行政管理带来诸多不便。裁撤卫所势在必行,天津三卫的合并、裁撤,改为散州就是在这样的大背景下完成的。然而各地卫所情况不尽相同,多数采取归并附近州县或在卫所地设置府、州、县的办法。天津卫裁撤后改为天津州,但设置之初辖区仍与卫所时相同,分散各地的屯庄很难有效管理。因此在改散州四个月后,长芦盐政莽鹄立就给皇帝上疏,请升天津州为直隶州,重新厘定疆域,以解决由来已久的管理问题。莽鹄立在上疏中详细阐述了其理由:

> 窃臣查天津一卫始与前明,散军屯田,分布各州、各县。自天津直至山东德州卫交界四百余里,津卫屯田皆与民庄错杂,因设守备治之。我朝定鼎以来,虽有卫备之官,而无屯田之军,纳粮当差,与民一体。现在改卫为州,实为画一,但天津所管屯庄俱在各州、各县,远有三、四百里不等,津城附近,反无统属,西门、南门以外即为静海县地方,北门、东门以外仅隔一河,又系武清县地方。静海犹是河间府属,津道宜于布置,武清则系顺天府属,兼辖于通永道员,而天津道驻扎于此,一有缓急,虽咫尺之民,呼应不灵,且州牧一官,征解钱粮、审理词讼、缉逃捕盗、修理城池仓库,以及传发公文、应差夫役,种种不一,皆有考成,乃所属屯民,远之在于三、四百里,近之止一城之地,欲其趋事办公,缓急有备也,难矣……如此则经界整齐,设施便利,既无鞭长不及之虞,亦无邻封掣肘之患,庶几官民两便,于治道不无裨于万一矣。①

---

① 同治《续天津县志》卷十六《艺文》,来新夏、郭凤岐:《天津通志·旧志点校卷(中)》,天津:南开大学出版社,2001 年,第 418 页。

纵观雍正时期请求将散州升直隶州的奏疏中,大多数阐述的理由都是府之辖区窎远,鞭长莫及,请设直隶州分辖,包括山西、河南、山东、安徽、江苏、陕西、福建、湖北、湖南、广西、直隶等省五十四个散州升直隶州的情况,占同时期总量的近八成。① 可见,天津的情况是比较特殊的,乃至雍正九年(1731),直隶总督唐执玉请求升天津直隶州为府的奏疏中所阐述的理由仍是强调"水陆通衢,五方杂处,事务繁多,办理不易"②。

根据雍正九年(1731)清廷新制定的划分州县等级的标准③,天津府被定为"冲繁疲难",四要素俱全,其下辖六县一州中,天津县、青县、静海

① 《世宗实录》卷十九"雍正二年闰四月己卯"条(《清实录》第七册,北京:中华书局1985年影印本,第311页);《世宗实录》卷二十三"雍正二年八月癸巳"条(《清实录》第七册,北京:中华书局1985年影印本,第373页);《世宗实录》卷二十四"雍正二年九月庚戌"条(《清实录》第七册,北京:中华书局1985年影印本,第381页);《世宗实录》卷八十九"雍正七年十二月乙卯"条(《清实录》第八册,北京:中华书局1985年影印本,第201页下—第202页上);《世宗实录》卷二十四"雍正二年九月己未"条(《清实录》第七册,北京:中华书局1985年影印本,第383页下);《世宗实录》卷二十四"雍正二年九月己未"条(《清实录》第七册,北京:中华书局1985年影印本,第383页下);《世宗实录》卷三十六"雍正三年九月乙未"条(《清实录》第七册,北京:中华书局1985年影印本,第537页下—第538页上);《世宗实录》卷一四三"雍正十二年五月辛卯"条(《清实录》第八册,北京:中华书局1985年影印本,第794页下—第795页上);《世宗实录》卷七十二"雍正六年八月己丑"条(《清实录》第七册,北京:中华书局1985年影印本,第1077页下—第1078页上);《世宗实录》卷八十八"雍正七年十一月己卯"条(《清实录》第八册,北京:中华书局1985年影印本,第182页下);《世宗实录》卷三十五"雍正三年八月甲戌"条(《清实录》第七册,北京:中华书局1985年影印本,第529页);《世宗实录》卷六十"雍正五年八月乙未"条(《清实录》第七册,北京:中华书局1985年影印本,第915页下);《世宗实录》卷二十一"雍正二年六月丙申"条(《清实录》第七册,北京:中华书局1985年影印本,第347页下—第348页上)。

② 《世宗实录》卷一〇三"雍正九年二月丙辰"条(《清实录》第八册,北京:中华书局1985年影印本,第368页)。

③ 雍正六年,时任广西布政使的金鉷提出一套新的划分州县的等级标准,以针对当时较为普遍的存在的人缺不宜的现象。在新标准使用"冲""繁""疲""难"四个指标,简单来说,"冲"指该州县地理位置的冲或僻;"繁"指政务的繁或简;"疲"指赋税的完或缺;"难"指命盗案件的多或寡。按各州县占四要素之多寡,来划分等级,选任具备相应素质的官员。此制度于雍正九年(1731)初步开始实施。(张振国:《论清代"冲繁疲难"制度之调整》,《安徽史学》2014年第3期。)

县、沧州也都被定为"冲繁疲难"。纵观直隶省所辖十二府七直隶州中，仅保定府、天津府、定州直隶州被定为"冲繁疲难"，占总量的 15.79%。近 140 个州县中，也只有大兴、宛平、通州、清苑、天津县、青县、静海、沧州、献县定为"冲繁疲难"，不足总量的 7%，而其中近半数都属天津府管辖(详见附录 1)。可见天津府是情况较为特殊的区域，管理难度可见一斑。这也就不难理解清政府在天津设府置县以加强管理的原因了。

此外，还应该看到，天津卫所虽然裁撤，但其拱卫京师的作用并没有消失，反而其京畿门户的内涵更加丰富了。清顺治十二年(1655)，荷兰使团来华，在虎门湾登岸后，先后经广东、江西、南京、山东、天津、北京等地，沿途多有停留，并数次受到中国官员的接待，但只有到天津时，接待他们的中国官员向荷兰使团交代了进京后的注意事项。① 而实际上，天津并非荷兰使团进京前的最后一站，离开天津后，还经过河西务、通州等地才到达京城，其间都有停留，并受到款待。看来，当时的天津已经不单是运河节点、漕运枢纽的作用，更是京城的一道门户，进门后有什么规矩，自然要在门前说清楚。而且门户的内涵也不仅是军事上的，也是政治上、外交上的。

综上，清代设置天津府的原因可以归纳为以下几点：

第一，解决明代天津设卫以来，经过长期的发展后，所遗留的大量积弊。

第二，应对天津作为交通枢纽、漕运节点、鱼盐产地所带来的货物、商品、人口的聚集流动过程中所产生的一系列问题。

第三，理顺天津行政管理从属关系，巩固了天津作为京畿门户的地位。

---

① ［荷兰］包乐史著：《〈荷使初访中国记研究〉》庄国土译，厦门：厦门大学出版社，1989 年。

第二章

天津府的城市聚落

　　陈桥驿曾指出,对于城市的界定,现代各国都有明确的指标,且基本上都是计量的,但中国历史聚落大多缺少如人口等计量数据,因此往往采用的办法是将凡是历史上曾经作为县级及其以上级别政府驻地的聚落认定为城市,这种不得已的标准存在着不小的偏差,但在缺乏统计资料的历史时期,要从庞大的聚落中区分城市和村落是非常困难的。①

　　本书也同样遇到陈桥驿所述的聚落类型划分问题,故采用现今较为普遍的方法,将县级及其以上级别治所的所在地视为城市,后文中将地方志及相关文献中明确列出的镇作为过渡性聚落,其余则视为村落,分别加以探讨。

---

①　马正林:《中国城市历史地理》,济南:山东教育出版社,1998 年,序言。

第一节　城市的数量与分布

天津府共辖六县一州,天津府驻地在天津县城,因此天津府辖区内共有县级及其以上级别政府驻地七个,即七座城市聚落。由图 2－1 可见,七座城市的分布近似呈"L"形,临近府境西北、西、西南、南四个方向的府界,隔着府境中部、东部的广大地区与渤海相望,整体上形成了远离渤海湾的趋势。再结合图 2－2 不难发现,天津府辖七座城市的分布趋势与渤海湾历代海岸线形态相似。

距今 8000 至 5000 年的冰河后期,随着冰川的消融,海平面上升,淹没大量陆地。此后随着气候转冷,海水消退,海岸线又逐渐消退,呈向东推进的势头。而人类的活动也随着海岸线的变化而向东移动,但是越是靠近东部的地区开发越晚。聚落是人类的聚居点,它的分布自然遵循人类活动的轨迹,活动越频繁,持续时间越长的地方更容易发展成为高等级的聚落。通过对比图 2－1 与图 2－2 可以看到,天津府所辖的城市中,有的所在位置曾邻近大海,如沧州,有的则曾在海平面以下,如天津、静海等。随着海水的退去才逐渐成为陆地,也就为人类活动,进而形成聚落提供了可能性。同样越是靠近天津府东侧的地区成陆越晚,也就影响了人类活动和聚落的出现时间,从而构成了天津府西侧城市带与东边海岸线包围中部、东部广大地区的分布趋势。除此之外,城市的分布格局还受到交通、水流分布、地形等诸多地理因素影响,后文中亦有讨论,此不赘言。

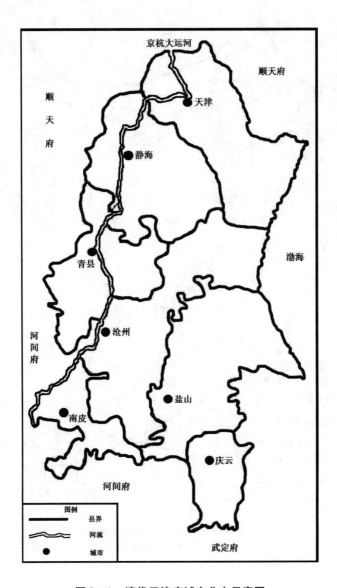

图 2-1　清代天津府城市分布示意图

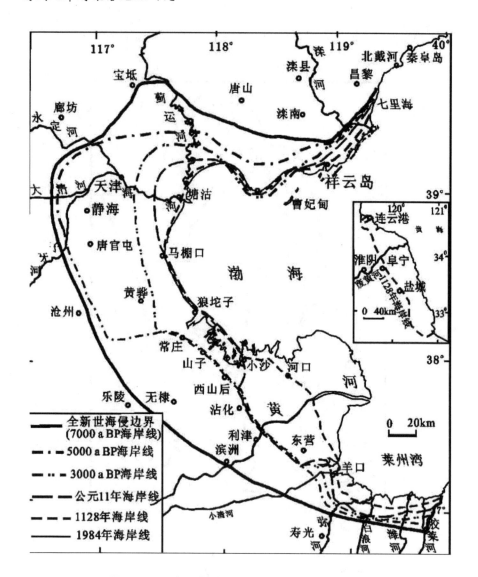

图 2-2　渤海西岸、南岸 7000 年以来海岸线变迁图

图片来源:该图转引自薛春汀:《7000 年来渤海西岸、南岸海岸线变迁》,《地理科学》2009 年第 2 期。

第二节 城市的地理特点

一、城市的选址

从自然地理的角度来看,天津府位于华北平原,地势平坦,土地资源丰富。气候主要受季风环流的支配,是东亚季风盛行的地区,属暖温带半湿润季风性气候,为农业生产提供有利条件。七座城市中,天津、静海、青县、沧州、南皮四县一州的治所由北到南分布于京杭大运河南运河段沿线。南运河,即卫河,据乾隆《天津府志》所载:

> 隋大业四年又引白沟为永济渠,亦曰御河,自是卫河专有御河之名,而淇水之名遂掩。今卫河由浚县经内黄县北、魏县东南,又经大名城南,东北流与故屯河相接,历山东东昌府馆陶县西,漳河合焉,又东北流至临清州,西与元人所开会通河合,流浊势盛,漕河得此始无浅涩之虞,由此历武城县及恩县之西,至北直故城县南,又东北历山东德州西,又北历北直景州东境、吴桥县西境,过东光县西、交河县东、南皮县西,又北抵沧州西及兴济县西,又北至青县南岔河口而合

于滹沱，又北至静海县与霸州文安县接界，东达天津卫，又东百里而
入于海。曲折几二千里，此卫河之大略也。[①]

除了位于南运河两岸的四县一州外，盐山、庆云县治所分别在宣惠河
与鬲津河北岸。[②] 换言之，天津府辖七座城市皆位于河流附近，水资源丰
富，为居民用水、农业灌溉、交通运输以及城市安全提供了有利条件。尤
其是卫河作为漕运干流所带来的交通便利更是首屈一指。正如《南运河
说》中所言：

> 南运河三源，一曰卫水，一曰漳水，一曰汶水。汶水在南旺闸分
> 水，行经安山湖、沙湾、张秋镇等处，北至临清西与漳、卫水合；漳水
> 清、浊二源会于交漳口，至大名府元城县与卫水合；卫水出百泉，合
> 淇、荡、洹诸水，至内黄之楚旺镇通舟，又至元城界与漳水合，二水至
> 临清，汶水来会。大河北徙，汶水断流，不足论；漳水善迁徙，分合不
> 常，亦非正派；独卫河为南运经流，数百年不变，当推为首。[③]

从政区的角度来看，天津府各州县的城市位置在其各自的政区内都
呈现出在东西方向上偏向西侧的特点，而在南北方向上，天津县城较为靠

---

① 乾隆《天津府志》卷十六《河渠志》，来新夏、郭凤岐：《天津通志·旧志点校卷
（上）》，天津：南开大学出版社，2001 年，第 265 页。

② "盐山县：宣惠河，在县南十里。自沧州入境，东流为刘公渠，又东径城南，又东
会明泊洼，又东会无棣沟，又东入海丰县会老黄河。"［光绪《重修天津府志》卷二十《舆
地》，来新夏、郭凤岐：《天津通志·旧志点校卷（上）》，天津：南开大学出版社，2001 年，第
913 页。］"庆云县：鬲津河，在县城南，上流称老黄河，故道久湮。今泄卫河之水，自盐山
县流入境十二里抵城下，东流又转而北，至南台出境，又入盐山县界。一名鬲河。鬲津河
今距城四十余丈，西接盐山境起，北至盐山境止，长四十四里，两岸无堤。"［光绪《重修天
津府志》卷二十《舆地》，来新夏、郭凤岐：《天津通志·旧志点校卷（上）》，天津：南开大学
出版社，2001 年，第 914 页。］

③ 光绪《重修天津府志》卷二十《舆地》，来新夏、郭凤岐：《天津通志·旧志点校卷
（上）》，天津：南开大学出版社，2001 年，第 925 页。

北,静海、青县、南皮、庆云的县城在中部略靠北,沧州和盐山的县(州)城则偏南。再结合各州县的政区外形来看,其中庆云县境域外形最为规则,接近长方形(南北长,东西短),庆云县城位于全县中部略靠西北部;天津县也近似长方形(南北长,东西短),但在方位上向西倾斜了约45°角,即西北向东南方向长,东北向西南方向短,天津县城位于中部往西北县界约二分之一处;静海县近似一个倒置且向东倾斜约45°的梯形(西南县界为"上底",东北县界为"下底",西北、东南县界构成两"腰"),静海县城位于梯形对角线交点略偏西北的地方;青县形似向东倾斜45°左右的"Y"形,青县县城位于三条线交汇处略偏西;南皮形似沙漏且稍向西倾斜,南皮县城在沙漏腰部偏西北的方向;盐山县形似鸟类头颈,盐山县城位于颈部后侧;沧州东北起自渤海,北接天津县南界,向西南方向延伸,西北方先后与静海、青县接壤,东南与盐山交界,西南止于南皮界,形成一条贯穿天津府五县的走廊。这六县一州的治所城市都与其政区的几何中心有所偏离,其中沧州、盐山城的西侧已接近其西侧边界。(参见图2-1)

综上,天津府辖城市的选址基本上是优先考虑自然因素,尽管平原地区土地资源丰富,地势平坦,选择余地较大,但还要兼顾邻近河流以获得水源、方便交通、军事屏障等方面的考虑,之后才能顾及是否接近其政区的几何中心。

二、城市的形态

中国古代的城治外形通常呈正方形或长方形。[①] 据乾隆《天津府志》所载的舆图可以清晰地看到,天津城与南皮城为长方形,区别在于前者东

---

① 章生道:《城治的形态与结构研究》,[美]施坚雅:《中华帝国晚期的城市》,北京:中华书局,2000年,第95页。

西长、南北短,后者东西短、南北长,静海、青县、盐山、庆云皆为正方形,只有沧州城西南角有缺,未能构成正方形或长方形,这七座城市的外形基本上符合呈"方"的规律。

马正林认为,在省、府、州、县城中,方形的城市占有相当数量,尤以县城为最,是因为一般县城范围较小,筑方形的城比较容易。① 静海、青县、盐山、庆云等城都符合此论断。同时马正林还指出,长方形城市在中国城市形态中也是比较多见的一种,可能是这种形态摆脱了正方形的限制,更便于利用地形,因地制宜,建成东西向长方形或是南北向长方形。② 天津和南皮城的情况就属于这种情况,为了适应河流走向,分别将城建为东西向和南北向长方形。

然而,在筑城的实际操作中,选择方形,无论是正方形还是长方形都会给选址带来困难,但仍然优先选择"方"的倾向应有其内在的原因。芮沃寿认为,中国城治偏爱正方形或长方形的设计,同汉代把地球看作正方的宇宙论概念有关,也与更早的按四方位给城市定向的实践有关。③ 唐晓峰更进一步指出,追求"方"是一种认识大地的方法,也是建立秩序的方法。在这个过程中,"方"已经不仅是一种外形,而是上升为属性,形成了对地理认识的思想框架,指导人们对地理的认识、总结和归纳,还影响了对人文空间事物的规划。而且"方"的概念中含有"正"的意思,不仅要正方向,还要正地本身,而在中国人的思想中,"正"具有高尚的价值,从而自对地的感知上升到概念,从概念又衍生为价值,最终凝结为道德准绳。沿着这个思路,四方、方正几乎是地上一切人文秩序的模样,容不下歪或斜。④ 正是在这种思想的指导下,"方"即是完美的体现,无论是给活

---

① 马正林:《中国城市历史地理》,济南:山东教育出版社,1998 年,第 115 页。

② 马正林:《中国城市历史地理》,济南:山东教育出版社,1998 年,第 118 页。

③ 芮沃寿:《中国城市的宇宙论》,[美]施坚雅:《中华帝国晚期的城市》,北京:中华书局,2000 年,第 37—76 页。

④ 唐晓峰:《从混沌到秩序——中国上古地理思想史述论》,北京:中华书局,2010 年,第 126—127、191 页。

人筑造城池、宫室,还是给死人修建陵墓,或是给神灵建造庙宇,都要尽可能追求这种完美。

规则的城市外形给城市内部空间布局提供了较为一致的方案,城市内部结构的骨架往往是由连通各城门之间的主干道所构建的,但由于城门数量及位置的差异,又分化出不同的解决方案。其中最为典型的是由连接四门的两条街道所形成的十字形(如天津县城),这是众多方案中最为规则的一种,与其最为接近的变体是类似南皮县城的情况,将"十字形"中的纵轴由一条街道变为平行的两条街道。对于只有三座城门的城市,既可以采用十字形的规划方案(只是某一个十字的顶端是城墙,而没有城门可以连通),也可以省去没有城门那一侧的主干道,从而形成一个丁字形。此外,对于外形不规则或城门没有南北或东西对应的城市,也可以采用类似"井"字形的布局方式。总之,从天津府所辖的七座城市的内部结构来看,无论采用何种变体,城市的内部空间布局都渗透着中轴线的设计倾向,这既是人们对对称概念的审美表达,也是儒家"居中不偏""不正不威"思想的体现。

第三节 天津与沧州城市发展比较

清代天津府辖城市中,有两座是比较特殊的。其一是沧州。从建置时间上来看,天津府辖六县一州中南皮县设立最早,始于秦;沧州、盐山次之,青县、静海、庆云又次之,天津县最晚(详见表2-1)。然而,盐山、青县、静海、庆云等地在行政级别上大多数时候都处于基层的县。相比而言,沧州从设置之初即下辖郡县,历代延续,虽所辖郡县有所不同,但可见其行政级别较高,这无疑会对其治所所在城市的发展产生直接的影响。

表2-1 天津府辖各州县地域沿革表

	天津	沧州	静海	青县	南皮	盐山	庆云
秦					为南皮		
汉	渔阳郡之泉州县、渤海郡章武县、参户县地	幽州渤海郡地	渔阳郡之泉州县地	渔阳郡之泉州县地	隶渤海郡	为渤海郡高城县	为渤海郡阳信县地

	天津	沧州	静海	青县	南皮	盐山	庆云
晋	燕国之泉州县、章武国之章武县及渤海郡地	渤海郡地	燕国泉州县、章武国章武县地	燕国泉州县、章武国章武县地	因之	因之	隶乐陵国
后魏	为渔阳郡之雍奴县、沧州及州之浮阳郡章武县地	为沧州,领郡三(浮阳、乐陵、安德),县十二(浮阳郡县四:饶安、浮阳、高城、章武;乐陵郡县四:乐陵、阳信、厌次、隰沃;安德郡县四:般、重合、重平、平昌。)熙平二年分瀛、莫二州置,治饶安	渔阳郡之雍奴县、浮阳郡之章武县地	渔阳郡之雍奴县、浮阳郡之章武县地	因之		隶乐陵郡
隋	涿郡之雍奴县、河间之鲁城县、长芦县及渤海郡地	初置棣州,后为沧州,寻改渤海郡,领县十(阳信、乐陵、滴河、厌次、蒲台、饶安、无棣、盐山、南皮、清池),治阳信	涿郡之雍奴县、河间郡之长芦县地	涿郡之雍奴县、河间郡之长芦县地	因之。徙渤海郡,治阳信	改县曰盐山,隶兖州渤海郡	隶渤海郡,俱曰阳信,开皇中分置无棣县

	天津	沧州	静海	青县	南皮	盐山	庆云
唐	幽州之武清县、沧州乾符县、长芦县地	河北道沧州景城郡,统县七(清池、盐山、长芦、乐陵、饶安、无棣、乾符),治清池	范阳郡武清县、乾宁军及沧州之长芦县地	范阳郡武清县、乾宁军及沧州之长芦县地	隶河北路景州	初为东盐州,后州废,仍为盐山,属沧州景城郡	贞观元年省无棣入阳信,八年复置无棣隶沧州景城郡
宋	燕山府之武清县、沧州清池县及清州地	河北东路沧州景城郡、横海军节度,领县五(清池、无棣、盐山、乐陵、南皮),治清池	为清州之窝子砦	太平兴国七年置军,改县曰乾宁。大观三年升为州,政和三年改郡曰乾宁,领县一(乾宁)砦六(钓台、独流、北独流、东当城、沙涡、百万)	隶沧州景城郡横海军,后省临津县入焉	隶河北路	因之。又即无棣县治置保顺军使

	天津	沧州	静海	青县	南皮	盐山	庆云
金	大兴府武清县、沧州清池县,又靖海县地	沧州横海军节度,统县五、镇十一(清池县镇五:长芦、新饶安、旧饶安、乾符、郭疃,旧有郭桥后废;无棣县镇一:分水;盐山县镇四:海丰、海润、后增利丰、朴头;南皮县镇一:马明;乐陵县旧有会宁河、永利、东中三镇,后废),治清池	置靖海县,隶河北路清州	为清州,隶河北东路,县三(会川、兴济、靖海)。治会川	因之	隶河北东路	为河北东路沧州无棣县
元	为津海镇及武清县、沧州清池、靖州清州之海县地	河间路沧州,领县五(清池、乐陵、南皮、无棣、盐山),治清池	为河间路清州,领县三(会川、靖海、兴济)。治会川	属河间路沧州	隶河间路	初无棣并入乐陵县,隶济南之棣州,寻复置沧州无棣,县隶燕南河间路,又割沧州无棣县之半置县亦曰无棣,与阳信并隶棣州

续表

	天津	沧州	静海	青县	南皮	盐山	庆云
明	天津卫及顺天府之武清县、沧州靖海县地	直隶河间府沧州,统县三(庆云、盐山、南皮)	改静海县属河间府	改青县属河间府	因之	隶直隶河间府。洪武九年徙今治,旧治在香鱼馆	永乐初改庆云县,隶直隶河间府沧州
清	初因之。雍正三年改卫为州,九年设府,改州为县,以武清、沧州、静海二百六十七村庄属焉,治郭下	初因之。雍正七年升直隶州,领县四(南皮、盐山、庆云、东光),九年设府,以州及南皮、盐山、庆云并来属(东光还属河间府)	初因之。雍正三年属天津州,八年拨天津卫原辖屯地就近归县,又拨县原辖十五村庄归天津州,九年设府,以县来属	初因之。顺治六年省兴济入焉,属河间。雍正三年改属天津州,九年设府以县来属	初因之。雍正七年属直隶沧州,九年设府,以县来属	初因之。雍正七年属直隶沧州,九年设府,以县来属	初因之。雍正七年隶沧州,九年设府,以县来属

资料来源:表中信息源自乾隆《天津府志》卷二《地域志》,来新夏、郭凤岐:《天津通志·旧志点校卷(上)》,天津:南开大学出版社,2001年,第119—126页。

另一则是作为天津府、县治所驻地的天津城。雍正三年(1725),刚刚改卫为州不到一年的天津州被升为直隶州,辖静海、青县、武清三县。翌年,武清县还属顺天府。雍正七年(1729),升直隶河间府属沧州为直隶州,辖南皮、盐山、庆云、东光四县。此时,天津城的级别与沧州城持平,超过了静海、青县、南皮、盐山、庆云等地。然而,到了雍正九年(1731),天津直隶州被升为府,而沧州则降为散州,连同其原辖南皮、盐山、庆云诸县归天津府管辖,东光县还属河间府。此时,天津城的级别超越了沧州城。从大背景来看,这种调整方式符合雍正时期政区改革中某个直隶州升府伴随邻近直隶州降散归并入新府的规律。同时也应该看到,这样的升降调整必然会给天津城和沧州城的发展带来深远的影响。

一、开埠前天津与沧州城市发展的比较

1. 城市的起源

从行政区划设置的时间来看,天津比沧州可谓相去甚远。沧州的设置可追溯至北魏。据《魏书》卷十五《列传第三昭成子孙·辽西公意烈》:"叱奴子洪超,颇有学涉。大乘贼乱之后,诏洪超持节兼黄门侍郎绥慰冀部。还,上言:'冀土宽广,界去州六七百里,负海险远,宜分置一州,镇遏海曲。'朝议从之,后遂立沧州。"[①]再结合《魏书》卷一百六(上)志第五《地形志(上)》:"沧州,熙平二年分瀛、冀二州置,治饶安城。领郡三,县十二。"[②]据此可知,沧州始置于北魏孝明帝熙平二年(517),州治在饶安城。之后历代沧州无论是辖区范围还是治所驻地都发生了较大变化(见表2-1),直到明洪武二年(1369)五月沧州县治移到长芦[③](今沧州市)

① (北齐)魏收:《魏书》,北京:中华书局,1977年,第384页。
② (北齐)魏收:《魏书》,北京:中华书局,1977年,第2472页。
③ (清)张廷玉:《明史》卷四十《地理》,北京:中华书局,1976年,第892页。

后(另有洪武末迁州治于长芦,①永乐初迁州治于长芦②两种说法③)一直延续至今未变。

　　天津于雍正三年(1725)改卫为州,从军事建制转为正式的政区,与始置沧州的时间相差1200余年,但对天津的开发并非自清代才开始。1956年天津东郊区养护队在基建工地修筑公路过程中,发现了大量陶器和零星人、兽骨骼,④从而揭开了东郊古墓发掘的序幕。经过1956年、1957年两次发掘,共发现战国墓33座,改变了天津"无古可考"的说法。同时也证明对天津市及近郊地区的开发至迟始于战国时期。1958年,在双口镇(属今北辰区)东北1.5千米,永定河故道附近开渠时发现大片遗址,分布约500米,出土大量陶片、筒瓦、板瓦以及完整的陶罐,其中有的陶罐带有"泉州"字样。泉州城为汉代所置,北魏太平真君七年(446)废入雍奴县,在武清县东南四十里。⑤ 与双口相去不远,双口遗迹可能与泉州有一定联系,再综合其他出土文物,可以推测双口遗迹的时代是从战国延续至汉代。⑥ 汉口镇遗址的发掘,进一步证明了天津市及近郊地区开发的延续性。随着陆续发现的大量战国、汉代遗迹(见表2-2)更充分地说明了对天津市及近郊地区的开发具有一定的规模和延续性。1973年

---

　　① 光绪《重修天津府志》卷二十三《舆地》,来新夏、郭凤岐:《天津通志·旧志点校卷(上)》,天津:南开大学出版社,2001年,第974页。

　　② 乾隆《天津府志》卷七《城池公署志》,来新夏、郭凤岐:《天津通志·旧志点校卷(上)》,天津:南开大学出版社,2001年,第160页。

　　③ 据乾隆《沧州志》载,沧州旧城在今城东四十里,明永乐初(纪事作洪武二年,据实录及明史也,此云永乐初仍旧志也)迁于长芦是为今城。(清徐时作:《沧州志》卷二《建置》,乾隆八年刻本,第144页。)

　　④ 天津市文物组、天津市历史博物馆联合发掘组:《天津东郊发现战国墓简报》,《文物参考资料》1957年第3期。

　　⑤ (清)顾祖禹:《读史方舆纪要》,北京:中华书局,2005年,第459页。

　　⑥ 云希正:《天津市郊遗址古墓葬的调查与发掘记略》,《北国春秋》1959年第1期。

天津窦庄子隋墓①和1957年军粮城唐代墓葬的发现，又将天津的开发延续历史继续向后推进。特别是在军粮城刘家台子西1.5千米处发现的唐石棺墓，虽曾受破坏，但遗迹中无论是残存的龙形浅浮雕，还是形象、题材多样的陶俑，或是墓前的石阙和翁仲，都说明墓葬本身的豪华，②以此也可以推知军粮城在当时的重要性。

表2-2 天津市及近郊战国、汉代考古遗迹汇总表

名称	位置	地理环境	遗迹和遗物	时代
邓岑子	天津市南郊邓岑子村北	有贝壳堆积,高出两侧地面1~2米,长3千米。贝壳种类有魁蛤、文蛤、蚶、蛏、扇贝、锥螺、海蜗牛等,多数已成沙粒状	居住遗迹、仅见零星遗物,未见文化层,遗物有战国绳纹粗红陶盆残片、泥质绳纹灰陶片和汉代灰陶罐口沿等	战国、汉
泥沽	天津市南郊泥沽村南500米	有贝壳堆积,高2~3米,宽300米,长2.5千米。贝壳种类有魁蛤、文蛤、蚶、蛏、扇贝、锥螺、海蜗牛等,多数已成沙粒状	居住遗迹、仅见零星遗物,未见文化层,遗物有粗红陶釜、泥质绳纹灰陶罐、盆等残片	战国
白沙岭	天津市东郊永兴村北1.5千米	有贝壳堆积,高2.5米,宽50米,厚1~2米,长1.5千米。贝壳种类有魁蛤、文蛤、蚶、蛏、扇贝、锥螺、海蜗牛等,多数已成沙粒状	居住遗迹、仅见零星遗物,未见文化层,遗物有战国泥质灰陶豆、甑、绳纹罐残片和网坠等	战国
张贵庄	天津市东郊张贵庄村南1千米	有贝壳堆积,高1米,宽2.5米,长150米。贝壳种类有魁蛤、文蛤、蚶、蛏、扇贝、锥螺、海蜗牛等,多数已成沙粒状	战国墓地,前后共发掘墓葬33座。出土Ⅰ式燕国鬲、鼎、豆、壶、灰陶三足器及铜剑、带钩等	战国

---

① 天津文管处:《天津南郊窦庄子隋墓和汉代瓮棺墓》,《文物资料丛刊》第1辑,北京:文物出版社,1977年。

② 天津市文化局考古发掘队:《天津军粮城发现的唐代墓葬》,《考古》1963年第3期。

续表

名称	位置	地理环境	遗迹和遗物	时代
中塘	天津南郊中塘子大坨子高地	有贝壳堆积,高1米,宽250米,长2.5千米。贝壳种类有魁蛤、文蛤、蚶、蛏、扇贝、锥螺、海蜗牛等,多数已成沙粒状	居住遗址和墓葬,遗物有粗红陶釜、泥质灰陶Ⅰ式尊、Ⅱ式尊、盂、Ⅰ式罐、浅盘豆、板瓦、筒瓦、素面半瓦当及铜剑、带钩等	战国
巨葛庄	天津南郊巨葛庄	有贝壳堆积,高1~2米,宽500米,长3.5千米。贝壳种类有魁蛤、文蛤、蚶、蛏、扇贝、锥螺、海蜗牛等,多数已成沙粒状	居住遗址和墓葬,出土有Ⅱ式泥质灰陶罐、Ⅰ式尊、Ⅱ式尊、浅盘豆及铜剑、带钩等。另有瓮棺葬,葬具有Ⅰ式粗红陶釜、粗泥质红陶瓮二种	战国
商家岑子	天津南郊巨葛庄村西北2千米	有贝壳堆积,高1~2米,宽500米,长3.5千米。贝壳种类有魁蛤、文蛤、蚶、蛏、扇贝、锥螺、海蜗牛等,多数已成沙粒状	战国墓地,出有泥质灰陶Ⅲ式壶、Ⅳ式壶、豆、浅盘豆、Ⅱ式罐、盂、Ⅱ式燕国鬲、铜戈、铜剑、铜镞、带钩等	战国
十八岑子	天津南郊南八里台村南4千米	有贝壳堆积,高2米,宽150米,长2千米。贝壳种类有魁蛤、文蛤、蚶、蛏、扇贝、锥螺、海蜗牛等,多数已成沙粒状	战国墓葬,出土有Ⅱ式泥质灰陶罐、豆等	战国
五家洼	巨葛庄村东2千米	有贝壳堆积,高1~2米,宽500米,长3.5千米。贝壳种类有魁蛤、文蛤、蚶、蛏、扇贝、锥螺、海蜗牛等,多数已成沙粒状	仅见零星遗物,有粗泥质红陶大瓮等	战国
李家堼	天津南郊李家堼	有贝壳堆积,高2米,宽150米,长2千米。贝壳种类有魁蛤、文蛤、蚶、蛏、扇贝、锥螺、海蜗牛等,多数已成沙粒状	战国遗址,仅见零星遗物,有粗泥质红陶瓮、泥质绳纹灰陶罐等	战国
韩家洼	天津南郊南义新庄北1.5千米	冲积平地,有零星贝壳分布,不成堤状	战国遗址,仅见零星遗物,有粗泥质红陶瓮、泥质绳纹灰陶罐等	战国

续表

名称	位置	地理环境	遗迹和遗物	时代
翟家甸	天津南郊翟家甸村南1.5千米	冲积平地,无贝壳堆积	居住遗址遗物有粗泥质红陶大瓮、泥质灰陶罐和五铢钱等	汉
韩城桥	天津南郊咸水沽西南2.5千米	冲积平地,无贝壳堆积	居住遗址遗物有粗泥质红陶大瓮、泥质灰陶罐等	汉
万家码头	天津南郊万家码头	冲积平地,无贝壳堆积	瓮棺葬,葬具为粗红陶大瓮	汉
大任庄	天津南郊大任庄砖瓦厂南300米	冲积平地,地势略高,无贝壳堆积	居住遗址,出有粗红陶釜、泥质灰陶浅盘豆、Ⅰ式罐和板瓦、筒瓦、虎纹半瓦当等	战国
梨园头	天津西郊梨园头村东2千米	冲积平地,地势略高,无贝壳堆积	居住遗址,仅见零星遗物,有粗红陶绳纹片、泥质绳纹灰陶片和鹿角等	战国
体育学院	天津体育学院操场	冲积平地,无贝壳堆积	汉代墓葬,出土物有泥质灰陶绳纹Ⅰ式罐、昭明镜等	汉
张家窝	天津西郊张家窝村	冲积平地,地势略高,有零星贝壳散布,不成堤状	居住遗址,遗物有粗红陶瓮、泥质灰陶Ⅰ式罐、浅盘豆、甑和兽面纹半瓦当等	战国

续表

名称	位置	地理环境	遗迹和遗物	时代
当城	天津西郊当城村西500米	冲积平地,地势略高,无贝壳堆积	居住遗址,有战国粗红陶釜、泥质绳纹灰陶片、纺轮、板瓦等	战国
双口	天津北郊双口镇东北1.5千米	冲积平地,地势略高,有零星贝壳散布,不成堤状	居住遗址和墓葬,遗物有战国粗红陶釜、泥质灰陶Ⅰ式罐、浅盘豆、盆、盂、明刀币;汉代泥质灰陶Ⅱ式罐、盂、板瓦、五铢钱等。罐、盂各有"泉州"戳记	战国、汉
东堤头	天津市北郊东堤头村东1.5千米	冲积平地,地势略高,有零星贝壳散布,不成堤状	居住遗址,有燕国鬲、泥质灰陶盆、甑等和汉代粗红陶釜、板瓦等	战国、汉
北仓	天津北郊北仓,引河北岸,西距京津公路1600米,面积约10000平方米	有文化层	居住遗址,战国燕国夹砂红陶釜,豆、盆和Ⅰ式罐等	战国

资料来源:天津市文化局考古发掘队:《渤海湾西岸古文化遗址调查》,《考古》1965年第2期。

宋辽时期,海河时称"界河",是两国的分界线,两岸均有设防。据《宋史》卷八十六《地理志》记载:

> 沧州,上,景城郡,横海军节度。崇宁户六万五千八百五十二,口
> 一十一万八千二百一十八。贡大绢、大柳箱。县五:清池,望。熙宁

四年,省绕安县为镇入清池。有乾符、巷沽、三女、泥沽、小南河五砦。①

在沿边设砦屯兵,防止契丹入境,而沿边住籍人口也就增加了。② 也就相应地出现了聚落,上述地名有的作为村镇名称沿用至今。

金天会五年(1127)北宋为金朝所灭,界河两岸辽宋对峙的局面遂告结束。金天德三年(1151)迁都燕京(今北京),改名为中都。为保证首都的物资供应,遂开凿漕渠保证漕运,天津三岔河口成为漕运枢纽,金朝在此设置直沽寨。《金史》卷一〇三《列传第四十一·完颜佐传》:

> 完颜佐本姓梁氏,初为武清县巡检。完颜咬住本姓李氏,为柳口镇巡检。久之,以佐为都统,咬住副之,戍直沽寨。③

但直沽寨只是昙花一现,不久中都漕运废止,直沽寨也再无信息。④

元朝建都大都(今北京),需要大量物资供给,初期由河运进行,但由于内河运渠狭窄,又经常淤浅,所以元代漕运不久便实行海运。海船无法直达大都,需要在直沽中转,相应地出现了一系列与漕运有关的机构、设施。据胡文壁《与伦彦式书》中所言:

> 元统四海,东南贡赋集刘家港,由海道上直沽,达燕都。舟车攸会,聚落始繁,有宫观、有接运厅、有临清万户府,昔在大直沽,去今城东十里许废寺中有至元间碑,柳贯、贡师道、危素所撰,颇载其概。沿

---

① (元)脱脱:《宋史》卷八十六《地理志二》,北京:中华书局,1977 年,第 2122 页。

② 张恒秀:《北宋时代的天津聚落》,天津:天津市编纂室,1957 年,第 4 页。

③ (元)脱脱:《金史》卷一〇三《列传第四十一·完颜佐传》,北京:中华书局,1975 年,第 2273 页。

④ 韩嘉谷:《天津古史寻绎》,天津:天津古籍出版社,2006 年,第 244 页。

> 直沽北上,为丁字沽,取水形象丁字也,又北为仓上、为南仓、为北仓,元朝储积之地,时移物换,旧名仍存。①

可见,大直沽一带设立了接运厅、临清万户府②等机构,沿线还设有大量仓廒,还有为了安抚饱受海难威胁的船工所建的"宫观",如天妃宫。巨额漕粮在直沽交卸、屯储、转运,使得以漕运为中心的各项经济得以发展。为了适应新形势,元延祐三年(1316)"改直沽为海津镇"。③ 至正九年(1349)又"立镇抚司于直沽海津镇"。④ 这些措施都说明元政府对海津镇的重视。

由上述考古资料和文献材料可见,天津虽然在形成政区的时间上较沧州晚了很多,但其早期的开发一直没有停止,而且呈现出越来越繁荣的趋势。但早期的开发从空间上看较为分散,大多没有形成较为集中的区域。元代海津镇虽集中于大直沽一带,但持续时间较短。元代灭亡后,明代将卫城建在三岔河口内侧,发展重心发生了转移。天津卫城虽然从性质上属于军事城堡,但就以后的发展来看,无论是清代的府州县治所,还是现代的天津直辖市,其城市区域都是在天津卫城的基础上继承扩展而来。换言之,天津卫城的筑就实际上开启了天津城市区域空间析出的序幕。

---

① 乾隆《天津县志》卷二十《艺文志》,来新夏、郭凤岐:《天津通志·旧志点校卷(中)》,天津:南开大学出版社,2001 年,第 210 页。

② 据民国《天津县新志》载:"临清万户府,在大直沽,元运粮万户官廨也。后至元间,接运厅毁于火,接运官尝借居于此。"[高凌雯纂《天津县新志》卷二十五《旧迹》,来新夏、郭凤岐:《天津通志·旧志点校卷(中)》,天津:南开大学出版社,2001 年,第 1050 页。]

③ (明)宋濂:《元史》卷二十五《本纪第二十五·仁宗》,北京:中华书局,1976 年,第 572 页。

④ (明)宋濂:《元史》卷四十二《本纪第四十二·顺帝》,北京:中华书局,1976 年,第 886 页。

2. 城市的选址

城址是城市的具体位置和活动的基本空间。一般来说,在建城以前,都要进行精心的选择,然后才划定区域,规划设计,修筑高大的城墙,圈定城市的具体位置。被城墙圈定的范围,就是中国早期城市的城址。[①] 沧州建置虽早,但治所几经变迁,直到洪武二年(1369)迁至长芦后,方才稳定发展至今。天津城也是在明永乐二年(1404)筑城后,城市空间才得以析出并发展至今。本书仅就明初开始建设的沧州和天津城市的选址进行对比。

从大范围的自然环境来看,如上文所述,天津与沧州皆在华北平原,气候属于温带季风气候。平坦的地势、丰富的土地资源、适宜的气候都为城址的选择提供了更大的选择空间。

从城市具体位置来看,天津城始建于永乐二年(1404),于永乐三年(1405)基本建成。[②] 天津城位于“东去潞河二百二十步,北抵卫河二百步”[③]。天津卫城在南、北运河(即卫河、潞河)与海河形成的三岔河口西南,一方面可以借助河流形成防御屏障,另一方面扼守住了南北河海运输通道,起到防卫京师、保护漕运的作用。

沧州城的建设据光绪《重修天津府志》所载:

天顺五年知州贾忠建砖城(明李贤记节录:沧州汉属渤海郡,后魏置州,隋、唐以来,更复不一,元隶河间路,旧治在卫河东四十里,洪

---

① 马正林:《中国城市历史地理》,山东:山东教育出版社,1998 年,第 22 页。

② 肖立军、王锡超:《明代天津筑城置卫若干问题考辨》,《天津师范大学学报(社会科学版)》2010 年第 5 期。

③ 康熙《天津卫志》卷一《建置》,来新夏、郭凤岐:《天津通志·旧志点校卷(上)》,天津:南开大学出版社,2001 年,第 20 页。

武末乃迁长芦镇,迄今百年矣。今贾侯自天顺戊寅来守是州,视篆之后,首以城池为念,遂相度州治东北隙地,规划布置,悉得其宜,卜日僦工,城广二丈五尺,高三丈二尺,濠阔四丈五尺,深一丈五尺,楼堞轩敞,门洞坚厚周围八里,一时完美,于是移州治于城中,迁社坛于城北,移义仓坤隅,开通衢于四向,肇工于天顺五年八月丁酉,落成于天顺六年十月。侯名忠,山西崞县人,由举人擢斯职)。①

由史料可见,沧州虽然于洪武二年(1369)迁州治于长芦,但并未筑城,直到近百年后的天顺五年(1461)才开始筑城,较天津卫城的修筑时间晚了近六十年。具体位置在南运河与浮河交汇处东北,距南运河一百步。邻近水运要道,交通便利,也可以起到保护漕运的作用。而且沧州自古以来就是军事要冲,顾祖禹曾就此作过详细的总结,据《读史方舆纪要》载:

州控水陆之冲,绾海王之利。江、淮贡赋,由此达焉;燕、赵鱼盐,由此给焉。太公赐履,北至无棣,桓公用之,遂以兴霸,盖襟带雄远,便于驰逐,燕得之势足以弱齐,齐得之势足以胁燕动赵矣。汉置郡于此,以禁约诸侯。地饶给,五方错居,燕齐有事,必先争渤海,地利然也。唐季藩镇割裂,横海一道分地最狭,而介于河北、淄青间者百余年。刘仁恭袭取之,逞其雄心,图兼河北,兵锋辄及于贝、魏。朱全忠患其强,屡攻沧州而未能有,其后有之而不能守也。归于河东,而河北诸州河东且坐收之。石晋以瀛、莫入契丹,而沧州之患益亟。周世宗虽复关南,以州境据河滨海,北望辽、碣,仓卒可至,于是列营戍守,宋承其辙而不敢变也。蒙古取燕,先残沧、景,及山东群盗共起亡元,

---

① 光绪《重修天津府志》卷二十三《舆地·城乡》,来新夏、郭凤岐:《天津通志·旧志点校卷(上)》,天津:南开大学出版社,2001年,第972页。

陷青、沧,据长芦,郊圻皆战地矣。明初北伐,亦先下长芦。迨建文中用兵幽、蓟,命将徐凯城沧州,时议者亦以州居燕、齐之襟要,谓可以遏南下之冲也。燕兵突至,州遂不守。论者谓南北之成败,关于沧州者十之五。夫地有所必争,争地而不得其人,犹之以与敌而已。[①]

可见,沧州在军事上的地位十分重要,为历代所重视,而长芦又是沧州的关键。迁州治于长芦并建城驻守,既可巩固军事要冲,又可保障漕运通行。

城址的选择并非随意而为,既受到自然条件的制约,又要符合社会生活发展的需要,因此具有一定的规律性。马正林将中国古代城址选择原则归纳为五个方面:一是平原广阔;二是水陆交通便利;三是地形有利、水源丰富;四是地形高低适中;五是气候温和、物产丰盈。[②] 沧州城址的选择基本符合上述原则,天津城址的选择在地形高地适中一项上略有欠缺。由本章第一节及图2-2可以看到,天津成陆较晚,地势低洼,纵横交错的水系分布限制了早期开发的规模,濒海的优势对于古代中国这样一个大陆型国家而言并没有太大的吸引力。而沧州则因其军事要冲的地理位置,很早就被纳入行政区划建置,得以优先发展。然而,随着元明清三代皆定都北京,大量物资的需求主要依赖漕运的畅通,这使得天津天然的河海通津的位置得以充分展现,四通八达的交通枢纽地位逐步确立,渔盐资源得以流通,同时,天津还占据了京畿门户的战略位置。社会政治、经济形势的发展不仅弥补了天津在地势上的欠缺,还带来了越来越强的发展潜力,逐渐拉平了与沧州之间的差距。虽然沧州的地缘优势并没有减弱,城市仍然在稳步发展,但天津城市发展的加速度逐渐展现,且后劲十足。

---

① (清)顾祖禹撰:《读史方舆纪要》卷十三《北直四》,贺次君、施和金点校:《中国古代地理总志丛刊·读史方舆纪要(二)》,北京:中华书局,2005年,第576—577页

② 马正林:《中国城市历史地理》,山东:山东教育出版社,1998年,第22—28页。

3. 城市的形态

(1)城市的外形与规模

明永乐二年(1404),永乐帝命工部尚书黄福、平江伯陈瑄、都指挥佥事凌云、指挥同知黄纲修筑天津卫城。当时城墙为土筑,周长九里十三步,高三丈五尺,开设四门,门上建楼。天津卫城建成后在民间有"赛淮安城"之说。[①] 弘治年间,天津道整饬副使刘福见城墙损坏严重,命人修缮,并在土墙外包以砖石,广二丈五尺。[②] 并在四门上建楼,即拱北楼、镇东楼、定南楼、安西楼。李东阳称赞四座城楼"皆逾寻累尺,平望俯瞰,迥出尘垢,而北楼尤绝特相倍,往来命使及大夫士之有事于是者,登眺之际,神悚心畅,瞻宫阙之尊崇,览畿甸之高旷,周谀隐幽则嚣哄不生,询察吏治则纠纷不作,于斯城也,可以观政矣"。[③] 清康熙十三年(1674),总镇赵良栋因城楼内存有火药,为防不测,命令将靠近城墙的民居迁到至少离城墙三丈以外的地方,并疏浚了四面的城壕。还在城东南城角另置水门入城,上有"引汲受福"四字,且设有石闸一座,引海河潮水环城四面。此外,还将城门上所见楼阁的匾额分别改为东连沧海、南达江淮、西引太行、北拱神京,四座城门东曰镇海、南曰归极、北曰带河,西门奉旨赐名卫安。雍正三年(1725)巡盐御史莽鹄立题请商人安尚义、安岐父子捐款整修城墙,竣工后城周长一千六百二十六丈六尺,计九里二分,东西长五百零四丈,计二里八分,南北长三百一十五丈,计一里八分。垣高一丈九尺八寸,垛高四尺二寸,共高二丈四尺,基广三丈二尺,上广一丈九尺,共计垛一千四

---

① 康熙《天津卫志》卷一《建置》,来新夏、郭凤岐:《天津通志·旧志点校卷(上)》,天津:南开大学出版社,2001年,第20页。

② 光绪《重修天津府志》卷二十三《舆地·城乡》,来新夏、郭凤岐:《天津通志·旧志点校卷(上)》,天津:南开大学出版社,2001年,第963页。

③ 康熙《天津卫志》卷四《艺文》,来新夏、郭凤岐:《天津通志·旧志点校卷(上)》,天津:南开大学出版社,2001年,第72页。

百五十有四。后又有数次整修,城墙规模基本未变。[1]

沧州县治自明初迁至长芦,天顺五年(1461)方由知州贾忠修建砖城,新城周长八里,高三丈二尺,广二丈五尺,濠阔四丈五尺,深一丈五尺。有五座城门,除东、南、西、北四门外,还有小南门一座。嘉靖四十三年(1564),巡抚、都御史李迁整修城墙,城垣周长一千二百五十五丈,垛口二千二百六十六面。仍分五门,即东曰镇海、西曰望瀛、北曰拱极、南曰阜民、小南门曰迎薰。后有数次整修,规模基本未变。[2]

据文献提供的信息可见,天津城外形呈长方形,东西长,南北短;沧州城也是东西长,南北短,但是西南方向有缺角,因形似古装官帽,又称“幞头城”。[3] 这种不规则的形状并不符合中国传统的筑城审美价值,而沧州地处华北平原,应不是地形限制所致。如上文所述,沧州迁州治于洪武二年(1369),而筑城却在相隔近百年后的天顺五年(1461)。在这近百年的时间里,长芦作为州治所在地,其土地资源已经很大程度上被开发利用,虽然没有城墙,但作为一座中国传统城市所必需的衙署、寺庙、祭坛等发挥行政、祭祀功能的建筑已经具备。待到有条件筑造城墙之时,这些已有的建筑又给城池选址带来了限制。正如乾隆《沧州志》中所描述的,儒学正好位于南门西、小南门东幞头之处,也就是说沧州城的西南缺角正是为了躲避儒学,不得已而为。那么当时是否有更好的选择呢? 我们可以先从《沧州创建城池记》中找到一些线索:

> 今贾侯自天顺戊寅来守是州,视篆之后首以城池为念,已而政举民安,乃以状闻,诏可其奏,遂相度州北隙地,规划布置悉得其宜,乃

---

① 光绪《重修天津府志》卷二十三《舆地·城乡》,来新夏、郭凤岐:《天津通志·旧志点校卷(上)》,天津:南开大学出版社,2001年,第963—964页。

② 光绪《重修天津府志》卷二十三《舆地·城乡》,来新夏、郭凤岐:《天津通志·旧志点校卷(上)》,天津:南开大学出版社,2001年,第972页。

③ 张坪:《沧县志》卷一《疆域》,台北:成文出版社,1966年,第66页。

卜日倣工,人皆乐于效力,刻期不爽。城广二丈五尺,高三丈二尺,濠阔四丈五尺,深一丈五尺,楼堞轩敞,门洞坚厚,周围八里,一时完美,于是移州治于城中,迁社坛于城北,移义仓坤隅,开通衢于四向,财则出于官帑,役则借于递夫,设法措置,初不科扰于民,肇工于天顺五年八月丁酉,落成于天顺六年二月辛亥。用虽广而人不知其费,力虽多而不知其劳,至于增修学舍,重饰公馆,而川泽沟洫、桥梁道路之类,莫不毕举,伟哉!①

据文中所载,"相度州北隙地"中的"隙"字应不仅是"空"的意思,还有"间隙"的含义,而对于已有的建置采用了"移州治于城中,迁社坛于城北,移义仓坤隅"和"增修学舍,重饰公馆"两种办法,即搬迁一部分,保留一部分。根据现有信息推测,在东西向上,城址选在靠近运河的位置,这是为了保障漕运、临近水源,而这样就造成在南北向上选址的困难。由北向南依次排列着的水月寺、城隍庙、儒学在建城之时已经存在,其中水月寺建于元代,洪武十五年(1382)重建,宣德十年(1435)移建于此地,僧正司设于寺中;②城隍庙建于明初,明弘治甲子年(1504)重修;③儒学建于明初,宣德六年(1431)增修,正统八年(1443)再次增修。④ 由于行政级别和经费的限制,不可能将上述三处建筑群全部纳入城内。一般而言,城隍庙应在城中,这就进一步框定了范围。由于水月寺相对较远,据《水月寺记》所述:"沧州城北二里许有水月寺"⑤,所以在制度和经费允许的条件

① 乾隆《天津府志》卷三十四《艺文》,来新夏、郭凤岐:《天津通志·旧志点校卷(上)》,天津:南开大学出版社,2001年,第494页。
② 嘉靖《河间府志》卷三《建置志·古迹》,宁波:天一阁藏明代方志选刊本,第35页。
③ (清)徐时作:《沧州志》卷四《祠祀》,乾隆八年刻本,第246页。
④ (清)徐时作:《沧州志》卷三《学校》,乾隆八年刻本,第184页。
⑤ 乾隆《天津府志》卷三十五《艺文》,来新夏、郭凤岐:《天津通志·旧志点校卷(上)》,天津:南开大学出版社,2001年,第503—504页。

下将城隍庙和水月寺同时纳入城中已不可能实现,但水月寺的位置也成为城墙的北向界限。若考虑向南将儒学纳入城中,则同时需要将位于东南方向的清真寺(明永乐十八年建①)也纳入城中,但清真寺相对儒学要更靠南一些,城池范围需要进一步向南移动,这会使位于西南角的水域出现在城区中部,显然也不适合。如果将儒学纳入城中,清真寺置于城外,由于儒学与清真寺在南北向上位置有所交错,南城墙就不能取直。即使是用东南缺角的方式处理也不妥当,一是缺角范围太大,二是城墙距离清真寺的建筑过于接近,不利于城池的安全防卫。或者为了南城墙能够取直,将城池再向北移动,这样北城墙又过于接近水月寺,同样不利于安全防卫。综上,最终选择以西南方缺角的方式来处理,缺角范围相对较小,与城墙的距离也不会影响城池的防卫。

在规模上,天津城的城垣周长较沧州城多出一里有余,初始城高也高出沧州城三尺,广度基本相当。天津城修建之初为土筑,沧州城为砖城,但考虑到沧州的筑城时间较天津晚了近六十年,而且不久之后天津城修缮城墙时也改用城砖,材料的差异当是修筑年代差异所致。因此总的来说,天津城的规模略大于沧州城,而沧州城规模大于其余各县(见表2-3)。

表2-3 天津府辖各州县城垣规模统计表

	天津	沧州	静海	青县	南皮	盐山	庆云
城周长	九里十三步	八里	三里一百八十五步	五里	八百九丈二尺五寸(约4.5里)	八里	四里
城高	三丈五尺	三丈二尺	一丈五尺	三丈五尺	二丈一尺	二丈五尺	二丈五尺

---

① 河北省沧州市地名办公室编:《沧州市地名资料汇编》,内部发行,1983年,第63页。

续表

	天津	沧州	静海	青县	南皮	盐山	庆云
城广	二丈五尺	二丈五尺	不详	一丈五尺	一丈五尺	二丈	不详
壕深	不详	一丈五尺	七尺	一丈	一丈	一丈	一丈
壕阔	不详	四丈五尺	二丈八尺	二丈	二丈	三丈	二丈
城门数	四门（东、南、西、北）	五门（东、南、西、北、小南门）	三门（南、西、北）	三门（东、南、西）	四门（东、南、西、北）	四门（东、南、西、小南门）	四门（东、南、西、北）
建筑材料	初为土城，后覆砖	砖城	土城	土城	土城	土城	土城

资料来源:表中数据源自乾隆《天津府志》卷七《城池公署志》,来新夏、郭凤岐:《天津通志·旧志点校卷(上)》,天津:南开大学出版社,2001 年,第 160—161 页。

　　章生道曾指出,行政城市的等级愈高,规划者把最初城垣的面积设计得就愈大。高等级城市建造的较大,一方面是出于对防御力的考量,另一方面是出于对其预期发展前景的预判。而且一般说来,城市的城门(不含水门)数量与其在行政体系中的地位成正比。[①] 这一规律基本适用于天津府内除天津城之外的六座城市,沧州城无论是城墙的规模还是城门数量都大于其余几座县城。然而,天津卫城建设之初其规模就大于沧州城,而此时的天津城仅是一座军事性质的卫所城堡,其设计规模超过了其当时的层级,陈正祥认为应相当于府州一级。[②] 而且天津城四门都有瓮城,而沧州城则没有。陈正祥认为:"通常只有很重要的城才在城门外加

---

　　① 章生道:《城治的形态与结构研究》,[美]施坚雅:《中华帝国晚期的城市》,北京:中华书局,2000 年,第 104—105 页。
　　② 陈正祥:《中国文化地理》,上海:上海三联书店,1983 年,第 73 页。

筑瓮城,增强防御力量。"①这充分反映了明初建城时对天津卫军事防御的重视以及对其未来发展程度的预期。

(2)城市的内部空间

城墙圈定了城市最初的区域,隔绝了城市内外的空间,有利于军事防御,同时也对城内外的联系产生了阻碍,所以城门的数量与位置很大程度上决定着城内街道网的构建,而街道又影响着城内的空间结构分区。

天津城外形规整,呈东西向长方形,四面各开有一门,联通南北、东西门的十字街道将城市划分为四个区域,鼓楼建在十字街道的交点上,既避免了在两座城门之间形成毫无阻碍的直通道路,迫使入侵的敌人被迫转向,遏制其势头,又可以方便分布在四隅的居民接收报时或报警信号。从城内主要建筑的分布来看,官署集中在城区北部,这里地势较高,且符合方位上的价值认同,其中文职官署集中在东北,武职官署集中在西北,又形成了"文东武西"的格局。城南多为寺庙,且分布相对稀疏。总的来看,城市北部土地开发较为充分,建筑物集中,城内四角皆有水域分布,东南、西南两处水域面积明显大于东北、西北的水域,说明城内空间尚留有进一步开发的余地。

沧州的外形略欠规整,西南隅缺角,开有五门,南、北门相对,有街道相连通,东、西门相错,联通西门的街道向东与联通南北门的街道相交后,继续向东延伸至东城墙,联通东门的街道向西与联通南北门的街道相交构成"丁"字形,另有一条街道北起州治向南与联通东门的大街相交,上述四条街道构成了近似"井"字形的街道布局。城内建筑最集中的地方在东北角,主要是各类文职官署和寺庙,其次是西南方向,西南城墙缺角处开有小南门,门外即为运河码头,为方便办理事务,沧州分司公署、运司公署、察院、运判等官署皆在小南门内。② 此外,还有城隍庙、接引庵等寺

---

① 陈正祥:《中国文化地理》,上海:上海三联书店,1983 年,第 78 页。
② 乾隆《天津府志》卷七《城池公署志》,来新夏、郭凤岐:《天津通志·旧志点校卷(上)》,天津:南开大学出版社,2001 年,第 164—165 页。

庙也在小南门内。① 城西北主要是武职官署,城东南为大片水域。

天津和沧州城内的空间布局呈现出诸多类似之处,如土地利用以北部优先,城内留有大片未开发的水域,官署集中在北部并兼顾"文东武西"的格局。二者的差别多来自城市外形所带来的局限,天津城外形规整,可以依据最符合一般规则的结构进行布局,而沧州城由于西南缺角,所以在布局上有所调整,除了增开小南门,方便与门外码头的联通之外,还将部分相关官署移至县西南的小南门内,方便日常事务的办理,体现了因地制宜的思想。

(3)城市空间的扩展

天津与沧州皆为运河沿线的重要节点,保障漕运是它们共同的重要职责。南运河分别自天津北门外与沧州城西门外流经,因此这两座城市的空间,无论是政治方面,还是商业方面都不可能完全的被束缚于城墙之内。

在官署设置上,清康熙元年(1662)将原设于河西务的钞关移至天津城北门外的南运河边,并更名为天津钞关,成为常设机构。② 沧州也将税课司、批验所设于西门外的南运河畔,另有粮捕分府署设在小南门外锅市街。③

空间扩展体现最明显的还是在商业上。明代天津城先有五集,分别是:鼓楼的宝泉集,逢五为集期;东门内的仁厚集,逢三为集期;南门内的货泉集,逢六为集期;西门内的富有集,逢九为集期;北门内的大道集,逢八为集期。随着商业的发展,明弘治六年(1493)又添立五集一市,即东门外的通济集,逢二为集期;北门外的丰乐集,逢十为集期;北门外西的恒足集,逢七为集期;张官屯的永乐集,逢四为集期;天后宫(在东门外)前

---

① 乾隆《天津府志》卷十《坛壝志(附寺观)》,来新夏、郭凤岐:《天津通志·旧志点校卷(上)》,天津:南开大学出版社,2001年,第191—193页。

② 郭蕴静:《天津古代城市发展史》,天津:天津古籍出版社,1989年,第117页。

③ (清)徐时作:《沧州志》卷一《公署》,乾隆八年刻本,第148—149、157页。

的宫前集,逢一为集期;还有西门外的安西市。① 从这些集市交易场地的分布变化来看,明代天津城的商业空间就已经拓展到了城外,特别是北门外和东门外的发展最为突出。

入清以后,南运河边又设立了钞关,征收水陆货物税银,往来商贩云集,大量货物出入。《津门保甲图说》将北门外描述为:"过浮桥而北为赴京师大道,运河逶迤其间,商旅辐辏,屋瓦鳞次,津门外第一繁华区也。"②东门外毗邻海河,商船、盐船接踵而至,除了接卸货物,还要到附近的天后宫朝拜祭祀,商贾、市民往来不绝。自明中叶天津设置集市成为商业区后,至清代时更加兴盛。随着政策的放宽,雍正、乾隆年间许多舶来品进入天津,在北门外和东门外还出现了专卖洋货的"洋货街"。③ 由《津门保甲图说》中《县城内图说第一》《东门外图说第二》《西门外图说第三》《南门外图说第四》《北门外图说第五》《东北城角图说第六》《西北城角图说第七》等图可见,至迟到道光二十六年(1846),天津城市空间有了较大的发展,城内四角的水域面积明显缩小,特别是西北、东北、东南城角的水域变化最为明显,这说明城内预留空间已被大量利用,而向城外已经突破城垣限制,向北跨过南运河,东面扩展到海河以东,西面也发展到西门之外,唯有南门外发展较为落后。④

相比较而言,沧州城市的商业空间扩展则较为缓慢。沧州城内原设坊集十处,后并为七处,又并为四处。⑤ 虽然集市地点变少,但是集期设置密集、规模较大,其中城厢可达每日一集,且"市廛林立,百货充盈,凡

---

①　康熙《天津卫志》卷一《建置》,来新夏、郭凤岐:《天津通志·旧志点校卷(上)》,天津:南开大学出版社,2001年,第23页。

②　道光《津门保甲图说》,《北门外图说第五》,来新夏、郭凤岐:《天津通志·旧志点校卷(下)》,天津:南开大学出版社,2001年,第439页。

③　张龙斌:《天津市城市规划志》,天津:天津科学技术出版社,1994年,第17页。

④　道光《津门保甲图说》,来新夏、郭凤岐:《天津通志·旧志点校卷(下)》,天津:南开大学出版社,2001年,第435—441页。

⑤　(清)徐时作:《沧州志》卷二《建置》,乾隆八年刻本,第174页。

人生日用之种种物品无一不备"。① 然而从空间上看集市还是集中在城内。清代时沧州经济有了进一步发展,小南门外的锅市街、钱铺街以及西门外的书铺街日渐繁荣,②商业空间逐步扩展到小南门和西门外,但始终未能向西跨过运河,形成连片的街市。

总的来说,开埠前的天津和沧州城市都是以中国传统观念为指导的空间布局,外形崇尚"方正",内部以道路划分区域,衙署为中心,辅以庙宇、市集,展现了极具中国传统特色的城市景观。

4. 城市地位的比较

(1)政治地位

沧州在后魏时期就设置为政区,历代多非普通县级区划,皆有辖属,而且地处军事要冲,为兵家必争之地,其政治地位可见一斑。明初沧州州治迁至长芦以来,除了相应的知州等地方行政衙署外,军事上设有沧州千户所、马政上设有太仆分寺。③ 此外,长芦自古便是海盐的重要产地,明初依据各产盐区的具体情况设置相应的机构进行管理,长芦为设置有都转运盐使司的盐区之一。长芦都转运盐使司驻河间府沧州,设运使一人,从三品,总理盐区事务,为盐区高层管理机构,下设沧州、青州两个分司,为区域管理机构,另有长芦、小直沽批验所也分区负责相关事务。④

天津于明永乐初建卫城,当时还属于军镇性质城堡,并非行政建制,起初仅有天津卫、天津左卫、天津右卫等三卫衙署驻扎城中。宣德十年(1435)在天津添设户部分司执掌漕运税收事务,这是由于天津漕运税款

---

① 张坪:《沧县志》卷三《建置》,台北:成文出版社,1966 年,第 239 页。

② 郑民德:《明清运河城市的历史变迁——以河北沧州为中心的历史考察》,《河北工业大学学报(社会科学版)》2012 年第 2 期,第 5 页。

③ 嘉靖《河间府志》卷四《宫室志》,宁波:天一阁藏明代方志选刊本,第 23 页。

④ 张毅:《明清天津盐业研究(1368—1840)》,天津:天津古籍出版社,2012 年,第 20—22 页。

已经成为朝廷重要的收入来源,设置专门机构既方便管理,还可以惩治营私舞弊。弘治三年(1490)又设置天津兵备道,置整饬天津按察司副使一职,不仅统辖天津三卫军事,还兼管司法和财政。明后期,至迟不晚于万历二十五年(1597)在天津设置巡抚,初为暂设,自天启元年(1621)起直到明朝灭亡,为了东防倭寇,北御满洲南犯,天津巡抚的设置一直延续。从这几个机构的设置来看,天津在全国的地位越来越重要。① 此外,天津由于地理条件优越,盐业地位也日益突出,万历三十八年(1610)青州分司移驻天津,使其成为长芦盐业北场的管理中心。②

　　入清以后,天津的政治地位迅速提高。在盐业方面,长芦巡盐御史于康熙七年(1668)由北京改驻天津,康熙十六年(1677)原驻沧州的长芦都转运盐使司也移驻天津,至此,长芦盐区的高层管理机构均设在天津,使天津一跃成为长芦盐区的中心。在行政建置方面,雍正三年(1725)天津改卫为州,同年升直隶州,九年升为天津府。而沧州虽在雍正七年(1729)升为直隶州,但两年后便降为散州并归天津府统辖。

　　总的来看,天津明初建卫时仅是在军事建置上超过沧州,这主要是天津作为京畿门户的重要军事位置所致。然而,随着天津的发展,为了处理日益繁杂的问题,各类衙署逐渐增多,政治地位日渐提升。清代天津则逐步超越沧州,先是取代了沧州作为长芦盐区的中心地位,随后更是将沧州纳入辖属,在政治地位上全面超过沧州。

　　(2)经济地位

　　明清时期的沧州是运河沿岸重要的漕运枢纽和商业中心之一。而且沧州邻近海滨,有着悠久的盐业生产历史,明代亦是长芦盐区的中心。优越的交通位置不但给食盐的生产、销售提供了便利,也刺激了本地商业的发展,运河在保证漕运的同时,也成了南北物资交换的大动脉。民国《沧

---

① 郭蕴静:《天津古代城市发展史》,天津:天津古籍出版社,1989年,第79—81页。
② 张毅:《明清天津盐业研究(1368—1840)》,天津:天津古籍出版社,2012年,第24页。

州志》中形容沧州"境内当水陆之冲,收渔盐之利,诚有非他县所敢望者"。[①]

　　然而,沧州的商业发展程度尚且不能和天津相比。天津虽在行政上设置较晚,但自天津设卫之后发展迅速,特别是明成祖朱棣迁都北京后,天津作为漕运咽喉的地位更显重要。漕运必经之地,百货汇集,再加上本有的渔盐之利,使得天津三卫附近的商业得到了快速的发展,以至于迁都北京两年后,就开始对天津征收商税。天津卫城一带逐渐发展成商品集散、交换中心,而且具有不可替代的地位。之所以这样形容是因为天津曾因经济措施的不当,在交易中限定不合理的官价,导致各类商贩将商品改运他处的情况。据《天津整饬副使毛公德政去思旧碑》所载:

　　　　天津无沃田,人皆以贾趋利,既以贾趋利,彼必与时俯仰,然不平其值,人皆散之。鱼盐赢蛤不贩天津而贩都会,絮帛粟稻不之天津而之丰台,曲纸板木不泊天津而泊河西务,阛阓之中,惟薪蒸满车,酱醢满颤,彼贾者性苦而啬,善保物不以予人,彼安得不散? 公至,罢官价夙弊,彼与时俯仰,此亦与时高下,一时鱼盐赢蛤、絮帛粟稻、曲纸板木,复从都会、丰台、河西务至焉,至则颇有立产业基址者。[②]

　　从碑文中的描述可见,虽然经济政策失当导致商贩分散各处,但并不是长期的转移,一旦政策调整合理,商贩很快又返回到天津。这不仅说明了经济政策的重要性,也反映出天津作为京津地区商业、物流中心地位的合理性已被广泛认同,其地缘优势具有不可替代的作用。这为天津进一步发展提供了极为有利的基础和保障。此外,随着沧州盐业的衰退,沧州分司设置之初的十二个盐场至雍正十年(1732)仅余二场,而相比之下,

---

　　① 张坪:《沧县志》卷首《沧县新志序》,台北:成文出版社,1966年,第5—6页。
　　② 康熙《天津卫志》卷四《艺文志》,来新夏、郭凤岐:《天津通志·旧志点校卷(上)》,天津:南开大学出版社,2001年,第78—79页。

天津的盐业生产则得以凸显,再加上便捷的交通带来的低廉运费,使得天津逐渐取代沧州成为长芦盐区的中心。

总之,沧州商业发展所倚仗的地缘优势和盐业资源,与天津相比并不突出,而且在地缘优势上其最初便劣于天津,盐业资源也由于自身的衰落而丧失中心地位。这使得沧州的经济地位无法和天津比肩,更缺乏进一步发展的潜力。

二、开埠后天津与沧州城市发展的比较

清咸丰十年(1860),英法联军发动第二次鸦片战争,仍以清政府的失败而告终,清政府被迫签订《北京条约》,从此天津被开辟为通商口岸,也被迫结束了原来对外封闭的状态。在此之前,无论天津还是沧州都是遵循中国传统城市的发展轨迹,但天津的开埠使两座城市的发展轨迹分离,沧州依旧沿着传统城市道路发展,天津则走上了半殖民地半封建的城市发展道路。

1. 城市空间的演变

天津开埠后,城市空间的扩展主要体现在《北京条约》签订后各国租界的设立以及《辛丑条约》签订后河北新区的开发。

《北京条约》签订后的第二个月,即1860年12月,英国公使普鲁斯首先提出建立租界,英租界遂成为天津最早设立的租界。不久,美国、法国以英租界为中心相继开辟美租界和法租界,这三国租界在海河西岸连成一片,因位于紫竹林一带,也将三国租界泛称为“紫竹林租界”。这一地带虽然地势低洼,却占据重要的地理位置。此处河道是往来船只进出三岔河口的必经之地,可以让各国轮船直接停靠在其租界码头,方便进出。

随后,日、德、奥、意、俄、比各国纷纷在天津划定租界,其区域选址皆沿海河延伸,由北向南,西岸依次为日、法、英、德租界,东岸为奥、意、俄、比租界,形成了沿海河两岸布局的租界区。至清光绪二十八年(1902)各国租界形成时,天津城市区域面积已扩展至老城区的十倍。[1] 除了面积的扩大以外,城市空间布局也发生了巨大的变化,刘海岩精辟、形象地概括道:"当戈登在纸上绘出英租界第一张规划图的时候,欧洲城市的空间模式就被引入天津了。以中央大道为主轴的道路网、港口码头、位于租界中心的教堂、市政厅和公园,形成了一个与中国传统城市迥然相异的城市空间。"[2]

《辛丑条约》签订后,清政府接管天津,时任直隶总督兼北洋通商大臣的袁世凯积极推行"新政",在天津河北区一带开发新城,并采用了西方城市规划理念,将新区与旧区连接起来,还把直隶省公署、交涉使署、天津海关监督署、长芦盐运使署、省财政等省、市级机关先后建于新区,使其成为清末民初天津的政治中心,同时将新式学校也建在新区,以图振兴中国新区,与租界抗衡。

自此,租界区与河北新区取代原先老城及其周边地区的中心位置成为新的城市空间主体,天津城市空间的发展呈现出沿海河由东南向西北方向发展的格局,城市空间范围也进一步扩大。

与天津相比,同一时期的沧州城市发展十分缓慢。截至1933年沧州城区面积仅有1.4平方千米,[3]城区虽然已经超出城墙所限范围,但主要集中在运河东岸至京浦铁路以西的部分地区,城市的空间较乾隆时期沧州城市区域并无显著变化。据《沧州地名资料汇编》中的记载,甚至到了

---

① 谢广靖:《天津城市空间形态演变:回顾、问题与对策》,《城市时代,协同规划——2013中国城市规划年会论文集》,中国城市规划年会,2013年。

② 刘海岩:《租界、社会变革与近代天津城市空间的演变》,《天津师范大学学报(社会科学版)》2006年第3期,第38页。

③ 刘立钧:《沧州城市空间发展研究》,《城市》2016年第9期,第57页。

1947 年,沧州市城区也仅有两平方公里,道路皆为土道,南运河上只有一座木桥连接两岸,城市设施简陋,自来水、公园、公共汽车等近代城市设施均未出现。①

总之,开埠后天津与沧州的城市空间变化将城市规划中的传统观念与近代理念体现得淋漓尽致,河流不再是界限与屏障,而成为贯穿城市空间的纽带,城市空间的扩展不再是城墙的延伸,“方正”的审美观被打破,以衙署、祠庙为中心的单核心城市空间为政治、经济、港口、文化教育等不同功能分区的多核心城市空间布局所取代。被迫开放的中国与世界交流、融合的过程,正通过城市空间、布局、景观的演变展现出来。

2. 城市地位的比较

天津开埠以后,无论是政治地位还是经济地位都有显著提高。在政治方面,咸丰十一年(1861)清政府设置三口通商事务大臣驻扎天津,专办牛庄、天津、登州三口洋务。同治九年(1870),从李鸿章开始,直隶总督兼任三口通商大臣成为定例,并开始实行直隶总督保定、天津两地轮驻制,而且驻扎天津要优先驻扎保定。这说明直隶总督驻津处理洋务要优先于驻保定处理直隶省务,天津已然成为清政府对外交涉的中心,在晚期直隶省双政治中心的格局中,天津的政治地位开始超越保定。而此时的沧州城仅是天津府辖的一个普通县级城市,其政治地位已经无法和超越省会保定的天津相提并论。

在经济方面,虽然咸丰年间大运河停航,天津无法再依赖漕运维持其繁荣,很多运河城市因此逐渐衰落,如沧州在运河衰落后经济发展陷入停滞。但近代交通事业在天津逐步发展起来,国内外轮船定期出航使得天津海港得以发展,津浦、北宁铁路相继通车,部分内河航线还可以承载小

---

① 　河北省沧州市地名办公室:《沧州市地名资料汇编》,内部发行,1983 年,第 2 页。

型汽船航行,邻近城镇也有公路联通,现代交通工具的应用使天津成为拥有铁路、公路、海运、内河运输等交通方式的立体交通枢纽。便捷的交通将国内传统商品市场与国际商品市场相联通,开埠以后的天津在进出口贸易发展的带动下,逐步成为华北商业经济中心。

综上所述,沧州依靠水陆要冲的地理位置和盐业资源,在中国传统城市发展时期得以优先发展,但随着政治格局的变化,盐业资源的衰退,其优势逐渐被天津取代,自天津升府以后,就开始全面落后。特别是天津被迫开埠以后,在外力的刺激下,在与外来势力交锋的过程中,天津的潜力不断被挖掘,政治地位甚至超过了省会保定,经济发展为华北商业中心,为日后成为直辖市奠定了基础。

此外还有一个现象值得关注,自明初沧州迁治所于长芦、天津筑卫城于三岔口内侧,这两处都是漕运枢纽、水陆要冲、军事要地,无论是设置的行政机构、驻扎的军事力量,还是往来集散的货物、商业贸易以及聚集的人口,均非一般村、镇可比,换言之,这两处均可说是实际意义上的城市。但在相当长的一段时间内,沧州有行政建制之"城"而无城墙之"城",天津有城墙之"城"而无行政建制之"城",这两座实际意义上的城市,在传统的以行政级别、城墙有无为显性指标的城市界定体系中都不达标。正如陈桥驿所指出,将凡是历史上曾经作为县级及其以上级别政府驻地的聚落认定为城市,这种不得已的标准存在着不小的偏差。[①] 刘易斯·芒福德也认为,密集、众多、包围成圈的城墙,这只是城市的偶然特征,而不是它的本质特征。[②]

---

① 马正林:《中国城市历史地理》,济南:山东教育出版社,1998 年,序言。
② [美]刘易斯·芒福德:《城市发展史——起源、演变和前景》,宋俊岭、倪文彦译,北京:中国建筑工业出版社,2005 年,第 91 页。

第三章

天津府的镇

一般认为,镇是介于城市与村落之间的过渡形态聚落。村落作为基层的自然居民点,其类型界定相对清晰,在地方志等相关文献中的记录也比较集中、明确。城市的界定问题较为复杂,尽管学界尚无定论,但一般将县及以上级别治所驻地视为城市的办法也提供了一个参考标准,在各类相关文献中的记录也较为丰富。而镇作为上述二者的过渡形态,不仅学界尚无统一的标准来界定,在各类相关文献中的记录情况也差异显著。究其原因,主要是清代州县以下存在着镇、集、乡、村、庄、寨等社会基层组织,这些组织之间以及与保甲制、里甲制、图甲制的关系错综复杂,各地皆不相同。① 反映在方志的内容中必然会出现记录口径不一的情况,鉴于此,为了能较为清晰地反映某一时间断面天津府辖镇的情况,在资料选择上尽量选择这一时期编撰口径较为统一的文献。

天津府自雍正九年(1731)设立以来,最近一次编修地方志是乾隆四年(1739)成书的《天津府志》,但并未明确记录有关镇的信息。直到光绪二十五年(1899)的《重修天津府志》才将镇的信息明确记录。天津府下

① 李映发:《清代州县下社会基层组着考察》,《四川大学学报(哲学社会科学版)》1997年第2期,第86页。

辖六县一州所修的县、州志在编修时间上较为分散,不能反映某一时间断面天津府全境内镇的情况,而且对镇的记录情况或有或无,但也可为反映某个县的镇变化上提供更多的时间采集点。《乾隆府厅州县图志》成书于乾隆五十三年(1788),记载有各州县内镇的信息,可补乾隆《天津府志》之不足。此外,乾隆《大清一统志》和《清史稿·地理志》也有关于镇的信息记载,可分别反映乾隆时期和清末镇的情况。基于这些文献材料,可以对天津府设置早期和清末天津裁府之前两个时间断面下辖镇的面貌及变化有所了解。

第一节　乾隆时期天津府辖镇的
数量与分布

一、镇的数量

天津府设置于雍正九年(1731),四年后雍正皇帝驾崩,其第四子弘历继位,年号"乾隆"。乾隆皇帝在位六十年,禅位后又任太上皇三年零四个月,实际掌握政权长达六十三年零四个月,这样一个长期稳定的时期,有利于经济、文化等各方面的发展,聚落的发展也不例外。成书于乾隆五十三年(1788)的《乾隆府厅州县图志》和成书于乾隆四十九年(1784)的(乾隆续编)《大清一统志》恰好可以反映天津府设置初期镇的发展情况,前者记录较为简略,只记载了州县所辖镇的名称和驻扎其中的军事机构名称(详见附录2),后者记录较为详细、具体,既有镇的位置,还记录了戍守其中的驻军以及行政机构的情况(详见附录3)。为了便于比较,将其进一步梳理为表3-1、表3-2。

表3-1　乾隆时期天津府辖州县内镇的数量统计表

州县	《大清一统志》(乾隆四十九年,1784)	《乾隆府厅州县图志》(乾隆五十三年,1788)	数量变化
天津县	0	0	0
静海	1	2	+1
青县	8	6	-2
沧州	3	3	0
南皮	2	3	+1
盐山	2	9	+7
庆云	1	2	+1
合计	17	25	+8

资料来源:此表内信息综合(乾隆)《钦定大清一统志》卷十七《天津府·关隘》(四库全书本,第25—26页)和《乾隆府厅州县图志》卷三《天津府》(新化三味书室,光绪二十三年授经堂校刊本,第2—6页)所载记录统计而成。

从天津府辖州县内镇的数量来看(见表3-1),反映这一数据的两部文献中的记载存在一定的差异,成书较晚的《乾隆府厅州县图志》总体上较成书略早的《大清一统志》多了九个镇,短短四年间,镇的数量就发生如此巨大的变化,增幅达到了47%,七个州县中的四个都出现了增长,特别是盐山县从两个镇增加到了九个,增幅高达350%。然而,再仔细审视《大清一统志》记录的镇所附的说明就会发现,该文献将一些现存的镇记入了镇的说明中,并未单独列出,从而导致这种巨大数量变化的产生。从表3-2可以看到,盐山县的高家湾镇、望树镇、常郭镇、韩村镇、菜园镇、苏基镇,庆云县的分水镇都属于这种情况。而《乾隆府厅州县图志》中记载的南皮县所属的刀公楼镇、盐山县所属的杨庄镇应分别是《大清一统志》中南皮县底桥镇说明中"刁公楼镇"、盐山县崔家口镇说明中"杨二庄镇"的名称误写。至此,两部文献记录的天津府辖州县内市镇数量差异仅余静海县所属的独流镇。尽管无法完全排除这也是两部文献记录口径不一致所导致的结果,但这种程度的变化已经趋于合理,也可以认为是时间变化带来的,恰好说明聚落总是在动态变化的过程中。此外,青县辖镇的数量有所减少,结合表3-2来看,变化主要出现在范桥镇后面的说明中记录的新集镇和崇仙镇上,《乾隆府厅州县图志》仅列出了范桥镇,未做说明。而《大清一统志》也列出了范桥镇,但在随后的说明中明文标示新集镇和崇仙镇的存在,这是《乾隆府厅州县图志》中所没有记录的镇。再结合康熙《青县志》,其时崇仙镇已经存在,新集镇即是县志中记载的辛集镇。[①] 因此可以认为这个变化是《乾隆府厅州县图志》记录疏漏造成的。

表3-2　乾隆时期天津府辖州县内镇的情况汇总表

地名	《大清一统志》		《乾隆府厅州县图志》	
州县	镇	说明	镇	说明
天津县	无	无	无	无
静海县	子牙镇	在静海县西南,滨子牙河,接大城县,有管河主簿驻此	子牙镇	无
			独流镇	巡检驻此
青县	兴济镇	在青县东南三十里,即故县也	兴济镇	巡检驻此
	长芦镇	在青县南七十里,即古长芦废县也,旧为都转运使司所驻,领盐课司二十四,在沧州境及山东境者各十二,令运司移驻天津犹仍长芦之名,又旧有巡司及税课司转运所,今裁	长芦镇	无
	杜林镇	在青县南七十里有巡司,南接交河县界,滹沱河、漳河至此汇流	杜林镇	巡检驻此
	砖河镇	在青县南九十里,卫河西岸,有游击驻防和河东,即沧州砖河驿	砖河镇	无

---

① 康熙《青县志》卷一《镇店》,《中国地方志集成·河北府县志辑46》,上海:上海书店,2006年,第16页。

续表

地名		《大清一统志》	《乾隆府厅州县图志》	
青县	范桥镇	在青县南,《九域志》在乾宁军南三十里,《金志》属会川县,后废,县志今有新集镇在县南三十里,东临滹沱河,又崇仙镇在县西南五十里,当河间孔道	范桥镇	无
	流河镇	在青县东北三十里,卫河西岸,有管河主簿驻此	流河镇	巡检驻此
沧州	郭桥镇	在沧州东,《九域志》清池有任河、郭疃二镇,《金史·地理志》旧有郭桥镇,后废	郭桥镇	无
	合口镇	在沧州西,晋太元十三年后燕慕容楷将兵会慕容农于合口。隆安二年魏主珪命拓跋遵镇渤海之合口。《魏书·地形志》浮阳县西接漳水、卫水入马谓之合水。水经注衡、漳水入清河谓之合口	合口镇	无
	同居镇	在沧州东北九十里	同居镇	无
南皮县	马明镇	《九域志》南皮县有南皮、马明、乐延、临津四镇。《金史·地理志》惟马明一镇,元废	马明镇	无
	底桥镇	在南皮县东南五十里,又刁公楼镇在县东南七十里,即晋刁协故里	底桥镇	无
			刁公楼镇	无
盐山县	海丰镇	《金史·地理志》盐山县有海丰、海润二镇,后增利丰、扑头二镇,旧志海丰镇在县东北八十里,瓦砾如阜,绵亘里余。又《九域志》县有会宁、通商、韦家庄三镇,皆久废	海丰镇	无
	崔家口镇	在盐山县东南五十里,又高家湾镇在县东四十里,望树镇在县东南三十里,距庆云县三十里,常郭镇在县北五十里,韩村镇在县北少东七十里,菜园镇在县东北三十里,苏基镇在县东北五十里,杨二庄镇在县东北七十里,距海五十里	崔家口镇	无

续表

地名	《大清一统志》		《乾隆府厅州县图志》	
盐山县			高家湾镇	无
			望树镇	无
			常郭镇	无
			韩村镇	无
			菜园镇	无
			苏基镇	无
			杨庄镇	巡检驻此
庆云县	无棣镇	在庆云县东,即故县也,《九域志》无棣县有无棣、剧口、车店三镇。又《金志》县有分水镇,今在县西南十二里	无棣镇	无
			分水镇	无

　　资料来源:此表内信息综合(乾隆)《钦定大清一统志》卷十七《天津府·关隘》(四库全书本,第25—26页)和《乾隆府厅州县图志》卷三《天津府》(新化三味书室,光绪二十三年授经堂校刊本,第2—6页)所载记录梳理而成。

　　具体到各州县所属镇的数量分布则差异较大,从0至9个不等,大致可分为三个等级,盐山、青县二县超过5个排在前列,静海、沧州、南皮、庆云四县都没有超过三个排在中间位置,天津县尚无镇,排在末尾,这可能是因为天津县设立时间相对较短,毕竟依靠从武清、沧州、静海等县划拨一部分聚落而析出的天津县不太可能得到上述各州县较为发达的聚落,而天津县作为天津府的附郭,县城也是府城,本身就具有其余各县所不具备的优势,使其成为最耀眼的地区中心聚落,但其辐射范围毕竟有限,特别是在交通条件较为落后的传统时期,考虑到便利、成本等问题,在相距中心聚落较远的地方出现次一级的中心只是时间问题。

　　然而,仅从一府的范围来看镇的发展面貌在视野上略显狭窄,为此继续利用上述两部文献整理出表3-3,附录4、附录5。以直隶省各府所辖州县内市镇情况为背景来看天津府辖州县内镇的面貌。

表3－3　乾隆时期直隶省辖各府州镇的数量变化统计表

府	州县	《大清一统志》		《乾隆府厅州县图志》		数量变化		镇与州县数量比率
		镇	无镇州县	镇	无镇州县	表面变化	实际变化	
顺天府	24	16	13	17	12	1	1	0.71
保定府	17	7	11	8	10	1	1	0.47
永平府	7	1	6	1	6	0	0	0.14
河间府	11	14	1	15	0	1	1	1.36
天津府	7	17	1	25	1	8	1	3.57
正定府	14	3	12	4	11	1	1	0.29
顺德府	9	4	5	4	5	0	0	0.44
广平府	10	7	5	10	5	3	1	1
大名府	7	10	2	10	2	0	0	1.43
宣化府	10	3	8	3	8	0	0	0.3
承德府	6	0	6	0	6	0	0	0
遵化州	3	1	2	1	2	0	0	0.33
易州	3	0	3	0	3	0	0	0
冀州	6	3	4	3	4	0	0	0.5
赵州	6	1	5	2	4	1	1	0.33
深州	4	1	3	1	3	0	0	0.25
定州	3	0	3	0	3	0	0	0
合计	147	88	90	104	85	16	7	

资料来源:此表内信息综合(乾隆)《钦定大清一统志》卷三至卷三十四《直隶统部》(四库全书本)和《乾隆府厅州县图志》卷一《顺天府》、卷二至卷四《直隶布政使司》(新化三味书室,光绪二十三年授经堂校刊本)所载记录统计而成。

注:①表中数量变化分为表面变化和实际变化,表面变化指的是文献直接罗列的市镇数量,实际变化指的是剔除两部文献由于口径不一带来的数量差异后得出的实际变化。

②采用《乾隆府厅州县图志》所载各府辖镇的数量与各府所辖州县数量的比值。

由表3－3来看,其时,直隶省辖府十一,直隶州六,即顺天府、保定府、永平府、河间府、天津府、正定府、顺德府、广平府、大名府、宣化府、承德府、遵化州、易州、冀州、赵州、深州、定州,共计 147 个州县,其中 11 府所辖州县在 6 至 24 个之间,平均每府约为 11 个,但各府辖州县的数量分布较为分散,辖州县最多的顺天府是平均数的两倍不止,而永平府、天津府、大名府、承德府辖州县的数量刚过平均数的一半。6 个直隶州辖州县在 3 至 6 个之间,平均每个直隶州约为 4 个,且数量分布较为集中。

　　直隶省辖镇的数量在百个左右,由于两部文献记录数量略有差异,仅以成书较晚、记录数量较多的《乾隆府厅州县图志》所载数据来看,直隶省有镇 104 个,平均到各府及直隶州,每府或直隶州平均为 6 个,也就是说只有辖州县较少的府才能达到每个州县有一个镇的水平。而实际上镇的数量在各府、直隶州的分布极为分散,没有或仅有 1 个镇的府、直隶州达到 6 个,占了府、直隶州总数的三分之一还多,而拥有 10 个及以上镇的府、直隶州仅有 5 个,还不到府、直隶州总数的 30%,换言之,直隶省不到 30% 的府、直隶州拥有近 75% 的镇。从各府、直隶州的镇与州县比率可以看到,能到达每州县有 1 个及以上镇的府、直隶州仅有 4 个,还不到总数的四分之一。再结合图 3 - 1 可以看到,各府、直隶州辖镇的数量并不完全与辖州县的数量成正比,如天津府仅辖州县 7 个,却有 25 个镇,而正定府辖州县 14 个,但只有 4 个镇。

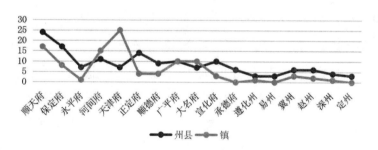

图 3 - 1　直隶省各府、直隶州辖州县、镇数量分布图

　　从两部文献记载镇的数量变化看,成书相差四年的记录所反映的变化并不明显,而且其中一部分变化还是统计口径差异造成的,前文天津府的情况并非特例,广平府永年县的牛家堡镇、曲陌镇也属于此种情况,因此两部文献记载的直隶省镇的数量变化实际上只相差 7 个(见表 3 - 3),增幅在 7% 左右。17 个府州中有 7 个出现了增长,且都增加了 1 个镇,在绝对数量上增幅一致。因此,前文所述天津府在四年间镇的数量增加 1 个的情况在全省背景下来看属于正常现象,整个直隶省的镇也在小范围的动态变化中,这也反映出聚落动态发展变化是连绵不断的延续过程。

前文讨论的天津府各州县中仅有天津县没有辖镇,尽管就这个现象进行了简要的分析,但仍显突兀。但从表 3 - 3 直隶省无镇州县的统计来看,实际上反而是没有辖镇的州县占了多数,有六成左右的州县内都没有镇。因此天津县内没有镇的现象在当时是比较正常的状态。但也要看到,实际增加的 7 个镇中有 5 个是出现在原来没有镇的州县。可见以次一级地区中心聚落弥补地区中心聚落辐射范围不足的情况是发展的趋势。

从镇的性质来看,《大清一统志》将有关"镇"的记载列入"关隘"项,而且驻有行政机构的镇中,所驻扎的多是军事性质机构(见表 3 - 2)。说明至少到清乾隆末期,即 18 世纪末,"镇"还主要是需要驻兵戍守的关津要隘。但也不能否认镇在军事以外的发展,《大清一统志》中记载的镇也有不少明确说明其商业较为发达、从事非农产业或镇规模较大的。从直隶省来看(详见附录 5)这样的镇有 19 个,其中在《大清一统志》和《乾隆府厅州县图志》中都出现的镇有 14 个,即顺天府文安县柳河镇、胜芳镇、苏家桥镇,大城县李坛镇;保定府满城县拱辰镇;河间府任邱县鄚市镇,交河县泊头镇,东光县马头镇;正定府阜平县王快镇;广平府磁州彭城镇;大名府元城县小滩镇,大名县双井镇、北皋镇;冀州直隶州南宫县宁化镇。仅附在《大清一统志》各镇说明中的有 5 个,即顺天府大城县广东镇;河间府景州刘智庙镇,东光县下口镇;广平府磁州冶子镇;大名府大名县沙口镇。这些镇或当水陆之冲,如苏家桥镇、泊头镇、马头镇、下口镇、小滩镇、双井镇等;或在州县接界,如刘智庙镇、北皋镇等;或具有手工业优势,如彭城镇、冶子镇等,这些特点不仅使其受到重视,驻军戍守,同时也为聚落发展提供了动力,其中有些已经发展到与县城相当的水平,如阜平县王快镇被描述为:"其地居民繁衍贸易凑集,为县重地。本朝康熙中阜平县常寄治于此。"①可见,《大清一统志》中列出的多是发展比较突出的镇。如果结合县志中的相关信息可知,除上述19个镇外,其余各镇中的相当一部分也有一定程度的商业发展,如据康熙《青县志》所载,青县内七镇中,兴济镇、杜林镇、砖河镇、流河镇、辛集镇、崇仙镇六镇皆有集。②

二、空间分布

聚落的空间分布是聚落地理关注的基本内容之一。上文从数量上讨论了乾隆时期天津府内下辖镇的面貌,在此基础上进一步就镇的空间分布进行梳理总结。

依据《乾隆府厅州县图志》和《大清一统志》两部文献的相关记载,将乾隆时期天津府下辖各州县内的镇的方位梳理成表3-4和图3-2。在这里需要注意的是,上文依据《乾隆府厅州县图志》和《大清一统志》两部文献统计镇的数量时存在一种情况,即两部文献都偶有将已废的镇列入,且口径一致,在统计过程中并没有将这类镇删除,而作了数量上的保留。一方面是因为这类信息在两部文献中出现的数量少且口径一致,在做数量统计时可以看作无关变量进行平衡,不影响对结果的观察,另一方面贸然删除这类情况的数据可能会带来更多的变数,反而影响对结果的解读。但在讨论镇的空间分布问题上,是结合两部文献信息,综合确定镇的方位,因此已废的镇则不需再做标识和讨论,因此出现在此部分的镇的数量与之前略有出入。

---

① 乾隆《钦定大清一统志》卷十八《正定府·关隘》,四库全书本,第39页。
② 康熙《青县志》卷一《镇店》,《中国地方志集成·河北府县志辑46》,上海:上海书店,2006年,第16页。

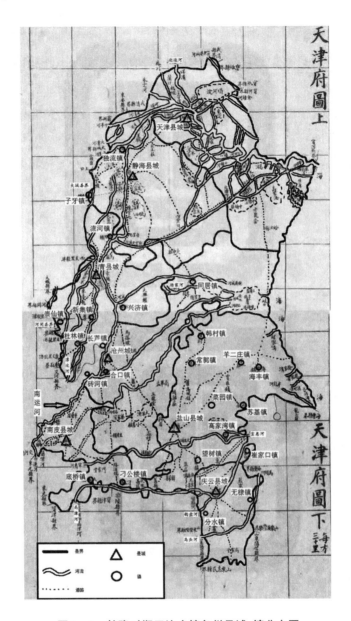

图 3－2　乾隆时期天津府辖各州县城、镇分布图

图片来源:此图以光绪《续修天津府志》卷十九《舆地》中《天津府图》(见来新夏、郭凤岐:《天津通志·旧志点校卷(上)》,天津:南开大学出版社,2001 年,第887—888 页。)为底图加工绘制而成。

由图 3 - 2 可见,在空间分布上,天津府的镇多集中在西南和南两个方向上,位于府境最北部的天津县没有镇,位于府境西北的静海县仅有两个镇,都位于偏西的位置,而位于中东部的沧州所辖的两个镇中一个略靠近东北方。这就使得整个天津府辖境内东北方向呈现出镇的分布空白,仅仅依靠天津县(府)城和静海县城的辐射能力还不足以满足如此广大地区的需求。可以预见,在天津府东北部地区将会出现类似镇的次一级中心聚落是大势所趋。

从地形角度来看,天津府的镇主要分布在三类地点。一是在河道附近,主要有:静海县的独流镇;青县的流河镇、兴济镇、新集镇、杜林镇、长芦镇、砖河镇;沧州的合口镇、同居镇;南皮县的底桥镇、刁公楼镇;盐山县的高家湾镇、崔家口镇;庆云县的分水镇、无棣镇。其中分布在南运河沿线的镇有 6 个,从北到南依次是独流镇(运河西岸)、流河镇(运河西岸)、兴济镇(运河东岸)、长芦镇(运河西岸)、合口镇(运河东岸)、砖河镇(运河西岸);分布在鬲津河沿线的有 3 个,即北岸的底桥镇、刁公楼镇和南岸的崔家口镇;分布在滹沱河沿线的有新集镇和杜林镇,皆在滹沱河西岸。此外,还有杨家河北岸的同居镇、宣惠河北岸的高家湾镇、马头河西岸的无棣镇、钩盘河东岸的分水镇。二是在大路附近,主要有韩村镇、常郭镇、羊二庄镇、海丰镇、菜园镇、望树镇、苏基镇,皆属于盐山县。三是位于两县边界的县间孔道,主要有位于静海县与大城县边界的子牙镇和位于青县和河间县边界的崇仙镇。这三类地形中,位于河道附近的最多,24 个镇中有 15 个,占 62.5%,其中运河沿岸就有 6 个,占了四成;其次是在大路附近,有 7 个,占 29.2%,最后是在两县边界的有两个,占 8.3%。实际上,这三类地点皆是交通便利的所在,只是交通方式的差别,作为最便捷、高效、成本低廉的水路自然是首选。

表 3 - 4　乾隆时期天津府辖州县内市镇方位汇总表

州县	镇	位置
天津县	无	无
静海县	子牙镇	在静海县西南,滨子牙河,接大城县
	独流镇	
青县	兴济镇	在青县东南三十里,即故县也
	长芦镇	在青县南七十里,即古长芦废县也
	杜林镇	在青县南七十里,南接交河县界,滹沱河、漳河至此汇流
	砖河镇	在青县南九十里,卫河西岸
	新集镇	在县南三十里,东临滹沱河
	崇仙镇	在县西南五十里,当宋间孔道
	流河镇	在青县东北三十里,卫河西岸
沧州	合口镇	在沧州西。
	同居镇	在沧州东北九十里
南皮县	底桥镇	在南皮县东南五十里
	刁公楼镇	在县东南七十里
盐山县	海丰镇	海丰镇在县东北八十里
	崔家口镇	在盐山县东南五十里
	高家湾镇	在县东四十里
	望树镇	在县东南三十里,距庆云县三十里
	常郭镇	在县北五十里
	韩村镇	在县北少东七十里
	菜园镇	在县东北三十里
	苏基镇	在县东北五十里
	杨二庄镇	在县东北七十里,距海五十里
庆云县	无棣镇	在庆云县东,即故县也
	分水镇	在县西南十二里

　　资料来源:此表内信息综合(乾隆)《钦定大清一统志》卷十七《天津府·关隘》(四库全书本,第25—26页)和《乾隆府厅州县图志》卷三《天津府》(新化三味书室,光绪二十三年授经堂校刊本,第2—6页)所载记录梳理而成。

　　从政区角度看,天津府的镇主要集中在中部偏东的青县和中部偏南的盐山县。青县有七个镇,盐山有九个镇,占全府的三分之二,其余的静海、南皮、沧州、庆云均只有两个镇,可见天津府中部地区是镇分布最为密集的区域。与地形相结合来看,青县是除天津县外水路最为发达的地区,其辖镇也都在河流沿岸,盐山县则是陆路交通网络最为密集的地区,其辖镇也大多在大路附近。在天津县尚无镇的情况下,青县与盐山县作为天津府内水、陆交通网最为发达的地区,拥有较多的镇是合理的现象。

第二节　清末天津府辖镇的
数量与分布

一、镇的数量

　　光绪二十五年(1899)成书的《重修天津府志》中有天津府辖各镇的明确记载,可以系统反映清末天津府辖区内镇的情况。再结合《清史稿·地理志》中有关镇的记录,可以了解直隶省在清末时镇的情况,从较大背景来看天津府辖镇的变化发展。依据上述文献分别整理成附录6、附录7。

表 3 - 5 直隶省各府州辖镇数量变化统计表

地区	《乾隆府厅州县图志》			《清史稿》			数量变化		
府	州县	镇	无镇州县	州县	镇	无镇州县	州县	镇	无镇州县
顺天府	24	17	12	24	45	12	0	28	0
保定府	17	8	10	16	4	14	-1	-4	4
永平府	7	1	6	7	21	0	0	20	-6
河间府	11	15	0	11	17	4	0	2	4
天津府	7	25	1	7	21	1	0	-4	0
正定府	14	4	11	14	0	14	0	-4	3
顺德府	9	4	5	9	0	9	0	-4	4
广平府	10	10	5	10	1	9	0	-9	4
大名府	7	10	2	7	6	4	0	-4	2
宣化府	10	3	8	10	37	1	0	34	-7
承德府	6	0	6	3	21	0	-3	21	-6
遵化州	3	1	2	3	13	1	0	12	-1
易州	3	0	3	3	16	0	0	16	-3
冀州	6	3	4	6	0	6	0	-3	2
赵州	6	2	4	6	0	6	0	-2	2
深州	4	1	3	4	0	4	0	-1	1
定州	3	0	3	3	0	3	0	0	0
朝阳府	—	—	—	2	8	0	—	—	—
赤峰州	—	—	—	2	4	1	—	—	—
口北三厅	—	—	—	3	7	1	—	—	—
合计	147	104	85	150	221	90	—	—	—

资料来源:此表内信息据《乾隆府厅州县图志》卷一《顺天府》、卷二至卷四《直隶布政使司》(新化三味书室,光绪二十三年授经堂校刊本)和《清史稿》卷五十四《地理志一》(赵尔巽等撰:《清史稿》第八册,北京:中华书局,1977 年,第 1894—1923 页。)所载记录统计而成。

首先,从直隶省的范围来看"镇"的变化。为了方便比较,以《乾隆府厅州县图志》所记载的信息代表天津府建立初期的情况,用《清史稿·地理志》所载信息来反映清末天津府裁撤之前的情况,经过梳理,汇总成表3-5。

由表3-5可以看到,由于时代的变迁,政区发生了变化,新增朝阳府、赤峰直隶州以及口北三厅,部分府州的辖区也有所调整,保定府少了一个州县,承德府少了三个州县。但保定府辖区并未变化,因为减少的新安县是并入了保定府的安州。据此,笔者选取直隶省从乾隆年间至清末,政区未发生变化的府州,对其辖镇的变化进行比较(见表3-6)。

表3-6 直隶省乾隆至清末政区无调整府州辖镇数量变化统计表

| 地区 | 《乾隆府厅州县图志》 | | | | 《清史稿》 | | | | 数量变化 | |
府	州县	镇	无镇州县	镇与州县数量比	州县	镇	无镇州县	镇与州县数量比	镇	无镇州县
顺天府	24	17	12	0.71	24	45	12	1.88	28	0
保定府	17	8	10	0.47	16	4	14	0.25	-4	4
永平府	7	1	6	0.14	7	21	0	3.00	20	-6
河间府	11	15	0	1.36	11	17	4	1.55	2	4
天津府	7	25	1	3.57	7	21	1	3.00	-4	0
正定府	14	4	11	0.29	14	0	14	0.00	-4	3
顺德府	9	4	5	0.44	9	0	9	0.00	-4	4
广平府	10	10	5	1.00	10	1	9	0.10	-9	4
大名府	7	10	2	1.43	7	6	4	0.86	-4	2
宣化府	10	3	8	0.30	10	37	1	3.70	34	-7
遵化州	3	1	2	0.33	3	13	1	4.33	12	-1
易州	3	0	3	0.00	3	16	0	5.33	16	-3
冀州	6	3	4	0.50	6	0	6	0.00	-3	2
赵州	6	2	4	0.33	6	0	6	0.00	-2	2
深州	4	1	3	0.25	4	0	4	0.00	-1	1
定州	3	0	3	0.00	3	0	3	0.00	0	0
合计	141	104	79	0.74	140	181	88	1.29	77	9

资料来源:此表内信息据《乾隆府厅州县图志》卷一《顺天府》、卷二至卷四《直隶布政使司》(新化三味书室,光绪二十三年授经堂校刊本)和《清史稿》卷五十四《地理志一》(赵尔巽等撰:《清史稿》第八册,北京:中华书局,1977 年,第 1894—1923 页。)所载记录统计而成。

　　由表 3－6 可知,经过乾隆时期到清末这段时间的发展,直隶省辖镇的总数呈现上升的趋势,增幅达到 74% ,从乾隆年间平均每个州县不足一个镇,增长为至少每个州县有一个镇的水平,但没有镇的州县数量却增加了。这说明整体增长的数量分布并不均衡,而是比较集中。再看各府州辖镇的数量变化呈现出"此消彼长"的态势,即少部分府州的辖镇呈大幅增长,而更多的府州却呈现下降的趋势,但是增幅远远大于降幅,所以总体上仍保持了增长。除河间府增加 2 个镇,涨幅 13.3% ,比较平稳之外。顺天府增加 28 个镇,涨幅 165% ,永平府从 1 个镇增加到 20 个镇,增长了 20 倍,宣化府从 3 个镇增加到 34 个镇,增长了 11 倍,遵化州由 1 个镇增加到 12 个,增长了 12 倍,易州从没有镇增加到 16 个。这种爆发式的集中增长显得很不合理。结合这几个府州的位置来看,它们在分布上较为集中,以顺天府为中心,其余环绕周围,大有拱卫京师之意。再结合"镇"本身的军事属性,不难想象,在晚清衰弱的军事政治环境下,在京畿附近设置大量镇的需求和目的显而易见。

　　在这种大背景下,天津府的辖镇数量变化较为平稳,略有减少,但原有基数较大,仍能保持平均每个州县 3 个镇的水平。具体来看,天津府辖六县一州的辖镇变化中,也呈现出如直隶省般"此消彼长"的情况。距离京城较远的州县呈现小幅度减少的趋势,而距京师最近的天津县则从没有镇增加到了 8 个(见附录 7),强化京畿东南门户的意图明显。

　　除了通过表 3－6 提供的乾隆时期和清末两个时间节点看天津府辖镇的变化外,还可以利用光绪《重修天津府志》记载的信息,增加一个时间观测点来看天津府辖镇的变化趋势。依据表 3－4、附录 6、附录 7 的信息,梳理成表 3－7、表 3－8,从 3 个时间节点来看镇的数量变化趋势。

表3-7 天津府辖镇数量变化统计表

州县	乾隆时期	清末	
		光绪二十五年（1899）	宣统三年（1911，裁府前）
天津县	0	15	8
静海县	2	8	1
青县	7	9	3
沧州	2	17	4
南皮	2	7	2
盐山	9	22	3
庆云	2	4	0
合计	24	82	21

从表3-7可以看到,天津府辖镇的数量从乾隆时期到清末是先呈大幅度上升再大幅减少的趋势。到光绪二十五年(1899)左右,天津府下辖镇数量增长到原来的近4倍,其中涨幅最大的是天津县,由无下辖镇增加到了15个,其次是沧州,增加到原来的8.5倍,再次是静海、南皮,增加到原先的4倍左右,之后是盐山和庆云,也在原基础上翻倍,最后是青县,涨幅近三成。然而,自此至裁府前的十余年间,镇的数量又大幅度减少,甚至总量上略低于建府早期的水平。具体到各州县来看,静海、青县、盐山、庆云县的下辖镇都大幅减少到了低于建府早期的数量,南皮县则与建府早期的数量持平,只有天津县和沧州还能保持大于建府早期的水平。天津县成为其时天津府内下辖镇最多的州县。

如果天津府的情况是具有一定代表性的反映,那么前文所述直隶省下辖镇的变化也应是在清代结束前曾有一个更为巨大的数量增长时期,然后再到清代覆灭前夕的这段时间又出现大幅度的减少,尽管在个别府州下辖镇爆发式增长的掩盖下仍然呈现出总体数量增长的面貌,但无法掩盖和解释大量府州的下辖镇大量减少的事实。也就是说,从乾隆时期到清末这段时间里,以两个时间节点观测到的直隶省下辖镇的数量随时间增加的规律虽然符合预期,但却掩蔽了聚落动态变化的波动性和阶段性。至少可以推测,从清中期到清末的时间区间里包含两个聚落发展阶段,前者是一个时间相对较长的、体现中国传统时期特点的聚落积累发展的阶段,后者是一个时间较短的、外来力量介入与中国社会应变所带来的激烈变化阶段。

通过表3-8可以更具体地看到天津府下辖镇的变化情况,表中将镇的变化分为3种情况,即兴(前无今有)、废(前有今无)、延续(前有今有)。从乾隆时期到光绪二十五年(1899)这个时间区间,镇的变化特点是大量新兴、稳定延续、少量裁废。这是聚落稳定增长趋势的体现,它展现出一幅稳定的聚落动态发展的面貌。而随后的十几年间,镇的变化特点是个别新兴、少量延续、大批裁废。这种聚落激烈变化、调整的态势似乎也是清末社会激烈变化的映射。中国社会前后不同的发展道路所带来的变化正通过各种现象展现,聚落是人类生活的聚居地,也是人类社会的缩影,社会的变革必将在聚落发展变化的景象中有所展现。

表3-8 天津府辖镇变化汇总表

州县	乾隆时期	清末					
		光绪二十五年(1899)			裁府前(1911)		
		前有今有	前无今有	前有今无	前有今有	前无今有	前有今无
天津县	无	无	咸水沽镇、双港镇、三河镇、旱沟镇、蒲口镇、灰堆镇、杨柳青、西沽镇、丁字沽镇、北仓镇、新农镇、白塘口镇、葛沽镇、新城镇、桃花口镇	无	咸水沽镇、双港镇、三河镇、旱沤沟镇、蒲沟镇	大沽镇、北码头镇、赵家场镇	灰堆镇、杨柳青、西沽镇、丁字沽镇、北仓镇、新农镇、白塘口镇、葛沽镇、新城镇、桃花口镇

州县	乾隆时期	清末					
		光绪二十五年(1899)			裁府前(1911)		
		前有今有	前无今有	前有今无	前有今有	前无今有	前有今无
静海县	独流镇、子牙镇	独流镇、东子牙镇	四党口、大中旺镇、良王庄镇、唐官屯镇、陈官屯镇、瓦子头镇	无	独流镇	无	东子牙镇、四党口、大中旺镇、良王庄镇、唐官屯镇、陈官屯镇、瓦子头镇
青县	兴济镇、杜林镇、新集镇、崇仙镇、流河镇、长芦镇、砖河镇	兴济镇、杜林镇、新集镇、崇仙镇、流河镇	李镇、大兴镇、马厂镇、黄洼镇	长芦镇、砖河镇	兴济镇、杜林镇	长芦镇	新集镇、崇仙镇、流河镇、李镇、大兴镇、马厂镇、黄洼镇
沧州	同居镇、合口镇	同居镇	砖河镇、岐口镇、捷地镇、旧州、凤化店、马落坡镇、毕孟镇、北堡、五龙堂镇、狼儿口镇、新县镇、王寺镇、小集镇、孟村镇、李村镇、吕家桥	合口镇	砖河镇、祁口镇、捷地镇、旧州镇	无	同居镇、凤化店、马落坡镇、毕孟镇、北堡、五龙堂镇、狼儿口镇、新县镇、王寺镇、小集镇、孟村镇、李村镇、吕家桥
南皮县	底桥镇、刁公楼镇	砥桥镇	薛家窝镇、冯家口、董村镇、泊头镇、路灌镇、半壁店镇	刁公楼镇	薛家窝镇、冯家口镇	无	砥桥镇、董村镇、泊头镇、路灌镇、半壁店镇

续表

州县	乾隆时期	清末					
		光绪二十五年(1899)			裁府前(1911)		
		前有今有	前无今有	前有今无	前有今有	前无今有	前有今无
盐山县	韩村镇、高家湾镇、海丰镇、崔家口镇、望树镇、常郭镇、苏基镇、杨二庄镇、菜园镇	韩村镇、高湾镇、海丰镇、崔口镇、望树镇、常郭镇、苏基镇、羊二庄镇	贾象镇、大王镇、狼坨子、赵毛陶镇、丁村镇、韩集镇、旧县镇、孟店镇、杨家集镇、毛家集、新店镇、周郭镇、才元镇、旧高城镇	菜园镇	韩村镇、高家湾镇、狼坨子镇	无	海丰镇、崔口镇、望树镇、常郭镇、苏基镇、羊二庄镇、贾象镇、大王镇、赵毛陶镇、丁村镇、韩集镇、旧县镇、孟店镇、杨家集镇、毛家集、新店镇、周郭镇、才元镇、旧高城镇
庆云县	无棣镇、分水镇	无	严家务镇、尚家堂镇、解家集镇、黑牛王镇	无棣镇、分水镇	无	无	严家务镇、尚家堂镇、解家集镇、黑牛王镇

二、空间分布

从天津府设立之初到清末这段时期,其下辖州县内的镇发生了很大的变化,上文已经从数量上将这一变化进行了整理分析,本部分再就其空间分布的规律加以探索。

依据光绪《重修天津府志》中关于天津府所属六县一州下辖镇的记载和其所附的天津府图,绘制成图3-3。

在空间分布上,天津府早期北部及东北部镇的分布空白得到了填补。

特别是北部的天津县,增加了 15 个镇,呈西北向东南带状分布。静海县辖镇的分布也突破原有偏西向的趋势,逐渐向东扩展到运河沿岸,而且县境东侧出现了四党口镇和大中旺镇。沧州下辖镇也增加不少,但没有向东北方向发展。由此,天津府早期的"无镇区"极大地缩小了,但中部偏东地区,即天津县南部、静海县东部和沧州东北部的三州县交界地区仍没有镇分布其间。从图上仅能看到一条南北向道路从天津县南部穿过,通往沧州岐口镇,此外,既无河流分布,又无其他道路纵横。由此推测,应是匮乏的交通线路制约了该地区的聚落发展。

从地形分布来看,天津府的镇除了位于前文提到过的河流、道路、两县交界三类地点外,又出现了位于海口附近的镇,即沧州的岐口镇和盐山县的狼坨子镇,前者驻有守备,后者驻有千总(见附录6),应是为了加强海防而设。同时,分布于河流、道路、两县交界这三类地点的镇都有所增加。其中分布于两县交界处增长最少,仅有静海县与大城县交界的瓦子头镇。而河流、道路沿线的镇增加较多,运河沿岸的镇增至 22 个,较之前的 6 个增加了近 3 倍,其他河流沿岸有镇 22 个,较之前的 9 个增加了近 1.5 倍。道路沿线有镇 32 个,比之前的 7 个多了 3.5 倍。这就构成了由河流为主、道路为辅来连接沟通的城、镇一级聚落网。

具体来看,流经天津府西部的大运河沿岸分布了大量的镇及 5 座城市,形成了一条南北向的城镇带,加上东西流向上的河流(由北向南依次分布的海河、兴济减河、浮河、宣惠河、鬲津河)沿岸分布的镇,构成了一个由河道联通的聚落网。特别是运河沿岸的聚落分布接近均匀,已经达到每隔一段相差不大的距离就有一座城或镇的水平。

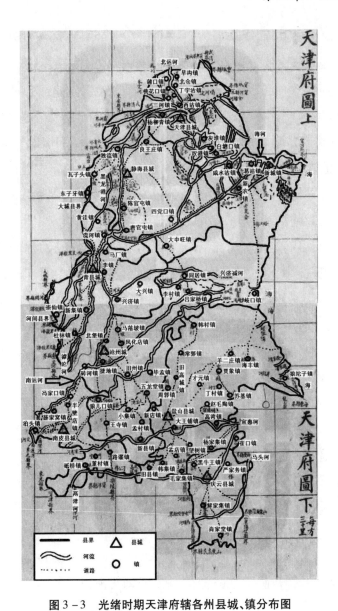

图3-3　光绪时期天津府辖各州县城、镇分布图

图片来源:此图以光绪《续修天津府志》卷十九《舆地》中《天津府图》[见来新夏、郭凤岐:《天津通志·旧志点校卷(上)》,天津:南开大学出版社,2001年,第887—888页。]为底图加工绘制而成。

从政区分布来看,天津府六县一州下辖镇的分布各有其特点。其中河流资源较为丰富的天津县和青县的镇大多分布在河流沿岸。前者以位于南、北运河和海河交界之三岔口内侧的天津城为中心,形成北向北运河、西向南运河、东南向海河沿岸的镇一级聚落分布带,涵盖了除新农镇以外的 14 个镇。后者的镇主要分布在南运河和滹沱河沿岸,形成两条南北向平行的聚落分布带。只有大兴镇和崇仙镇分别位于东西向的兴济减河沿岸和青县与河间县交界处。而水系分布较少的盐山县和庆云县的镇则大多位于道路沿线,构成由陆路交通连接的聚落网。其余静海县、沧州、南皮县的镇则是位于河流沿岸、道路沿线皆有,形成了由河流、道路相结合的方式联通的复式聚落网。

综上,图 3-3 展现了中国传统时期聚落发展的典型面貌,城、镇大多分布在河流、道路沿线,作为县一级地区中心的县城与次一级地区中心的镇较为均匀地分布在该地区的界域内,其辐射面基本涵盖整个辖境,并由河流、道路相连接,构成了城、镇二级中心聚落分布网。

若将图 3-3 与表 3-7、表 3-8 中汇总的天津府裁撤前夕下辖镇的情况相结合,还可以对清末这短短十余年间的分布变化再有所了解。数量上的大幅度减少已在上文有所阐述,将其反映在空间上,则呈现北部的天津县保留了最多的镇,属于天津府下辖镇分布最为密集的地区,而其余各州县只保留了最多不到三分之一的镇,因此均呈现出松散稀疏的状态,最南部的庆云县甚至一个镇也未能保留。从地形上看,所保留的镇中,八成以上是分布在河流沿岸,在道路交会处的仅有一个韩村镇。但值得注意的是,分布在海岸附近的岐口镇和狼坨子镇都得以保留。再从其时保留镇最多的天津县来看,虽然整体数量上,从 15 个减少到了 8 个,少了一半,但这种减少应另有别情。结合前文天津城市在此时期的空间变化来看,无论是沿海河两岸向西南方向发展的租界还是老城北部新开发建设的新城都将天津城市的空间做了极大的拓展,在这一过程中,部分原先的镇被融合,成为天津城市的一部分。再加上清末天津城市地位的大幅度提高,现代交通方式的逐渐兴起,其作为中心聚落的辐射范围势必也会进一步扩大,这都会影响周围次一级中心聚落的形成、存在与分布。

自清道光二十年(1840)中国古老封闭的大门被迫打开,天津城市的发展也被迫受到外来力量的影响,但其发挥作用尚需时日,而传统力量的惯性还在推动着社会发展。光绪《重修天津府志》中所反映的天津府数量众多、分布密集有序的镇就是很好的体现。但是传统力量的惯性终将无以为继,随着时代的发展,中国逐渐迈向近代化的进程,天津县(府)城的扩展融合周围辖镇的模式,正是这一时期城、镇体系变化的体现。城市在近代化浪潮的影响下,进入了新的发展时期,这必将打破以其为中心的聚落体系的格局。新的城市建设、管理理念,新兴的交通方式,不仅给城市空间、景观带来巨大变化,也使城市的辐射范围扩大,更是给聚落的发展提供了新的动力和选择。依靠传统力量维系的城镇聚落若不能及时找到新的发展动力则终将逐渐衰退,如大运河沿岸依靠漕运繁荣一时的大量城镇皆属此列。同时,能适应新时期发展模式的新兴城镇将逐渐崛起,如依靠港口、铁路发展起来的城镇等。《清史稿·地理志》中所反映的清末天津府裁撤前的面貌正是这一新旧力量交替过程中去旧兴新过程的体现,虽然表面上大量的镇消失,但实是新的城镇体系布局的开始,是打破旧的体系、建立新的体系过程中的环节之一。

第三节 "镇"兴起的动力
——以杨柳青镇与新农镇为例

《大清一统志》将有关"镇"的记载列入"关隘"项,说明在清代"镇"的属性中,最主要还是需要驻兵戍守的关津要隘。但也不能否认镇在军事以外的发展,因为镇所设置的地方往往处于交通枢纽位置,在没有现代化交通的时代,山口、孔道、沿河码头等水陆要冲既是军事重地,也更有可能成为当地的贸易活动活跃之地,若附近还有可依托的特定资源或手工业,也能为镇的进一步发展提供条件。本节以杨柳青镇与新农镇为例,通过对比其起源发展,来看镇的发展动因。

一、杨柳青镇起源与发展

杨柳青位于卫河(即南运河)沿岸,据民国《杨柳青小志》载:"卫河,由静海属之独流东来抵杨柳青,西边之碾锤嘴地方作一弯曲,始东直行,画村为南北。"①可见杨柳青的地理位置较为优越,位于水路要冲之地。在金代已经逐步形成聚落,据《金史》卷一○三《列传第四十一·完颜佐传》:"完颜佐本姓梁氏,初为武清县巡检。完颜咬住本姓李氏,为柳口镇巡检。久之,以佐为都统,咬住副之,戍直沽寨。"②《杨柳青小志》称:"柳口,在静海县,即杨柳青。"③依据文献可见,《金史》中提到的柳口镇即为今日杨柳青镇的前身。郑民德进一步指出,"柳口"初名"流口",即众水汇聚入海之意,后因为该地杨柳遍布,又称"柳口"。④ 金代柳口镇,即杨柳青的军事性质明显,军队驻扎带来一定程度的人口聚集,随之会促进周边商业、手工业的发展,但仅限于围绕军队服务的商业发展毕竟有限。

元代建都大都(今北京),需要大量生活物资供给,初期由河运进行,但由于内河运渠狭窄,又经常淤浅,所以元代漕运不久便实行海运。海船无法直达大都,需要在直沽中转,刺激了直沽的发展,但对内河沿岸的杨柳青来说,影响很小。"元诗四大家"之一揭傒斯在其《杨柳青谣》一诗中对元代杨柳青的风貌有所展现。诗道:"杨柳青青河水黄,河流两岸苇篱长。河东女嫁河西郎,河西烧烛河东光。日日相迎苇檐下,朝朝相送苇篱旁。河边病叟常回首,送儿北去还南走。昨日临清卖苇回,今日贩鱼桃花口。连年水旱更无蚕,丁力夫徭百不堪。天生罔罟作田园,不教衣食看人面。男大还娶渔家女,女大还作渔家妇。朝朝骨肉在眼前,年年生计大江边。更愿官中减征赋,有钱沽酒供醉眠。虽无余羡无不足,何用世上千种

① 民国《杨柳青小志·河流》,来新夏、郭凤岐:《天津通志·旧志点校卷(下)》,天津:南开大学出版社,2001年,第679页。
② (元)脱脱:《金史》卷一○三《列传第四十一·完颜佐传》,北京:中华书局,1975年,第2273页。
③ 民国《杨柳青小志·疆域》,来新夏、郭凤岐:《天津通志·旧志点校卷(下)》,天津:南开大学出版社,2001年,第679页。
④ 郑民德、刘杨:《京杭大运河与城镇变迁——以清代天津杨柳青为视角的历史考察》,《聊城大学学报(社会科学版)》2014年第4期,第8页。

禄。"①由诗中所描绘的景象可以看到元代杨柳青地方不大,居民多以耕作、捕鱼、采苇为生。虽然有"卖苇""贩鱼",但尽是将地方资源在附近进行简单的交换,还不能算作商业的发展。

明代建立以后,先是罢黜海运,以内河运输为漕运的主要方式,随着永乐迁都北京,京杭大运河越加繁荣,沿岸各级聚落都得到很大发展。南运河从杨柳青中穿过,给杨柳青提供了交通便利,明代在这里设立了杨青驿与杨青水驿[嘉靖十九年(1540)移驻天津城外]②。嘉靖初年杨柳青已成为商家云集,货来八方之地。③ 但史料中对杨柳青经济、人口等方面发展的具体记载十分罕有。相关地方志中所收录的艺文,对杨柳青的描写也尽是描写景色或抒发情怀,能反映当时风貌的描写几乎没有。可见,当时杨柳青虽有一定程度的发展,但总体上仍是运河沿岸一座风景秀丽的小镇,还不能跻身商业重镇的行列。

入清以后,杨柳青有了长足的发展。在行政管理上,乾隆三年(1738)原驻于武清县王庆坨三角淀的通判移驻于杨柳青。④ 置杨柳青汛,设把总一员(城守营),外委把总一员(分防河东汛),马兵二名,守兵三十一名。清代通判也称为"分府",正六品,配置于地方建制的府或州,辅助知府政务。将这一级别的官员移驻于杨柳青,说明对此地的重视。在商业上,民间三大木版年画之一的杨柳青年画于乾隆年间进入极盛时期,有"戴廉增"等年画作坊百余家,从业者三千之众,形成以杨柳青为中心的画乡,年画商品行销华北、东北等地。⑤ 同时,水运交通便利的优势给杨柳青的发展提供了条件,据《杨柳青小志》所载:"杨柳青有运河及盐

---

① (元)揭傒斯:《文安集》卷一,《钦定四库全书会要·集部》,摘藻堂钞本,第23页。

② 乾隆《天津县志》卷七《城池公署志》,来新夏、郭凤岐:《天津通志·旧志点校卷(中)》,天津:南开大学出版社,2001年,第75页。

③ 张惯文:《天津名街名镇》,天津:天津社会科学院出版社,2002年,第4页。

④ (清)陈琮:《永定河志》卷九《建置考》,乾隆五十四年钞本,第15页。

⑤ 张惯文:《天津名街名镇》,天津:天津社会科学院出版社,2002年,第4页。

河之交通,人民因之多业商,而客于四方,农圃者仅百分之一二耳。"从杨柳青居民的从业类别和比例来看,其商业发展十分繁荣。清末更是将生意做到了新疆,当时称为"赶大营"。据《杨柳青小志》记载:"咸、同以后,往新疆者曰'赶大营',左文襄定新疆之驻兵所在也。其始也多畏其远,而往者少,得利易,其后往者见多,而得利较难,杨柳青村人往新疆者日积繁多,于是乌鲁木齐之旁有新村,曰'杨柳青',杨柳青人之所聚居也。"

然而,清代杨柳青在稳步发展的同时也受到战乱和运河停运的影响。清末太平天国、义和团运动对杨柳青的打击十分严重,不但导致商人逃散、百姓流离失所,还使地方秩序遭到破坏,使得经济出现衰退。[1] 清末,战乱、河道淤塞使得京杭大运河逐步停运,给运河沿岸的城镇发展带来极大的冲击,杨柳青也势必会受到影响。值得庆幸的是,清末修建的津浦铁路仍可惠及杨柳青,赶上近代化交通方式转变的浪潮,使其年画等产品能更迅速地行销全国各地,实现了从传统运河漕运到近代铁路运输方式的转变。

二、新农镇的起源与发展

新农镇即小站镇,据《小站镇志》记载,小站原是一片盐碱低洼、芦苇丛生之地,虽在元、明两朝曾有官吏到此试办屯垦,以期开发荒地,但都因缺乏水源未获成功。[2]

同治九年(1870)发生"天津教案",即俗称的火烧望海楼事件,英、法、美三国军舰集结大沽口,同治皇帝调李鸿章的淮军驻扎京畿。不久后,李鸿章接替崇厚出任直隶总督,将其亲军营,即周盛传部盛字军,约九

---

① 郑民德、刘杨:《京杭大运河与城镇变迁——以清代天津杨柳青为视角的历史考察》,《聊城大学学报(社会科学版)》2014 年第 4 期,第 12 页。
② 小站镇志编修委员会:《小站镇志》,小站镇志编修委员会编印,1993 年,第 2 页。

千余人调往天津,于次年在青县马厂驻扎。同治十二年(1873),李鸿章命周盛传率军在津南地区的新城修建炮台等设施,以便加强近海地区的防卫。为了便于调动军队,传递军情,方便马厂与新城炮台之间的联系,周盛传又带领盛字军修筑了马厂至新城的道路,并在沿途设立了 15 个驿站,每 5 千米设一小站,每 10 千米设一大站。① 光绪元年(1875),盛字军除马队之外的其余各营移驻潘永安坟地附近驻扎,由于此地居民稀少,商贩几乎绝迹,为此,在潘永安坟地之小站东侧筑城,并命名为新农镇,由于其地处大沽以西的第 5 个驿站,士兵习惯称其为小站镇。②

自周盛传小站练兵开始,此地成为中国近代的练兵重地。先后又有胡燏棻、袁世凯、张之洞、段祺瑞等人在此编练定武军、新建陆军、北洋军、振武军。之所以选择小站一带练兵,是因为在清末对外防御体系中,此地地理位置特殊,具有重要的战略地位。当时的小站包括马厂、新城、祁口以及津南和大港沿海一带,既面临海岸线,又可控制海河航道,是重要的军事防线之一。此外,周盛传在此屯兵驻扎其间成功地对新农镇的建设和开发也使小站具备了练兵的有利条件,也为新农镇日后的发展提供了军事以外的发展动力。

李鸿章出任直隶总督后,为了解决军费问题,令周盛传在练兵备战,执行戍守任务的同时进行屯垦,采取了兴修水利、开闸建桥、开荒屯田等一系列民政措施。据《小站镇志》所载,周盛传于光绪元年(1875)动工开挖马厂减河,引南运河水灌溉稻田,种植出质优味好的小站稻。开河、屯田需要大量劳动力,不仅解决了附近民众的生活问题,还汇聚了大量人口,从而促进了商业的发展。光绪三年(1877)周盛传就在小站修城门、盖住房、修街道,招来商贩开设商店。即使在光绪十一年(1885)周盛传病逝后,其兄弟周盛波继任官职,继续在小站修建大街、民房、会馆、戏

---

① 方兆麟:《小站练兵的由来》,《文史精华》2004 年第 9 期,第 60 页。
② 刘连芳:《周盛传与盛军述略》,东北师范大学硕士学位论文,2011 年,第 21 页。

楼等。①

周盛传、周盛波兄弟在小站练兵、屯田,成为新农镇兴起与发展的基础,随着日后袁世凯等在小站的大规模练兵,更进一步推动了新农镇的发展。据《中国农村惯行调查》所统计的数据显示,1941 年时小站人口达到9095 人,居民职业达 38 种之多,即杂货、棉布、广货、药、杂粮、银楼、酱园、面食业、木铺、估衣、自行车、米面、肉、鱼、青菜庄、煤、鲜货菜食、估物、棉花铺、铁炉、客店、镶牙、照相、成衣局、代当业、彩扎作、理发、撑鞋铺、水铺、澡堂、烟业、洋铁、山货、皮革、书局、刻字铺、大车行、铁工厂。② 从光绪元年(1875)周盛传在小站筑城建镇,到 1941 年短短六十余年间,小站在近代中国动荡不安的大环境下,从芦苇丛生的不毛之地发展成为人口近万,商业繁荣的津南名镇。

三、"镇"兴起的动力探析

"镇"的军事属性由来已久,清代"镇"的属性中仍然以军事为核心或起源。军队驻扎会带来人口的汇集,带动商业、相关手工业的发展,但仅靠军队或在军队撤出后,能否维持繁荣和发展还需要其他方面的条件发生作用。本段以杨柳青镇与新农镇为例,探讨"镇"的军事属性之外的发展动力。

杨柳青镇与新农镇的起源时间相差很远,但早期皆是军队戍守之地。军队带来的人口汇集都成为其发展的原始动因之一。但仅靠这一点是不能达到两镇日后所能发展的水平,还需要其他条件共同发生作用。

因为镇所设置的地方往往处于交通枢纽位置,限于传统的交通方式,

---

① 小站镇志编修委员会:《小站镇志》,小站镇志编修委员会编印,1993 年,第 3 页。

② [日]中国农村惯行调查刊行会:《中国农村惯行调查》,岩波书店,1958 年,第181—183 页。

山口、孔道、沿河码头等水陆要冲既是军事重地,也更有可能成为当地的贸易活动活跃之地。杨柳青镇就属于这种情况,南运河穿镇而过,提供了极佳的交通条件,为人口、商品的汇集、流通提供了交通保障。在此基础上,运河漕运的发展给杨柳青的发展提供了强劲的动力,沿运河往来的船只、商人及其所携带的货物都给包括杨柳青镇在内的运河城镇带来了勃勃生机,再加上杨柳青本镇木版年画的特色手工业,给杨柳青镇的商业发展带来了源源不断的动力。

新农镇位于海防重地,其交通条件不如杨柳青镇。同时,新农镇也没有可依托的特定资源,是一片盐碱低洼、芦苇丛生之地。此外,这里人迹稀少,商贩绝迹,更谈不上有特色的手工业。设立之初,驻军自身的供给都不能保证,更谈不上刺激商业的发展。但是,通过人为的系统经营和改造,创造了发展的条件。首先是兴修水利,开荒屯垦,一方面培育出了质优味好的小站稻,既能解决军粮问题,又创造了特色资源,为商品交换提供了可能;另一方面,兴修水利和开荒屯田都需要大量劳动力,从而汇集了大量的人口,为商业发展提供了需求。而且还主动招揽商户,完善了供给关系。再有计划地兴建房屋、街道、戏楼等,提供了硬件设施的保障。一系列的措施使得新农镇得以快速发展,即使是戍守的盛字军调离覆灭,也没有对新农镇的发展产生负面打击,反而新农镇的发展使其成为近代练兵重地,吸引后续军事人口的汇集,保障了新农镇的持续发展。

综上,杨柳青镇与新农镇皆是以军事戍守之地为始,前者依托交通、运河漕运、地方特色手工业,逐渐由打鱼耕田的传统村落转变为商业市镇。后者则与之相反,在不毛之地上,通过人为的系统规划,以屯垦兴农为起点,汇集人口,创造特色资源,逐渐发展成以特色资源为依托的市镇。可见,聚落的兴起和发展是综合因素的结果,其发展的动力是多元的,既可以是天然优势的发挥,也可以是人为规划的结果。但无论是哪一种条件起作用,都需要顺应当时社会发展的趋势,才能顺势而起,事半功倍。

第四章
天津府的村落

　　《史记·五帝本纪》中有"一年而所居成聚,二年成邑,三年成都"的说法,其注释中称:"聚,谓村落也。"[1]可见村落是聚落的基本形态,且数量庞大、分布广泛,是讨论聚落问题中不容忽视的重要内容。

　　有关天津府的村落资料多收录于府志与各州县志等地方志材料中,其中成书于乾隆四年(1739)的《天津府志》和成书于光绪二十五年(1899)的《重修天津府志》中都详细记载了天津府的村落情况。为了能从更多的时间观测点来考察村落的变化,还可以结合各州县的地方志资料,但由于各州县编修地方志的次数、时间不一,本章将分别对天津府辖六县一州的村落进行讨论。

---

① 　（西汉）司马迁:《史记》,北京:中华书局,1959年,第34页。

第一节　天津县的村落数量与空间分布

　　清代天津府辖天津县的村落信息,除了在《天津府志》《重修天津府志》中有所反映之外,成书于乾隆四年(1739)的《天津县志》、道光二十六年(1846)的《津门保甲图说》中也都有详细的记载。此外,成书于乾隆十八年(1753)的《畿辅义仓图》可以反映当时的村落分布情况。

一、乾隆四年天津县村落数量与分布

1.村落数量

　　乾隆四年(1739)有《天津府志》《天津县志》两部地方志,皆记载了天津县的村落信息。从数量上看,两部方志记载的村落数量一致,共计 315个村庄,分属东、南、西、北四路。其中各路村落的数量也保持一致,即东路 86 村庄,南路 100 村庄,西路 52 村庄,北路 77 村庄。再将村落名称进行对比,发现其中存在微小的差异(见表 4 - 1)。这些村名差异主要表现为三种情况,一是村名中使用了同音不同形的单字,如"尼窝—泥窝""白唐口—白塘口""芦家嘴—卢家嘴""大将家庄—大蒋家庄""小将家庄—小蒋家庄"等;二是村名中缺字,如"小稍口—小稍直口""子新庄—达子新庄";三是村名中的关键字不同,如"大赵北庄—大赵八庄""詹家庄—唐家庄""倪家台—侯家台""艄家庄—穆家庄"。前两种情况应是抄录错误造成的,实则指的是同一个村落。而第三种既可能是抄录错误造成的,也可能是确实存在村落的变化所致。

表4-1 乾隆四年天津县村落名称差异汇总表

分区	乾隆《天津府志》	乾隆《天津县志》
东路	尼窝	泥窝
	大赵北庄	大赵八庄
	詹家庄	唐家庄
南路	白唐口	白塘口
	芦家嘴	卢家嘴
西路	倪家台	侯家台
	小稍口	小稍直口
	大将家庄	大蒋家庄
	小将家庄	小蒋家庄
北路	子新庄	达子新庄
	艄家庄	穆家庄

资料来源:表内信息源自乾隆《天津府志》卷八《乡都户口志》,来新夏、郭凤岐:《天津通志·旧志点校卷(上)》,天津:南开大学出版社,2001年,第169—170页。乾隆《天津县志》卷四《形胜疆域志(附乡都)》,来新夏、郭凤岐:《天津通志·旧志点校卷(中)》,天津:南开大学出版社,2001年,第50—52页。

据乾隆《天津县志》所载:"雍正三年改天津卫为州,将卫辖一百四十三屯就近并入武清、静海、青县、沧州、南皮,又归拨武清、静海、沧州三州县地凡二百六十七村庄入天津州。九年设天津府,改州为县,附郭永为畿

辅大都会云。"①可见天津县设立之初共辖 267 个村落,到乾隆四年
(1739)已经增至 315 个,14 年间增加了 48 个村落。

2. 空间分布

清乾隆四年(1739)天津县境内共有村落 315 个,按方向分属四个区
域。从空间上来看,南路的村落数量最多,东路和北路次之,西路最少,仅
有南路的一半。但由图 4 – 1 可以看到,以天津县城为中心,按方位划分
的各区域面积差异较大。这主要是由于天津县城并不在其辖境的中心位
置,而是偏向西北方向,再加上天津县境呈西北向东南狭长的形状,从而
形成了南部地区最大,东部次之,北部和西部最小的区域差异。各区面积
与各区村落数量成正比,但分布并不均匀,越是靠近天津县城,村落分布
越是密集,远端则较为稀疏,特别是南部地区,这种现象最为明显。

从地形上看,天津县总体上水系分布密集,村落大多数都在河流沿
岸,但也呈现出集中趋势。天津县内最主要的河流是南运河、北运河和海
河,天津县城位于三条河流交汇的三岔口内侧,众多村落位于这三条河流
沿岸且向县城方向集中,从而形成了以县城为中心,村落呈北向北运河沿
岸,西向南运河沿岸,东南向海河沿岸的带状分布,与前文所述天津县下
辖镇的分布趋势一致。

---

① 乾隆《天津县志》卷三《地域志》,来新夏、郭凤岐:《天津通志·旧志点校卷
(中)》,天津:南开大学出版社,2001 年,第 47 页。

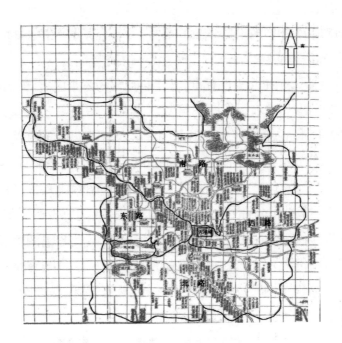

图 4 - 1　清代天津府城市分布示意图

图片来源:此图以《畿辅义仓图》中《天津县图》

[(清)方观承:《畿辅义仓图》,台北:成文出版社 1970 年

影印本,第 125 页。]为底图绘制。

二、道光二十六年天津县村落数量与分布

1. 村落数量

《津门保甲图说》成书于道光二十六年(1846),共计两函十二册,是一部官刻的关于天津海口民防事务的图书,其中除了收录保甲有关的各类公文之外,还附有 181 幅图,将天津县境内的地形、村落等描绘出来。

每幅图前列出了图中聚落的数量和名称,为研究其时天津县的村落数量及分布提供了基础。

按照《津门保甲图说》的标准,天津县被分为8个区域,即城厢区(由《县城内图说第一》《东门外图说第二》《西门外图说第三》《南门外图说第四》《北门外图说第五》《东北城角图说第六》《西北城角图说第七》等7幅图构成)、北面及东北区(由《北面东北一带村庄图说》共计14幅图构成)、西北区(由《西北一带村庄图说》共计18幅图构成)、西区(由《西面一带村庄图说》共计4幅图构成)、西南区(由《西南一带村庄图说》共计26幅图构成)、东南区(由《东南一带村庄图说》共计8幅图构成)、东南区(由《东南一带村庄图说》共计72幅图构成)、南区(由《南面一带村庄图说》共计30幅图构成)。为了便于比较,根据《津门保甲图说》中记载的村落信息,分区统计汇总成表4-2。

表4-2　道光二十六年天津县村落数量统计表

区域	图数	村落数量	平均数
城厢区	7	14	2
北面及东北区	14	25	1.78
西北区	18	57	3.17
西区	4	12	3
西南区	26	48	1.85
东区	8	24	3
东南区	72	149	2.07
南区	30	76	2.53
天津县	179	405	2.26

资料来源:表内信息源自《津门保甲图说》,来新夏、郭凤岐:《天津通志·旧志点校卷(下)》,天津:南开大学出版社,2001年,第435—613页。

由表4-2可以看到,道光二十六年(1846)天津县的村落数量达到405个,较乾隆四年(1739)的315个村落增加了90个,两个时间节点相隔107年,天津县的村落数量在以每年0.84个村落的速度递增,较之前乾隆四年(1739),14年间增加48个村落的每年3.4个村落的递增速度减少了3倍。可见天津县的聚落增长,由早期的快速增长期逐渐转变成为缓慢增长期。

2. 空间分布

清道光二十六年(1846)天津县境内共有村落405个,按照《津门保甲图说》中的标准分成8个区域(见图4-2),即城厢区、北面及东北区、西北区、西区、西南区、东区、东南区、南区。

从空间上看,东南方向村落最多,占村落总数的36.8%,南区次之,占村落总数的18.8%,西北区排第三,占村落总数的14.1%,后面第四至第八依次是西南区、北面及东北区、东区、城厢区、西区,分布在其间的村落数量分别占村落总数的11.9%、6.2%、5.9%、3.5%、3%。但结合图4-2可以看到,各区域面积差异很大,村落数量与区域面积成正比,由表4-2中列出的表示各区的图数可以从量化的角度显示各区域的空间差异。将各区域分布的村落数量与表现各区域的图数相比,可以得到各区平均每幅图中的村落数量,它表现了村落的密集程度。由此平均数(见表4-2)再看各区村落分布,西北区村落分布密度最大,西区与东区次之。这一排序与以村落绝对数量排序出入很大,村落数量最多的东南方向以及次之的南区都没进前三,反而村落绝对数量排在后面的东区与西区进入前三之列,西北区则跃居第一。也就是说西北区、西区和东区呈现出地少村密的情况。这种村落分布情况从地形上看会比较容易理解,这三个区域分别在北运河、南运河、海河流域,是当时最主要的交通线路,其中西北区指的就是北运河两岸的区域,因此村落分布最为密集,排在全县首位,西区和东区虽然仅在南运河和海河一侧,但是都接近天津县城。由于南运河和海河分别在天津县城北门外和东门外,所以天津县城的商业聚集地段主要集中在这两个方向。而与这两个方向联系较为紧密的西区、东区自然受到的影响最大。作为中心聚落的天津县城,其辐射能力更多地影响了接近北部和东部的地区。

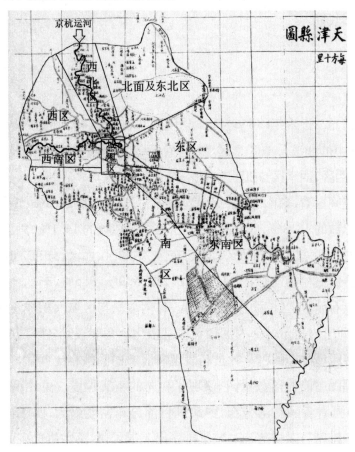

图 4 - 2　天津县分区示意图

图片来源:此图以光绪《畿辅通志》中《天津县图》(见天津市
规划局编著:《天津城市历史地图选编》,天津:天津古籍出版社,
2004 年,第 71 页。)为底图加工绘制而成。

三、光绪二十五年天津县村落数量与分布

1. 村落数量

清光绪二十五年(1899)成书的《重修天津府志》详细记载了天津县的村落,并与乾隆四年(1739)成书的《天津府志》与乾隆十八年(1753)成书的《畿辅义仓图》中的村落信息做了对比,不仅反映了当时的村落情况,还对村落的变化也有所展现(见表4－3)。

表4－3　光绪二十五年天津县村落数量统计表

分区	村落数量	前有今有	前无今有		前有今无	实际增长
			仓有	仓无		
东乡	81	67	3	11	8	6
南乡	121	84	10	27	14	23
西乡	69	49	7	13	5	15
北乡	102	79	6	17	6	17
合计	373	279	26	68	33	61

资料来源:《重修天津府志》卷二十五《舆地(五)·城乡》,来新夏、郭凤岐:《天津通志·旧志点校卷(上)》,天津:南开大学出版社,2001年,第966—968页。

注:"仓"字指代《畿辅义仓图》,后文同。

由表4－3显示,截至光绪二十五年(1899),天津县境内共有373个村庄,总的来说,较乾隆四年(1739)《天津府志》中的记载有所增加,但仔细对比可见,既有新增的村落,也有消失的村落,其中新增村落中有的出现较早,通过与乾隆十八年(1753)《畿辅义仓图》对比发现,有28%的村落在乾隆十八年(1753)已经出现,其余则在其后的近150年间陆续出现。同时,在两部府志相距的160年间,也有33个村落消失。此消彼长之下,

实际增长村落61个。

具体到各区来看,南乡有村落121个,其中从乾隆四年(1739)延续至光绪二十五年(1899)的有84个,新增村落中,乾隆十八年(1753)已经出现的有10个,即路庄、辛家庄、张道口、郭黄庄、王家庄、王家庄、辛家庄、道沟庄、高沙岭、白沙头;其后陆续出现的有27个,即紫竹林、吴家窑、西楼、小王庄、东楼、侯家道口、倪黄庄、高园、蛮子营、许家台、张家台、蔡新庄、徐新庄、韩家庄、老鼠套、长港、草堡、周家庄、大站、新开路、南天门、上沽林、殷家庄、粮台、新城、南开庄、唐巨河。消失的村庄有14个,即靳家园、炮台、前小儿庄、后小儿庄、李七家庄、郭家村、宋家庄、凌家庄、李家庄、营房、杨回庄、梁子上、班家楼、陈林庄。实际增加了23个村落,排在各乡首位。北乡有村落102个,其中从乾隆四年(1739)延续至光绪二十五年(1899)的有79个,新增村落中,乾隆十八年(1753)已经出现的有6个,即杨家堤、桃花口、北仓、大张庄、唐家湾、徐家堡;其后陆续出现的有17个,即郝家堡、火药房、王新庄、李新庄、钱官房、西于庄、东于庄、前常家堡、后常家堡、李家场、安家庄、东堤、西堤、锅铁店、刘家摆渡、赵家房、李家房。消失的村庄有6个,即信家台、萧家庄、中仓、新建仓廒、中仓、孙家庄。实际增加了17个村落,排在各乡第二位。西乡有村落69个,其中从乾隆四年(1739)延续至光绪二十五年(1899)的有49个村落,新增村落中,乾隆十八年(1753)已经出现的有7个村落,即侯家台、武家台、王家台、陈家村、姚家村、董家庄、张家窝;其后陆续出现的有13个村落,即佟家楼、贺家楼、小新庄、大觉庵、侯家庄、赵庄、孟庄、李崔庄、林家台、贾家台、蔡家台、崔家庄、张家楼。消失的村庄有5个,即魏合李庄、三教堂、齐家疙瘩、吕彭城、小于家庄。实际增加了15个村落,排在各乡第三位。东乡有村落81个,其中从乾隆四年(1739)延续至光绪二十五年(1899)的有67个村落,新增村落中,乾隆十八年(1753)已经出现的有3个,即贾家口、旺道庄、赵沽里;其后陆续出现的有11个村落,即小关、盐坨、王厂、挂甲寺、张家庄、阮家庄、谢家屯、魏家码头、东唐家洼、西唐家洼、大刘台。

消失的村庄有 8 个,即于王二庄、王瓦刀庄、窑儿上、小李家庄、詹家庄、小郑家庄、楼家庄。实际增加了 6 个村落,排在各乡最后。

2. 空间分布

天津县内的村落,分属东、南、西、北四乡,根据《重修天津府志》中的标准,以陈家沟减河分北与东,以海河分东与南,以卫津河、赤龙河分南与西,以子牙河分西与北,据此绘制图 4-3。

由图 4-3 可见,各乡区域大小差异明显,南乡地域最为广阔,也分布了全县最多的村落,共计 121 个,占总数的 32.4% ;北乡和东乡大小相近,分布的村落各占总数的 27.3% 和 21.7% ;西乡区域面积最小,分布的村落占总数的 18.5% 。尽管村落数量与各乡面积成正比,但是数量差异远远比不上面积差异。面积最大的南乡,是西乡的 4 倍不止,是北乡和东乡的 3 倍左右,但分布的村落并没有达到这个水平,说明南乡仍呈现出地阔村稀的面貌,而其他三乡则村落密度较大,特别是北乡,应是西乡中村落分布密度最大的地区。

从地形上看,天津县河流分布较为密集,特别是南、北运河和海河更是水路交通的主干线。天津县的村落大多分布在河流沿岸,其中南、北运河和海河两岸最为密集,同道光二十六年(1846)时的情况相似。

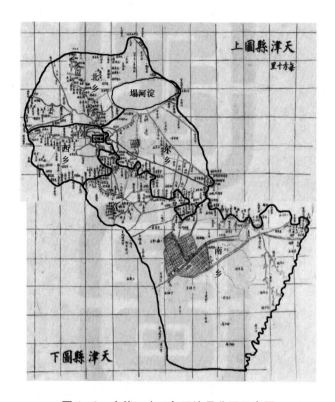

图 4 - 3　光绪二十五年天津县分区示意图

图片来源：此图以光绪《续修天津府志》卷十九《舆地》中《天津县图》[见来新夏、郭凤岐：《天津通志·旧志点校卷(上)》，天津：南开大学出版社，2001 年，第 889—890 页。]为底图加工绘制而成。

四、天津县村落变化

从天津县设立到清末这段时间，其所辖村落在不同时期各有差异（见图 4 - 4），从上述文献提供的四个时间节点可以对天津县村落的变化趋势有所认识。

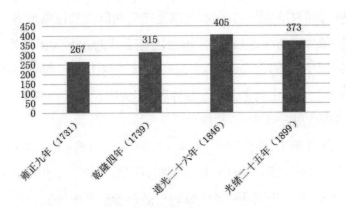

图 4-4　清代天津府辖天津县村落数量变化图

图片来源:图中统计信息源自乾隆《天津县志》卷三《地域志》,来新夏、郭凤岐:《天津通志·旧志点校卷(中)》,天津:南开大学出版社,2001 年,第 47 页。乾隆《天津府志》卷八《乡都户口志》,来新夏、郭凤岐:《天津通志·旧志点校卷(上)》,天津:南开大学出版社,2001 年,第 169—170 页。(道光)《津门保甲图说》,来新夏、郭凤岐:《天津通志·旧志点校卷(下)》,天津:南开大学出版社,2001 年,第 435—613 页。《重修天津府志》卷二十五《舆地(五)·城乡》,来新夏、郭凤岐:《天津通志·旧志点校卷(上)》,天津:南开大学出版社,2001 年,第 966—968 页。

　　由图 4-4 可以看到,天津县自设立以来,村落数量先是呈上升趋势,到道光二十六年(1846)时达到顶峰,随后开始出现小幅度下降,但仍高于乾隆四年(1739)时的数量。由于资料所限,时间节点的分布并不均匀,前两个时间节点相距较近,是天津府设立不久之后的情况,后两个结点差距较小,距天津府裁撤之时较为接近。因此,总的来说,从天津府设立到裁撤这段时间里,天津县的村落数量总体是增加了。清末出现了少量减少,是因为这两个时间点里,道光二十六年(1846)恰好是在天津开埠前夕,光绪二十五年(1899)则是开埠近 40 年后的时间。前文讨论天津县镇的变化中,也出现了类似现象,这里村落的变化应与之类似,开埠使得天津县城的范围出现跳跃式的扩展,将部分村落整合成为城区的一部分。如果以天津开埠作为划分点,前三个时间节点展现的是天津县在中国传统时期村落变化的面貌,村落是随着时间发展逐渐增多,尽管也存在村落相融合的情况,但总体数量上还是上升的。而天津开埠打破了这一过程,强大外力的介入,使得中国的发展道路出现了变化,脱离既定的轨迹,在聚落的变化上也会有一些体现,前文中天津县镇的变化和本段讨论的村落变化就是实例。

从空间分布上,结合图4-1、4-2、4-3可以看到,天津县村落在空间分布上呈现出北部地域小,村落密集,南部地域广大,但村落稀疏的面貌。尽管随着时间的推移,各区域的村落数量都有所增加,但这种趋势仍然保持稳定。从地形上看,这是由于北部的南、北运河及海河沿岸汇集了大量的村落,尽管海河也流经南部地区,也有很多村落汇聚于两岸,但总体上还不能与三条水运干线相比。总的来说,从空间上,天津县的村落分布一直保持着北部密集、南部稀疏,从地形上,保持着沿河分布,特别是大量分布于南运河、北运河及海河两岸的趋势。

第二节　静海县的村落数量与空间分布

清代天津府辖静海县的村落信息,除了在《天津府志》《重修天津府志》中有所反映之外,成书于同治十二年(1873)的《静海县志》中也有详细的记载。此外,成书于乾隆十八年(1753)的《畿辅义仓图》可以反映当时的村落分布情况。

一、乾隆四年静海县村落数量与分布

1. 村落数量

乾隆四年(1739)成书的《天津府志》记载了静海县的村落信息。从数量上看,共计307个村落,分属东、南、西、北四路,具体各路所辖村落情况如下:

东路,东窑至杨家场七十七村庄:东窑、西边家庄、东边家庄、徐家庄、毕家庄、东五里庄、砖垛、刘唐庄、大寨、小寨、管铺头、陈家台、阎家庄、王家庄、孙吴□庄、小卞家庄、巨家庆、王家庄、庞家庄、尚马头、邱家庄、王虎家庄、安家庄、大屯、顺民屯、西翟庄、东翟庄、勾栏、小屯、崔家庄、李八家庄、高家庄、大五家庄、小王家庄、大粪堆、史家庄、于家庄、靳家庄、明家庄、双柳树、黄家庄、双窑村、梅场村、宫家屯、杨成庄、董家庄窠、阎家冢、大黄花泊、小黄花泊、小年家庄、二何庄、长流庄、国家庄、刘唐庄、赵连庄、马圈村、王稳家庄、小金家庄、小韩家庄、韩家庄、大河庄、小孙家庄、土河、刘祥庄、西勾栏、亚家庄、薛家庄、磁庄、赵齐庄、团瓢、小屯、大庄子、弯头、四党口、蔡公庄、杨家场。

南路，唐官屯至小新庄九十九村庄：唐官屯、大张屯、小张屯、只官屯、赵官屯、靳家屯、王善政屯、梁官屯、杨官店、陈缺屯、王胜武屯、刘世印屯、代官屯、烧窑盆、李振基屯、曾官屯、旧张屯、王千户庄、陈官屯、高官屯、王官屯、张官屯、吕官屯、邹家嘴、纪家庄、西钓台、东钓台、胡家辛庄、赵家洼、刘长年屯、刘官屯、蛮子营、卞家庄、孙八口、大郝家庄、郑家庄、吕家沟子、周家庄、佟家庄、缴家庄、贺家庄、小胡家庄、小十八户、西长屯、邹家圪塔、曹家圪塔、潘家圪塔、小集、东长屯、元家圪塔、谈家圪塔、周家院、莫家院、大中旺、小中旺、韩家庄、罗家庄、王波港、李家庄、大曲河、高庄、丁家庄、垛庄、西双唐、董家院、东双唐、杨家马头、杨学士庄、李敬家庄、小王家庄、齐家庄、岳家庄、胡家庄、白公坨、大城南、小城南、胡家园、下三里庄、上三里庄、李家院、杨家院、王家楼、范家庄、高家楼、八里庄、和顺、增福堂、张家庄、刘刚家庄、种福台、沈清家庄、树身庄、李家庄、北抛庄、南抛庄、陈塞庄、徐家庄、北河顺、小新庄。

西路，谷家庄至高里庄六十村庄：谷家庄、辛庄、罗家庄、孟家庄、张家庄、李家庄、梁头、孙家庄、东榴枏杩、东子牙、西榴枏杩、小邀铺、常家村、三呼庄、小刘村、大刘村、丁家村、朱家村、小瓦子头、大瓦子头、东子牙、中保村、王儿庄、许家庄、小黄亲庄、大黄亲庄、焦家庄、潘家庄、西禅房、中禅房、东禅房、西摊子头、中摊子头、东摊子头、元蒙口、张村、谭家庄、大邀铺、东河头、于家村、南榴杩杓、王家庄、赵家庄、周家庄、吴家庄、罗家庄、南张家庄、高家庄、禄家院、花园、义田庄、东贾口、西贾口、冯家村、五里店、河滩、下口子门、上口子门、义渡口、高里庄。

北路，羊粪港至冯高庄七十一村庄：羊粪港、缺柳树、车店村、车官店、孙家场、刘官庄、小店村、北五里庄、肖家庄、邱家庄、全家庄、励家庄、辛庄、前杨家庄窠、后杨家庄窠、良王庄、岳家园、邢家庄、大杜家庄、岳家开、王家村、大沙窝、小杜家庄、毕家庄、元家庄、小沙窝、郭家庄、琉璃城、宽河村、青南河、大南河、小南河、卷子村、老君堂、付家村、房家庄、阎家庄、姚家庄、宣家庄、宫家庄、山店村、薛家庄、于家堡、李家楼、尚家庄、杜家嘴、肖家楼、王家庄、前白杨树、后白杨树、福君庙、李家院、王家营、苟家营、刘家营、王家庄、第六铺、圈头村、张家村、胡家村、第三铺、大厂村、西埝坨嘴、郑家庄、水高家庄、桑园、当城、三辛口、东桑园、胡杨村、冯高庄。[1]

通过上述文献可知，此时静海县307个村落在各区域分布不一，其中南路有99个村庄，占总数的32.2%，居于首位；东路有77个村庄，占总数的25.1%，排在第二位；北路与东路相差不大，有71个村庄，占总数的23.1%，居于第三位；西路村庄最少，有60个村庄，占总数的19.5%。

2. 空间分布

清乾隆四年(1739)静海县境内共有村落307个，按方向分属四个区

① 乾隆《天津府志》卷八《乡都户口志》，来新夏、郭凤岐：《天津通志·旧志点校卷（上）》，天津：南开大学出版社，2001年，第171—172页。

域。从空间上来看,南路的村落数量最多,东路和北路次之,西路最少,与南路相差总数的12%左右。但由图4-5可以看到,以静海县城为中心,按方位划分的各区域面积差异较小,静海县城在其辖境的中心略偏西的位置,再加上静海县境相对较为规则,只有东南方向凸出一块区域,从而形成了南部地区最大,东部、北部和西部相近的情况。各区面积与各区村落数量成正比,但分布并不均匀,越靠近静海县城,村落分布越密集,南部与东部交界部分和北部地区较为稀疏,特别是西北部地区,村落分布最为稀少。

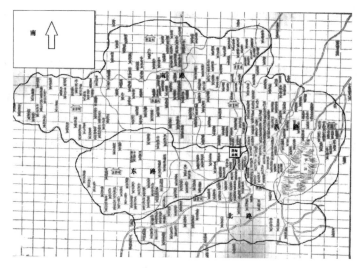

图4-5 乾隆四年静海县分区示意图

图片来源:此图以《畿辅义仓图》中《静海县图》[(清)方观承:《畿辅义仓图》,台北:成文出版社1970年影印本,第127页。]为底图绘制。

从地形上看,总体上静海县水系主要集中在西侧,南运河、子牙河及其支流分布其间,村落大多数都在河流沿岸,但也呈现出集中趋势,南运河西岸与子牙河东岸中间的区域村落分布最为密集。静海县城位于南运河东岸,周围聚集了一些村落,南运河东岸亦聚集了部分村落,从而在南运河东岸,以静海县城为中心,形成了一条带状聚落群,与隔河相望的南运河西岸与子牙河东岸之间的村落群形成一个整体,这是全县村落分布最为密集的地区。静海县东侧为广阔平原地带,除南部与东部交界地带略显稀疏外,其余地方村落分布较为均匀。

二、同治十二年静海县村落数量与分布

1. 村落数量

成书于清同治十二年(1873)的《静海县志》记载了当时静海县内村落的情况。从数量上看,共计 348 个村落,分属东、南、西、北四路,具体各路所辖村落情况见表 4-4:

表 4-4 同治十二年静海县村落情况统计表

区域	经管	村落
东路一百零六村,地练十五名	东街地练经管八村	县东街、东五里庄、东边家庄、小李庄、东窑、毕家庄、西边家庄、徐家庄
	砖垛地练经管五村	砖垛、三小寨、大寨、宫家屯、刘唐庄
	双窑地练经管五村	双窑、董家庄窠、阎家冢、杨成庄、梅厂
	大泊地练经管八村	大泊、小泊、团泊、宫家堡、大侯庄、小金庄、小孙庄、小年庄
	小韩庄地练经管六村	小韩庄、王稳庄、二侯庄、西乱坨、张家庄、东乱坨
	常流庄地练经管六村	常流庄、大刘唐庄、小刘唐庄、国家庄、马圈、赵连庄
	管铺头地练经管七村	管铺头、陈家台、孙家庄、吴家庄、王家庄、阎家庄、卞家庄
	沈清庄地练经管九村	沈青庄、树深、小王庄、李官庄、小苏庄、小新庄、刘岗庄、种福台、甜水井
	中旺地练经管七村	大中旺、小中旺、丁家庄、垛庄、张高庄、谢高庄、韩家庄

区域	经管	村落
	和顺地练经管八村	南和顺、和顺、张家庄、徐家庄、陈在庄、南抛庄、中抛庄、北抛庄
	曲河地练经管七村	大曲河、小曲河、班高庄、李高庄、港里村、李家庄、罗家庄
	尚马头地练经管八村	尚马头、巨家庄、庞家庄、邱家庄、王虎庄、安家庄、大屯、蛮家井
	土河地练经管七村	土河、蔡公庄、杨家场、亚家庄、刘祥庄、湾头、西党口
	大庄子地练经管八村	大庄子、薛家庄、西勾乐、赵齐庄、大屯、十槐树、团瓢、慈儿庄
	顺民屯地练经管七村	顺民屯、小庄子、西翟庄、东勾乐、小王庄、中翟庄、东翟庄
南路九十五村，地练十二名	县南街地练经管十七村	县南街、小城南、胡家园、上三里庄、小三里庄、杨庄院、大城南、王家楼、高家楼、范家庄、八里庄、增福堂、史家庄、三明庄、小黄庄、前双柳树、后双柳树、于家庄、靳家庄
	双塘地练经管五村	东双塘、西双塘、周莫董家院、小薛庄、杨家园
	长屯地练经管六村	曹家疙瘩、潘家疙瘩、小集村、西长屯、东长屯、谭家疙瘩
	陈官屯地练经管三村	陈官屯、小钓台、西钓台
	高家庄地练经管六村	大粪堆、大王庄、小王庄、高家庄、李八庄、崔家庄
	齐家庄地练经管七村	杨学士庄、小王庄、李靖庄、齐家庄、岳家庄、胡家庄、白公坨
	寨里口地练经管十村	邹家嘴、纪家庄、胡家辛庄、赵家洼、东钓台、高官屯、王官屯、张官屯、吕官屯、刘官屯
	大郝庄地练经管十四村	蛮子营、夏家庄、孙坝口、缴家庄、张家庄、佟家庄、胡家庄、周家庄、吕家沟、小郝庄、郑家庄、小十八户、青泽村
	唐官屯地练经管三村	唐官屯、夏官屯、翟家圈

区域	经管	村落
	靳官屯地练经管十二村	大张屯、长张屯、只官屯、赵官屯、靳官屯、王千户庄、梁官屯、王善政屯、又新屯、李振基屯、一里屯、赵辛庄
	杨官店地练经管六村	烧窑盆、杨官店、陈缺屯、小伊庄、徐李庄、国家庄
	旧张屯地练经管五村	旧张屯、曾官屯、戴官屯、刘世印屯、王胜武屯
西路六十九村、地练十一名	西五里庄地练经管八村	西五里庄、冯家村、河滩、上口子门、下口子门、义渡口、高庄、龙王庙
	花园地练经管八村	花园、郭毛园、禄家院、高家庄、破楼、邓家庄、玉田庄、谷家楼
	贾口地练经管二村	东贾口、西贾口
	谷家庄地练经管五村	谷家庄、辛村、罗家堂、孟家庄、张家庄
	梁头地练经管六村	梁头村、李家庄、孙家庄、东柳木勺、西柳木勺、小民庄
	东河头地练经管八村	东河头、于家村、南柳木勺、王家庄、周家庄、吴家庄、罗家庄、南张庄
	摊子头地练经管八村	西摊子头、元蒙口、东摊子头、中摊子头、王匡、谭家庄、张村、姚家庄
	禅房地练经管六村	宗保村、王二庄、许家庄、西禅房、中禅房、东禅房
	子牙地练经管七村	子牙、大邀铺、小邀铺、大黄钦庄、小黄钦庄、焦家庄、潘家庄
	瓦子头地练经管十村	大瓦子头、小瓦子头、朱家村、丁家村、刘家村、小刘家村、前呼儿庄、中呼儿庄、后呼儿庄、常家庄
	洋芬港地练经管三村	洋芬港、阎张铺、瘌柳村

区域	经管	村落
北路七十八村，地练十名	北街地练经管十二村	县北街、小新庄、口子门、刘官庄、北五里庄、小店子、傅家村、车店、曹官庄、孙家场、前杨家庄寨、后杨家庄寨
	白羊树地练经管九村	白羊树、府君庙、李家院、王家院、十里堡、普提洼、刘家营、苟家营、王家营
	萧家楼地练经管七村	萧家楼、刘家村、杜家嘴、尚家庄、李家楼、于家堡、王家庄
	独流地练经管八村	独流、义和庄、南王家庄、第三堡、下圈、张家村、胡家村、第六堡
	当城地练经管第六村	当城村、水高庄、辛口村、郑家庄、桑园村、碾坨嘴
	良王庄地练经管八村	良王庄、三小屯、大杜庄、王家村、岳家园、邢家庄、倪家庄、罗锅庄
	沙窝地练经管七村	大沙窝、岳家开、小沙窝、小杜庄、毕家村、宣家院、郭家庄
	木厂地练经管四村	木厂、冯高庄、东桑园、胡羊庄
	琉璃城地练经管七村	西琉璃城、房家村、康家庄、宣薛庄、阎家庄、宫家庄、小店子
	青凝侯地练经管十村	青凝侯、大南河、小南河、傅家村、牛家坨、宽河、老君堂、大圈子、小圈子、东琉璃城

资料来源：表内信息源自同治《静海县志》卷四《田赋志·乡村》，《天津区县旧志点校·同治静海县志》，天津：天津社会科学院出版社，2008年，第16—18页。

由表4-4可以看到，同治十二年（1873）静海县的村落数量达到348个，较乾隆四年（1739）的307个村落增加了41个，两个时间节点相隔134年，静海县的村落数量在以每年0.31个村落的速度递增，增速较为缓慢。

2.空间分布

清同治十二年(1873)静海县境内共有村落 348 个,与前志一样分为东、南、西、北四路,为了方便比较,整理成表 4-5。

表 4-5　乾隆四年至同治十二年静海县村落变化表

分区	乾隆四年(1739)	同治十二年(1873)	村落数量变化
东路	77(25.1%)	106(30.5%)	+29
南路	99(32.2%)	95(27.3%)	-4
西路	60(19.5%)	69(19.8%)	+9
北路	71(23.1%)	78(22.4%)	+7
总数	307	348	41

资料来源:表内信息源自乾隆《天津府志》卷八《乡都户口志》,来新夏、郭凤岐:《天津通志·旧志点校卷(上)》,天津:南开大学出版社,2001 年,第 171—172 页。同治《静海县志》卷四《田赋志·乡村》,《天津区县旧志点校·同治静海县志》,天津:天津社会科学院出版社,2008 年,第 16—18 页。

由表 4-5 可以看到,静海县内的村落经过 134 年之后,无论是数量还是空间分布都有所变化。其中数量变化较小,仅增加了 41 个。但就各区域而言,情况并不一致,其中东路、西路、北路村落都有所增加,尤其是东路增加了 29 个,占了总增加数量的 71%。而南路则减少了 4 个村落,数量上由乾隆四年(1739)的各区首位,降为第二位。

从空间上来看,西路和北路的村落虽然有所增加,但从其区域村落占总数的比例来看与乾隆四年(1739)时保持一致,也就是说西路和北路的村落密度呈稳步上升的趋势。而南路村落数量减少,其区域村落占总数的比例由乾隆四年(1739)的 32.2% 降至同治十二年(1873)的 27.3%,南部地区的村落分布密度呈现出下降趋势。东路则与之相反,静海县从乾隆四年(1739)至同治十二年(1873)这 134 年间增加的村落大多数集中在东部地区,其区域村落占总数的比例由乾隆四年(1739)的 25.1% 增至同治十二年(1873)的30.5%,提高了5个百分点。说明东部地区村落密度有了较为明显的提高。这可能是由于静海县城位于东部区域,且东部区域更接近天津府城。

总的来说,静海县的村落分布由乾隆四年(1739)的区域面积与分布村落数量成正比且相对均匀的情况向村落分布向部分区域集中转变。

三、光绪二十五年静海县村落数量与分布

1.村落数量

清光绪二十五年(1899)成书的《重修天津府志》详细记载了静海县的村落,并与乾隆四年(1739)成书的《天津府志》与乾隆十八年(1753)成书的《畿辅义仓图》中的村落信息作了对比,不仅反映了当时的村落情况,还对村落的变化也有所展现(见表4-6)。

表4-6 光绪二十五年静海县村落数量统计表

分区	村落数量	前有今有	前无今有		前有今无	实际增长
			仓有	仓无		
东乡	176	120	21	35	2	54
南乡	67	51	7	9	11	5
西乡	76	66	5	5	1	9
北乡	69	50	6	13	9	10
合计	388	287	39	62	23	78

资料来源:表内信息源自《重修天津府志》卷二十五《舆地(五)·城乡》,来新夏、郭凤岐:《天津通志·旧志点校卷(上)》,天津:南开大学出版社,2001年,第966—968页。

由表4-6显示,截至光绪二十五年(1899)静海县境内共有388个村落,总的来说,较乾隆四年(1739)《天津府志》中的记载有所增加,但仔细

对比可见,不仅有新增的村落,也有消失的村落,其中新增村落中有的出现较早,通过与乾隆十八年(1753)《畿辅义仓图》对比发现,有38.6%的村落在乾隆十八年(1753)已经出现,其余则在其后的近150年间陆续出现。同时,在两部府志相距的160年间,也有23个村落消失,所以,实际增加村落有78个。

具体到各区来看,东乡有村落176个,其中从乾隆四年(1739)延续至光绪二十五年(1899)的有120个。新增村落中,乾隆十八年(1753)已经出现的有21个,即菩提洼、小店子、小庄子、郑家庄、港里、大圈、小圈、牛家坨、西小屯、东小屯、班高庄、青凝侯、中抛儿庄、树深小苏庄、大侯庄、甜水井、曹家庄、李高庄、谢高庄、宫家堡、西乱垛;其后陆续出现的有35个,即十里铺、魏家庄、子口村、小屯、高小王庄、小郝庄、大十八户、康家庄、西大屯、英官屯、董庄户、吴家堡、官坑、朱家房、石闸、小王庄、李官庄、中小屯、十槐村、小曲河、张高庄、团泊、蛮家井、大平村、高家井、乌美城、三间房、薛刘家房、胡连庄、邢家墅、王家房、东乱垛、万新庄、深树、何张庄即南张庄。消失的村庄有2个,即东窑、董家庄窠。实际增加了54个,排在各乡首位。北乡有村落69个,其中从乾隆四年(1739)延续至光绪二十五年(1899)的有50个。新增村落中,乾隆十八年(1753)已经出现的有6个,即西五里庄、倪家园、刘家村、独流、下圈、宜家院;其后陆续出现的有13个,即小新家庄、王家院、大六分、义和庄、陆家村、李家湾子、第七堡、第八堡、第九堡、娄家院、焦家胡同、五龙口、阉张堡。消失的村庄有9个,即车官屯、全家庄、励家庄、元家庄、青南河、卷子村、山店村、尚家庄、圈头村。实际增加了10个,排在各乡第二位。西乡有村落76个,其中从乾隆四年(1739)延续至光绪二十五年(1899)的有66个。新增村落中,乾隆十八年(1753)已经出现的有5个,即谷家楼、坡楼、邓家庄、小民庄、翟家圈;其后陆续出现的有5个,即毛家院、郭家院、梁新庄、张官屯、流庄。消失的村庄有1个,即五里店。实际增加了9个,排在各乡第三位,与第二位的北乡差异不大。南乡有村落67个,其中从乾隆四年(1739)延续至光绪二十五年(1899)的有 51 个。新增村落中,乾隆十八年(1753)已经出现的有 7 个,即陈官屯、东钓台、张官屯、夏官屯、长张屯、夏庄、小伊庄;其后陆续出现的有 9 个,即小薛庄、杨家园、膏泽村、张家庄、邓官屯、一里屯、徐李庄、赵新庄、赵家房。消失的村庄有 11 个,即小张屯、陈缺屯、刘长年屯、卞家庄、贺家庄、邹家疙瘩、东长屯、王波港、杨家马头、杨学士庄、齐家庄。实际增加了 5 个,排在各乡最后。

2. 空间分布

静海县内的村落,分属东、南、西、北四乡,根据《重修天津府志》中的标准,以北关望炒米店大道分北与东,以南关望十八户大道分东与南,以卫河分南与西,以义渡口望瓦子头分西与北,据此绘制图 4-6。

由图 4-6 可见,各乡区域大小差异明显,东乡地域最为广阔,也分布了全县最多的村落,共计 176 个,占总数的45.4%,南乡、西乡和北乡大小相近,分布的村落数量也较为接近,各占总数的 17.3%、19.6% 和 17.8%。村落数量与各乡面积成正比。

从地形上看,静海县村落分布最为密集的地区是南运河沿岸。由图 4-6可见,北乡与南乡的村落很大一部分集中在南运河两岸,西乡的村落除了集中在南运河两岸外,黑龙港河两岸也有大量村落。由北向南贯穿静海县西部的南运河沿岸,形成了一条由村落形成的聚落带,而其他地区的村落分布则较为稀疏,特别是东乡的中部地区最为明显。

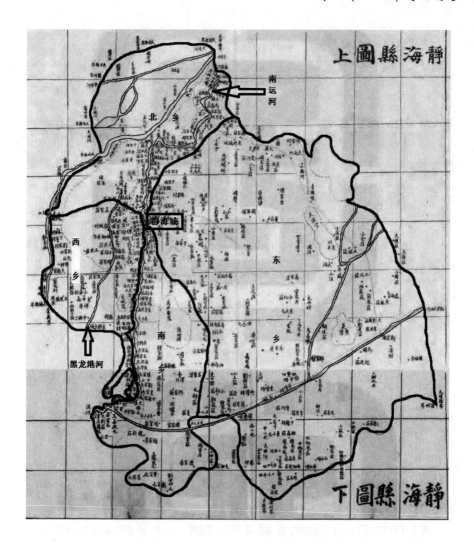

图4-6　光绪二十五年静海县分区示意图

图片来源:此图以光绪《续修天津府志》卷十九《舆地》中《静海县图》[见来新夏、郭凤岐:《天津通志·旧志点校卷(上)》,天津:南开大学出版社,2001年,第893—894页。]为底图加工绘制而成。

四、静海县村落变化

从静海县归天津府辖属到清末这段时间,其所辖村落在不同时期各有差异(见图4-7),从上述文献提供的三个时间节点可以对静海县村落的变化趋势有所认识。

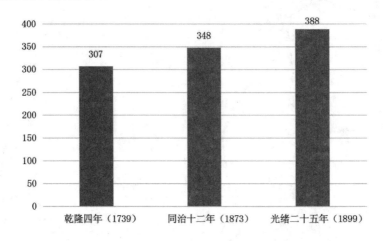

图4-7　清代天津府辖静海县村落数量变化图

　　图片来源:图中统计信息源自乾隆《天津府志》卷八《乡都户口志》,来新夏、郭凤岐:《天津通志·旧志点校卷(上)》,天津:南开大学出版社,2001年,第171—172页。同治《静海县志》卷四《田赋志·乡村》,《天津区县旧志点校·同治静海县志》,天津:天津社会科学院出版社,2008年,第16—18页。《重修天津府志》卷二十五《舆地(五)·城乡》,来新夏、郭凤岐:《天津通志·旧志点校卷(上)》,天津:南开大学出版社,2001年,第970—972页。

　　由图4-7可以看到,静海县村落数量一直呈稳步上升趋势,从乾隆四年(1739)至同治十二年(1873)的134年间增加了41个,平均每年增加0.31个村落。从同治十二年(1873)至光绪二十五年(1899)的26年间增加了 40 个,平均每年增加 1.54 个。由此可见,清末静海县的村落增加速度有了显著的提高。

从空间分布上,结合图 4 - 5、4 - 6 可以看到,静海县村落在空间分布上呈现出西部村落密集,东部村落稀疏的面貌。尽管随着时间的推移,各区域折村落数量都有所增加,但这种趋势仍然保持稳定。从地形上看,这是由于河流主要集中在静海县西部,尤其是南运河由北向南贯穿县境西部地区,沿岸汇集了大量的村落,形成了静海县最为密集的村落带。

第三节　青县的村落数量与空间分布

清代天津府辖青县的村落信息除了在《天津府志》《重修天津府志》中有所反映之外，清嘉庆八年（1803）编修的《青县志》与清光绪八年（1882）编修的《重修青县志》也有详细的记载。然而，光绪《重修青县志》是在嘉庆《青县志》基础上的增删修改本，其中关于村落的信息并未更新，仍沿用嘉庆版的内容，因此，这两部方志仅能提供嘉庆八年（1803）这一时间节点的村落信息。此外，成书于乾隆十八年（1753）的《畿辅义仓图》可以反映当时的村落分布情况。

一、乾隆四年青县村落数量与分布

1. 村落数量

乾隆四年（1739）成书的《天津府志》记载了青县的村落信息。从数量上看，共计398个村落，分属东、南、西、北四路，具体各路所辖村落情况如下：

东路,马厂至唐家窑共一百十八村庄:马厂、陆官屯、孙家屯、归官屯、八里堂、潘家庄、姚家庄、王维屯、新张屯、王胜武屯、范官屯、耿官屯、国家庄、十八户、许家庄、杨官店、李桂店、小齐家庄、火了营、曾家河、姚家庄、弋家庄、官庄、大兴口、寄贤屯、王福庄、时庄、董槐庄、王官、康家庄、仓上、鹁鸽刘家庄、黄老人家庄、大许家庄、大杜家庄、佟家庄、连家庄、萧家庄、小牛家庄、苗家庄、石家庄、吴家曾口、张虎庄、觉道家庄、王官家庄、蔡家庄、清水白、朱家新庄、丰台堡、邢家庄、新店、姚家庄、李二姐店、闫家庄、清河庄、下五里、小许家庄、苏家庄、傅家庄、安头、大五家庄、小王家庄、吕家庄、赵家庄、罗家庄、南桃杏、北桃杏、梁家秀女庄、高家秀女庄、刘家秀女庄、陆官屯、罗家屯、宋家屯、蒋家庄、广吕屯、王家大院、摆渡口、张家坟、陈家嘴、蛮子营、荀家楼、兴齐镇、张家楼、时家楼、顺昌屯、田宁疃、新开路、李官屯、杨官屯、薛官屯、沙官屯、殷官屯、梅官屯、于庆屯、张天纵屯、柳黄屯、谭家屯、窑子口、林官屯、周官屯、李家镇、小杜家庄、王家营、侯家营、坑头、欧辛庄、上五旗、周林家庄、王布家庄、大虎庄、双庄颗、大牛家庄、泉流庄、罗家庄、刘缺屯、八里庄、周尚文庄、唐家窑。

西路,秦家庄至大曲头五十八村:秦家庄、小张家庄、王盘家庄、朱家庄、胡家庄、东马家桥、西马家桥、马家场、萧家庄、架庄、贾家庄、罗庄、泗庄、汤家庄、白庙、张广庄、孟家营、齐家营、赵官、东蒿坡、西蒿坡、东冯村、西冯村、长芦疃、牛圈头、线庄、小孝子木、大孝子木、王家庄、小曲头、杨家楼、崇仙、半戴河、野兀屯、大功、白塔务、达南头、前仔仪、后仔仪、于家东京、张家东京、膏上营、蔡村、木门店、金家营、李家营、王家营、戴张营、柳家营、抛庄、十王堂、姚家新庄、王家庄、皮家庄、官亭、太州、吴召、大曲头。

南路,南街至刘家院一百五十五村庄:南街、鲍家嘴、南园、刘家庄、靳家庄、摆渡口、张家庄、大盘古、小盘古、王家庄、韩塔寺庄、王塔寺庄、魏塔寺庄、孙家楼、姚家窝头、徐家窝头、祝家窝头、鱼庄、陈奎家庄、张龙家庄、小齐家庄、苏家庄、吴家窑子口、马家窑子口、王黄家窑子口、张儿庄、和睡庄、白家庄、魏家庄、马家庄、河沟里、双庙堤、王程家庄、官庄、林家庄、堤下头、皇庄、南柳、北柳、新集、大牛津庄、小牛津庄、南马头、北马头、大狐狸木、小狐狸木、马庄、南流来堂、北流来堂、陈家辛庄、陈家庄、朱庄、戴家庄、叩庄、姚洼、史家庄、周家庄、牛家辛庄、靳家马头、小街子、陶官营、王家辛庄、土祥家庄、中家庄、王家庄、连家口、两个庄、枣林庄、邓家庄、石家泗河、张家泗河、王家泗河、大王家泗河、杜林镇、赵官营、权家屯、王家庄、小坦、温家褚村、孙家褚村、回家褚村、史家庄、张家营、提家布村、张家布村、郝家布村、白马、贾家鹅庄、谢家鹅庄、万良寺、徐家程村、邓家程村、白家程村、庞家辛庄、陈于、小刘家庄、□家洼东、郑家屯、娄家西火头、李家西火头、吕家寺、李家庄白塔、齐家务、枣林、程村、赵官、倪家桥、刘李家庄、许家庄、赵家庄、赖家庄、郭家庄、郑家庄、吴家庄、李家庄、常家庄、铁家庄、罗家庄、戴起营、陈家辛庄、大渡口、吊庄、王家庄、陶家庄、纪家洼、刘家小营、田家庄、冯家庄、刘家马头、海家码头、钱家庄、何家庄、三呼庄、李三桥、王龙家庄、二十六户、邓家园、张家辛庄、孔家庄、八里庄、刘名家庄、孟家庄、李家庄、汤家庄、张家庄、房家庄、半边楼、小官家庄、胡家嘴、花园、永平里庄、于家庄、苏家庄、刘家院。

北路，大陈家庄至东港村六十七村庄：大陈家庄、小陈家庄、王陈家庄、王家庄、门家庄、胡家庄、司马庄、盖宿铺、南蔡庄、中蔡庄、北蔡庄、魏庄、张浩庄、王镇店、邵家庄、张家庄、石家庄、小李家庄、东空城、西空城、小杨家庄、胡家店、冯家店、高家桥、马家庄、聂家庄、老君庄、吴牛庄、李家窑、北街、杨家庄、小邵家庄、潘家庄、倪家庄、滕家庄、郝家庄、苑家庄、丁家庄、利家庄、东魏村、南新房、流河镇、王家庄、小屯、陈家庄、曲家庄、马集、尚庄、林家庄、张官屯、鲁家辛庄、良家辛庄、赵家洼、周家庄、只家庄、双楼、大黄洼、小黄洼、北孙庄、南孙庄、广福楼、小文河、小河村、流庄、狼窝、西港村、东港村。①

通过上述文献可知，此时青县 398 个村落在各区域分布不一，其中南路有 155 个村庄，占总数的 38.9%，居于首位；东路有 118 个村庄，占总数的 29.6%，排在第二位；北路与西路相差不大，有 67 个村庄，占总数的 16.8%，居于第三位；西路村庄最少，有 58 个村庄，占总数的 14.6%。

2. 空间分布

清乾隆四年(1739)青县境内共有村落 398 个，按方向分属四个区域。从空间上来看，南路的村落数量最多，东路和北路次之，西路最少，与南路相差总数的 24.3%。（见图 4 – 8）

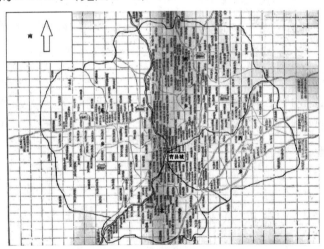

图 4 – 8 乾隆四年青县分区示意图

图片来源：此图以《畿辅义仓图》中《静海县图》[（清）方观承：《畿辅义仓图》，台北：成文出版社 1970 年影印本，第 126 页。] 为底图绘制。

---

① 乾隆《天津府志》卷八《乡都户口志》，来新夏、郭凤岐：《天津通志·旧志点校卷（上）》，天津：南开大学出版社，2001 年，第 170—171 页。

由图4-8可以看到,以青县城为中心,按方位划分的各区域面积存在一定差异,青县城在其辖境的中心略偏北的位置,且县境外形相对较为规则,形成了东部地区最大,南部稍小,约占东部地区的三分之二,西部地区约占东部地区的一半,北部地区仅有东部的三分之一。各区面积与各区村落数量并没有构成正比关系,面积最大的东部地区并没有分布着最多的村落,而是比其少了约三分之一面积的南路地区分布着最多的村落。同时,面积最小的北部地区也比其面积稍大的西部地区分布的村落更多。也就是说,青县境内的四个区域中,北部与南部村落分布最为密集,东部与西部则较为稀疏。再加上青县城附近聚集了较多的村落,从而形成了一条以青县城为中心,贯穿青县县境南北的村落分布带。

从地形上看,青县水系分布主要集中在县境西侧,以南运河为界,其西侧还有滹沱河、东支黑龙港河、中支黑龙港河及其支流等,村落大多数都在河流沿岸,而且呈现出集中趋势,南运河西岸与滹沱河东岸中间的区域村落分布最为密集。青县城位于南运河西岸,周围也集中了大量村落,再沿南运河向北,其两岸亦聚集了不少村落,从而形成了一条以南运河为主干,青县城为中心,贯穿青县南北的带状聚落群,这是全县村落分布最为密集的地区。地形上的村落分布趋势与空间上的村落分布相一致,地形特点正是导致村落空间分布趋势的主要原因。

二、嘉庆八年青县村落数量与分布

1. 村落数量

编修于清嘉庆八年(1803)的《青县志》记载了当时青县内村落的情况,但与乾隆《天津府志》记载的方式不同,该志是将全县村落分属各镇,按照各镇的辖属记录的。从数量上看,共计408个村落,分属在城、李家、南街、北街、新集、杜林、兴济、大兴、南庄、马厂、黄洼、流河等12个镇,具体各镇所辖村落情况见表4-7。

表4-7　嘉庆八年青县村落情况统计表

镇	数量	村落				
在城镇	30	蔡村	罗庄	汤家庄	酱庄	王牌庄
		小张家庄	东马家桥	西马家桥	前胡家店	林大功
		孙家庄	萧家庄	马家场	邢家庙	白庙
		贾家庄	厚赵官	泗庄	邢卜赵官	李家赵官
		张广庄	齐家营	冬庄	长芦疃	东冯村
		西冯村	前后牛圈头	谢王蒿坡	赵蒿坡	于董京
李家镇	26	神沙庙	大杜家庄	小杜家庄	罗家店	上伍旗
		下伍旗	刘缺屯	大牛家庄	双庄窠	八里庄
		谭缺屯	坑头	泉流庄	打虎庄	周龙庄
		东窑子口	周官屯	欧辛庄	林缺屯	柳黄屯
		辛庄	候王营	王布袋庄	张天纵屯	唐家窑
		周尚文屯				

续表

镇	数量	村落				
南街镇（实际只记载了除"本镇"外的63个村落）	69	本镇	摆渡口	张家庄	小流津庄	白家庄
		□□□	西窑子口	北柳	木门店	金家营
		孙家楼	大盘古	小盘古	徐窝头	十王堂
		李家营	韩塔寺庄	王塔寺庄	姚塔寺庄	祝窝头
		于窝头	姚窝头	六吴召	许家村	林家庄
		郝黄庄	张儿庄	魏塔寺庄	姚辛庄	西王家庄
		皮家庄	官庄	和顺庄	靳刘庄	官亭
		鱼儿庄	双庙堤	抛庄	王家营	王程庄
		马家庄	南柳	堤下头	戴张营	王家庄
		和睦庄	石泗河	大兴庄	郑刘院	戴家木
		小北头	陈奎庄	小苏家庄	张齐庄	鲍家嘴
		西太州	阁上营	曹辛庄	小堤	园里
		戴家圈	上场	河沟		
北街镇	27	本镇	司马庄	三蔡庄	东空城	西空城
		盖宿铺	张浩庄	冯家庄	后胡家店	张家庄
		高家桥	小潘家庄	艾辛庄	石家庄	杨家庄
		王辛庄	胡白庄	马家庄	聂家庄	大陈家庄
		小陈家庄	小王家庄	齐家圈	乌牛庄	老君庄
		李豹庄	王镇店	西魏村		

续表

镇	数量	村落				
新集镇	51	本镇	远南头	杨家楼	半截河	野兀屯
		马庄	狐狸木	白塔务	马辛庄	大孝子木
		小孝子木	小王家庄	陈珠庄	仔仪	王祥庄
		大功	大曲头	两连庄	胡张董京	纪东村
		叩庄	申家庄	线庄	戴家庄	陶官营
		大流津庄	周家庄	史家庄	南马头	刘家院
		姚杨辛庄	朱辛庄	邓家庄	邢靳马头	王辛庄
		纪辛庄	王家口	枣林庄	陈辛庄	大王泗河
		小王泗河	官辛庄	流来堂	戴辛庄	崇仙
		赵官营	陈秦院	张泗河	小街子	小牛辛庄
		郭家沟				
杜林镇	56	本镇	提布村	万良寺	齐家务	赵官
		王龙庄	任田辛庄	何陈庄	山呼庄	铁罗庄
		纪家洼	苗马头	南小营	赖家庄	大渡口
		陈辛庄	陶王庄	李三桥	川流马头	戴起营
		倪家桥	许家庄	鸢庄	钱海庄	刘李庄
		吴李庄	小冯家庄	郭家庄	吕家寺	流来堂
		枣林	鹅庄	许王院	张家营	白马
		郑家屯	娄西河	回褚村	孙温褚村	白塔
		小刘家庄	冯官庄	牛洼东	庞辛庄	杨家院
		徐梁呈村	郝张布村	王呈村	陈圩	邓呈村
		许宋辛庄	权家屯	金家院	小滩	王家庄
		李西河头				

续表

镇	数量	村落				
兴济镇	44	本镇	大院	苟家楼	摆渡口	蛮子营
		姚家庄	吴辛庄	陈家嘴	时家楼	陈辛庄
		张辛庄	于官屯	沙官屯	梅官屯	赵家庄
		新开路	宁疃	张家楼	殷官屯	杨官屯
		小许家庄	冯官屯	宋官屯	小付家庄	小吕家庄
		高秀女庄	孙梁刘秀女庄	薛官屯	李官屯	小苏家庄
		大王家庄	小王家庄	安头	小姜家庄	李二姐庄
		清河庄	罗家庄	罗官屯	顺昌屯	寺庄
		桃杏	陆官屯	闫家庄	广昌屯	
大兴镇	26	本镇	觉道庄	王福庄	清水白	东槐庄
		张虎庄	王官	大许家庄	丰台堡	仓上
		黄老人庄	王官家庄	南蔡家庄	北蔡家庄	朱家庄
		康家庄	吴增口	苗家庄	集贤屯	连家庄
		佟家庄	萧家庄	鹁鸽刘庄	陈辛庄	小牛家庄
		石家庄				
南庄镇	18	本镇	胡家嘴	花园	刘铭庄	孔辛庄
		汤李庄	于家庄	官家庄	房家庄	孟家庄
		半边楼	张家庄	刘家院	永平里	张辛庄
		苏白庄	邓家圈	八里庄		
马厂镇	23	前后马厂	孙官屯	陆官屯	八里堂	潘家庄
		新张屯	王缺屯	归官屯	北姚庄	王胜武屯
		王维屯	官庄	徐李庄	李贵家庄	小齐家庄
		伊家庄	十八户	东姚家庄	曾家河	何老营
		杨官店	国家沟	范官屯		

续表

镇	数量	村落				
黄洼镇	23	大黄洼	小黄洼	东港	西港	留庄
		梁辛庄	赵家洼	小河	小交河	周家庄
		广福楼	只家庄	狼窝	马集	张官屯
		马辛庄	林辛庄	康家庄	鲁辛庄	南孙庄
		北孙庄	大邵家庄	双楼		
流河镇	15	本镇	曲家庄	程家庄	倪家庄	小邵家庄
		丁苑庄	萧家庄	王家庄	南新房	潘家庄
		滕家庄	小屯	杨家庄	郝家庄	□□村

资料来源:表内信息源自(清)沈联芳:《青县志》卷一《疆域志》,光绪三十一年刻本,第15—23页。

由表4-7可以看到,嘉庆八年(1803)青县的村落数量达到408个,较乾隆四年(1739)的398个村落增加了10个,两个时间节点相隔64年,青县的村落数量在以每年0.16个村落的速度递增,增速极为缓慢。

2.空间分布

清嘉庆八年(1803)青县境内共有村落408个,分属12个镇,各镇位置及所分布的村落数量不一。为了方便比较,整理成表4-8。

表4-8　嘉庆八年青县各镇所属村落汇总表

镇	镇位置	村落数量	所占比例
在城镇	县城西,运河西岸	30	7.4%
李家镇	县城东,运河东岸	26	6.4%
南街镇	县城南,运河西岸	69	16.9%
北街镇	县城北,运河西岸	27	6.6%
新集镇	县城南,滹沱河西岸	51	12.5%
杜林镇	县城南,滹沱河西岸	56	13.7%

镇	镇	数量	村落
兴济镇	县城东南,运河东岸	44	10.8%
大兴镇	县城东,运河东岸	26	6.4%
南庄镇	县城南,运河西岸	18	4.4%
马厂镇	县城北,运河东岸	23	5.6%
黄洼镇	县城北,运河西岸	23	5.6%
流河镇	县城北,运河西岸	15	3.7%

资料来源:表内信息源自(清)沈联芳:《青县志》卷一《疆域志》,光绪三十一年刻本,第15—23页。

由于嘉庆《青县志》是按照村落所属镇的方式,将其列于各镇之下,没有按照方位进行记载,不能直接获知村落的大概位置。但上文已经分析讨论过天津府内镇的分布情况,所属其下的村落应在其附近,由镇的位置(见表4-8)可推测村落的分布。

青县城位于县境中部略偏北,以此为参照,将各镇分为东、南、西、北四个方位,其中李家镇、兴济镇、大兴镇在东部,分布着96个村落,占总数的23.5%;南街镇、新集镇、杜林镇、南庄镇在南部,分布有村落194个,占总数的47.5%;在城镇在西部,分布有村落30个,占总数的7.4%;北街镇、马厂镇、黄洼镇、流河镇在北部,分布着88个村落,占总数的21.6%。以上述数据为基础,再结合青县辖镇分布图(见图3-3)可知,从空间上看,以青县城为中心,南部村落最多,占到了总数的近一半,东部和北部相差不大,分别占总数的两成左右,西部最少,还不到总数的一成。

从地形上看,青县水系主要分布在县境西侧,南运河从县境中部南北向贯穿青县境,青县城在运河西岸,滹沱河、东支黑龙港河、中支黑龙港河及其支流皆在运河以西。以运河为参照,在城镇、南街镇、北街镇、新集镇、杜林镇、南庄镇、黄洼镇、流河镇在运河西岸,分布有289个村落,占总数的70.1%;李家镇、兴济镇、大兴镇、马厂镇在运河东岸分布有119个村落,占总数的29.9%。可见,青县村落大多数分布在南运河西侧水系较

为密集的地区,形成一条以运河为轴的村落分布带。与前文中乾隆四年
(1739)时的青县村落分布趋势相一致。

三、光绪二十五年青县村落数量与分布

1. 村落数量

清光绪二十五年(1899)成书的《重修天津府志》详细记载了青县的
村落,并与乾隆四年(1739)成书的《天津府志》与乾隆十八年(1753)成书
的《畿辅义仓图》中的村落信息做了对比,不仅反映了当时的村落情况,
还对村落的变化也有所展现(见表4-9)。

表4-9　光绪二十五年青县村落数量统计表

分区	村落数量	前有今有	前无今有		前有今无	实际增长
			仓有	仓无		
东乡	114	99	6	9	15	0
南乡	189	144	8	37	15	+30
西乡	67	54	8	5	5	+8
北乡	70	62	4	4	5	+3
合计	440	359	26	55	40	41

资料来源:《重修天津府志》卷二十五《舆地(五)·城乡》,来新夏、郭凤岐:《天津通
志·旧志点校卷(上)》,天津:南开大学出版社,2001年,第968—970页。

由表4-9显示,截止到光绪二十五年(1899)青县境内共有440个村
落,总的来说,较乾隆四年(1739)《天津府志》中的记载有所增加,但仔细
对比可见,不仅有新增的村落,也有消失的村落,其中新增村落中有的出
现较早,通过与乾隆十八年(1753)《畿辅义仓图》对比发现,有32.1%的
村落在乾隆十八年(1753)已经出现,其余则在其后的近150年间陆续出

现。同时,在两部府志相距的 160 年间,也有 40 个村落消失,所以,实际增加村落 41 个。

具体到各区来看,南乡有村落 189 个,其中从乾隆四年(1739)延续至光绪二十五年(1899)的有 144 个。新增村落中,乾隆十八年(1753)已经出现的有 8 个,即张家庄、官新庄、吴家庄、鸾庄、施家屯、任田新庄、常家砖河、川流马头;其后陆续出现的有 37 个,即摄马庄、岳家园、园里、大兴庄、郝黄林庄、榆林村、桥北头、郑刘院、姚杨新庄、小刘津庄、张家马头、陈马头、吴李马头、冬庄、张胡董家庄、马新庄、纪新庄、郭家沟、何家场、许王院、吕布村、马英庄、何新庄、东孔新庄、西孔新庄、北圈、韩正庄、新开路、枣园、庄窠、茶棚、马家园、倪杨屯、金官屯、义和庄、纪家院、何陈庄。消失的村庄有 15 个,即南街、南园、刘家庄、马家窑子口、林家庄、南马头、北马头、姚洼、史家庄、郑家庄、吊庄、田家庄、二十六户、孔家庄、苏家庄。实际增加了 30 个村落,排在各乡首位。西乡有村落 67 个,其中从乾隆四年(1739)延续至光绪二十五年(1899)的有 54 个。新增村落中,乾隆十八年(1753)已经出现的有 8 个,即孙家庄、酱庄、李召官、厚召官、西抛儿庄、戴家墓、东艾新庄、卜召官;其后陆续出现的有 5 个,即潘召官、大召关、戴家庄、和顺庄、徐宋新庄。消失的村庄有 5 个,即秦家庄、于家东京、张家东京、戴张营、柳家营。实际增加了 8 个村落,排在各乡第二位。北乡有村落 70 个,其中从乾隆四年(1739)延续至光绪二十五年(1899)的有 62 个。新增村落中,乾隆十八年(1753)已经出现的有 4 个,即胡白庄、齐家圈、康家庄、萧家庄;其后陆续出现的有 4 个,即邓家庄、中孙庄、小王庄、马新庄。消失的村庄有 5 个,即胡家店、聂家庄、吴牛庄、北街、利家庄。实际增加了 3 个村落,排在各乡第三位。东乡有村落 114 个,其中从乾隆四年(1739)延续至光绪二十五年(1899)的有 99 个。新增村落中,乾隆十八年(1753)已经出现的有 6 个,即徐李庄、神沙庙、大伊庄、西姜家庄、王官屯、冯官屯;其后陆续出现的有 9 个,即阜安村、平安庄、王官村、北洋屯、翁和屯、何新庄、北拨子、南拨子、陈官屯。消失的村庄有 15

个,即王胜武屯、范官屯、弋家屯、王官、仓上、鹁鸽刘家庄、新店、蒋家庄、摆渡口、张家坟、殷官屯、张天纵屯、柳黄屯、周林家庄、周尚文庄。两相抵消没有增加,排在各乡最后。

2. 空间分布

青县内的村落,分属东、南、西、北四乡,根据《重修天津府志》中的标准,以卫河分北与东,以南关大道东支黑龙港分南与西,以西关大道分西与北,以卫河分北与东,据此绘制图4-9。

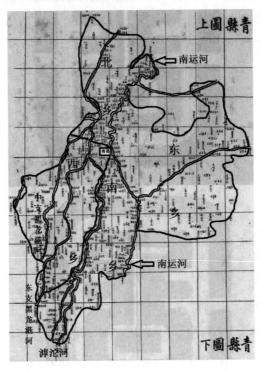

图4-9　光绪二十五年青县分区示意图

图片来源:此图以光绪《续修天津府志》卷十九《舆地》中《青县图》

[见来新夏、郭凤岐:《天津通志·旧志点校卷(上)》,天津:南开大学出

版社,2001年,第891—892页。]为底图加工绘制而成。

由图4-9可见,在空间上,各乡区域大小略有差异,东乡地域最为广阔,但分布的村落并不是最多的,有114个,占总数的25.9%,排在第二位。分布了全县最多的村落的南乡,其面积与西乡相近,略大于北乡,有村落189个,占总数的42.9%,西乡略大于北乡,但分布的村落数量较为接近且稍微小于北乡,各占总数的15.2%和15.9%。显然,村落数量与各乡面积不成正比,南乡村落密度最大,东乡地广村稀。

从地形上看,流经青县境的河流如南运河、滹沱河、东支黑龙港河、中支黑龙港河多集中在中部偏西地区,即北乡、西乡、南乡。其中村落分布最为密集的地区是南运河西岸与滹沱河东岸之间的地区,正是青县南乡的地域,分布了全县42.9%的村落。再加上北乡与西乡的村落,运河西岸分布了全县74.1%的村落。而地域广阔的运河东岸,即东乡,村落分布则较为稀疏。由图4-9可见,青县村落分布呈现出沿河集中、西稠东稀的空间特点。

四、青县村落变化

从青县归天津府辖属到清末这段时间,其所辖村落在不同时期各有差异(见图4-10),从上述文献提供的三个时间节点可以对青县村落的变化趋势有所认识。

由图4-10可以看到,青县村落数量一直呈稳步上升趋势,从乾隆四年(1739)至嘉庆八年(1803)的64年间增加了10个,平均每年增长0.16个村落。从嘉庆八年(1803)至光绪二十五年(1899)的96年间增加了32个,平均每年增加0.33个。由此可见,青县的村落增长速度一直处在一个较低的水平。

从空间分布上,结合图4-8、4-9可以看到,青县村落在空间分布上呈现出西部村落密集,东部村落稀疏的面貌。尽管随着时间推移,各区域

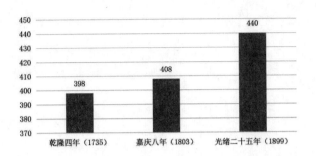

图4－10　清代天津府辖青县村落数量变化图

图片来源:图中统计信息源自乾隆《天津府志》卷八《乡都户口志》,来新夏、郭凤岐:《天津通志·旧志点校卷(上)》,天津:南开大学出版社,2001年,第170—171页。(清)沈联芳:《青县志》卷1《疆域志》,光绪三十一年刻本,第15—23页。《重修天津府志》卷二十五《舆地(五)·城乡》,来新夏、郭凤岐:《天津通志·旧志点校卷(上)》,天津:南开大学出版社,2001年,第968—970页。

村落数量都有所增加,但这种趋势仍然保持稳定。从地形上看,这是由于河流主要集中在青县西部,尤其是南运河由北向南贯穿县境中西部地区,沿岸汇集了大量的村落,且青县城也在运河西岸,其周围村落分布也较为密集。特别是青县南部地区,南运河西岸与滹沱河东岸之间的地带,在不足县境四分之一的地区,汇集了全县四成以上的村落,形成了青县最为密集的村落带。

第四节　沧州的村落数量与空间分布

清代天津府辖沧州的村落信息除了在《天津府志》《重修天津府志》中有所反映之外,清乾隆八年(1743)编修的《沧州志》中也有详细的记载。此外,成书于乾隆十八年(1753)的《畿辅义仓图》可以反映当时的村落分布情况。

一、乾隆四年沧州村落数量与分布

1. 村落数量

乾隆四年(1739)成书的《天津府志》记载了沧州的村落信息。从数量上看,共计509个村落,分属东、南、西、北四路,具体各路所辖村落情况如表4-10。

表 4 – 10 乾隆四年沧州村落情况统计表

区域	铺	村落
东路（一百二十五村落）	芦家园铺十九村庄	芦家园、门口里庄、刘表家庄、祝家庄、戴家坟、小赵家庄、大赵家庄、赵家坟、米家堂、孟家庄、齐家庄、王御史庄、万家庄、曹家庄、王家坟、王希鲁家庄、佟家花园、匠艺庄、吕家院
	守御里铺十二村庄	姜家城、蔡家城、赵官屯、徐官屯、吴官屯、北顾屯、郑屯、南顾屯、容官屯、鞠官屯、王家店、吕家坟
	王生忠屯铺五村庄	王生忠屯、宋家屯、邓家屯、杨官屯、唐官屯
	旧沧州铺十村庄	旧沧州、强家庄、李才高家庄、贾村、感化屯、杨家店、曹庄、郭村、小王家庄、庞家河
	枣园铺十村庄	前枣园庄、后枣园庄、前崔家庄、后崔家庄、邢家庄、郝家庄、前白兔庄、后白兔庄、前小营庄、后小营庄
	流口铺十村庄	流口庄、曹家庄、张家庄、马家台、刘家曹庄、崔家台、武家庄、白菜坟、韩家庄、望海市
	坟庄铺十村庄	坟庄、前垛庄、后垛庄、崔家圈子、戴家圈子、西赵河、东赵河、徐杨桥、李家圈子、徐市庄
	毕孟南半铺九村庄	北赵河、南毕孟、东毕孟、西毕孟、北毕孟、流石留、马连庄、刘村、谭家庄
	毕孟北半铺十村庄	王桥庄、前滕家庄、后滕家庄、刘月家庄、康家庄、岭家店、大浪白、道安庄、前磁庄、后磁庄
	卜老桥铺十四村庄	卜老桥、蒋家庄、孟家庄、杨家龙堂、兔刘家庄、东河庄、田家庄、东家铺、牛新庄、榜张家庄、萧家庄、赵家庄、耿家庄、路家庄
	忤龙堂铺十三村庄	忤龙堂、蔡家庄、火龙店、谷家程家林、傅家程家林、□□程家林、刘家□□□□□、王御史庄、东□□□□□、□□□、□□□、□□□、□□□
	何应文屯铺一村庄	何应文屯
	王世爵屯铺二村庄	王世爵屯、柳浩屯

区域	铺	村落
南路（二百一十四村落）	东云河堤铺二十八村庄	云河堤、史家堤、汪家铺、壃场店、于家庄、祝家庄、瓦墙、尚家园、三角堤、沈家铺、端家庄、大新庄、小新庄、刘家庄、杨家庄、龚家堤口、张家庄、周李家庄、小孙家庄、潘有庄、曹家庄、七里店、高家店、张牛家庄、壴家庄、彭店、刘进士家庄、杨家庄
	西运堤铺二十二村庄	无奈河新庄、殷家桥、大铺、马新庄、殷家庄、叶家庙、小李家庄、孙家庄、马四家庄、阎家庄、囝家庄、蔡家庄、银子旺、刘家庄、马家庄、田家庄、刘成家庄、砖河、付家庄、付家园、高庙、刘木春家庄
	狼缺屯铺三村庄	捷地、贾家庙、小贾家新庄
	张官屯铺四村庄	张官屯、穆官屯、小刘家新庄、陈家院
	庞村铺十一村庄	张远初家庄、小王家庄、大王家庄、马家庙、刘家庙、范家庄、生金刘家庄、戴家庄、土塔庄、新庄、新王家庄
	鲍官屯铺四村庄	鲍官屯、孙清屯、张继屯、姜官屯
	倪官屯铺四村庄	倪官屯、王应会屯、陈官屯、贾官屯
	狼儿口铺八村庄	萧缺屯、陈登科屯、五拨屯、狼儿口、袁实屯、三拨屯、杨八庄、陈敬家庄
	王守成屯铺二十三村庄	小李家庄、罗张家庄、徐和杨家庄、扛子张家庄、王家庄、新庄、丛家庄、吴家庄、八拨杨家庄、詹家庄、李家庄、王拨张家庄、郭家庄、四拨鄢家庄、赵家庄、九拨邢家庄、杨家庄、官家庄、载家庄、六拨庄、李高家庄、十拨庄、王守成屯、
	萧煌屯铺七村庄	萧煌屯、谭计美屯、王世官屯、刘英屯、刘大智屯、高起鹏屯、宋大川屯
	小集铺七村庄	小集、张古风家庄、大迟家庄、小迟家庄、张馆庄、康家庄、张家庄
	王寺铺八村庄	柴儿庄、王寺庄、集北头、高家庄、程庄、许家庄、琵琶张家庄、邢家四拨

续表

区域	铺	村落
西路（六十二村落）	孟村铺二十五村庄	孟村、前子来屯、后子来屯、史家庄、庞家庄、刘家子来屯、王家屯、宋家庄、沙张家庄、丁董家庄、刘家许村、计家许村、吴家许村、马家庄、李家许村、许家庄、宣家庄、台家庄、杨家庄、孙家楼、王家庄、大张沙庄、丁家庄、后张沙庄、侯家庄
	新县铺十八村庄	新县、于家庄、王家庄、萧家庄、罗疃庄、杨村、王姑子庄、孙村、马家庄、徐家小庄、赵家宅、张家窑厂、许家道、小刘家庄、北良庄、吴家庄、冯家庄、刘家窑厂
	十四户铺十二村庄	十四户、高河、赵家南良、谭家庄、刘家石桥、赵家石桥、王家石桥、杨家石桥、韩家石桥、小张家庄、小刘家庄、花红寨
	圣佛寺铺十五村庄	张祥庄、马家庄、仇家小庄、吴家小庄、孙家小庄、贯家庄、王家窑厂、付家窑厂、焦家南良、王家南良、吴家小庄、孙家小庄、汗子刘家庄、门家坊、圣佛店
	彰壁铺十五村庄	彰壁庄、何家堤口、西宋村、东宋村、阎家庄、艾家宅、小刘家庄、小段家庄、吴家阁、火燎高家庄、李家长店、刘家长店、棘科庄、张家宅、管家宅
	砖河铺二十一村庄	砖河镇、顺民屯、东顺民屯、萧家庄、牛家庄、姚家庄、顾西铺、王家庄、张家庄、吕家庄、侯家庄、吴家庄、铺陈家、陈家庄、小纪家窑、纸房头、涂家营、崔家营、尤家营、前尤家营、太平庄
	梁龙光屯铺十村庄	前梁光屯、后梁光屯、娘娘庙庄、上河涯、萧家园、王官屯、前王家庄、后王家庄、流佛寺、刘胖家庄
	南关口铺九村庄	南关口、张官坟、强家坟、赵家庄、陈屯、李家庄、许官屯、季家屯、刘接屯
	长芦镇铺八村庄	长芦镇、柳家庄、许家屯、大庄、孙家庄、管家庄、十二户、魏家庄
	八里庄铺十四村庄	戴家园、王家庄、吕家院、陈屯、河洼、大金家庄、官厅、高家庄、小杨家庄、刘文家庄、安家庄、白官屯、新庄、程家庄

续表

区域	铺	村落
北路（一百零八村落）	褚官屯铺五村庄	褚官屯、高官屯、花园、姚官屯、豆店屯
	马落坡铺二村庄	马落坡、王家庄
	黄邦乡屯铺三村庄	风化店、黄官屯、小新庄
	寨里南半铺五村庄	前李寨庄、后李寨庄、孟家庄、姜家庄、范家庄
	寨里北半铺六村庄	寨里庄、吕郭庄、南堤庄、王吉家庄、官庄、大盐镇台
	小韩村铺八村庄	前韩村、后韩村、港西、德家庄、小科牛、大科牛、后科牛、鹁鸽刘家庄
	李村铺十一村庄	降儿庄、谢家庄、前齐家务、后齐家务、王化家庄、东韩家庄、王家庄、高家庄、麻家沽、仓上、乾符庄
	同居铺五村庄	同居、小新庄、杨官庄、翟家庄、窦家庄
	聚馆铺十四村庄	南聚馆、东聚馆、酥聚馆、桃园、崔家庄、苏家庄、道口、大苏家庄、十里河、大村、郭家庄、马棚口、邱家庄、丁家庄
	浮河铺二十村庄	姜家桥、万家庄、胡家庄、阎家庄、梁口、何家桥、张福家庄、高家口、郑家口、王大本家庄、吕家桥、王家桥、高船头、王家尘子、岐口、刘三家庄、孙正家庄、王御史庄、陈家庄、瓦古滩
	兴阳镇铺八村庄	孔家庄、尚家庄、邓家庄、王徐家庄、刘皮家庄、小王家庄、南王门庄、杨三墓
	孔家店镇二十一村庄	孔家店、朱李口、保家庄、夏家庄、子来屯、北阁、大吴家庄、小吴家庄、小严镇台、九女河、韩家庄、灶坡、李官庄、吕家楼、邢家庄、孙家庄、新庄、军马站、庞家庄、杨春家庄、刘起家庄

资料来源:表内信息源自乾隆《天津府志》卷八《乡都户口志》,来新夏、郭凤岐:《天

津通志·旧志点校卷(上)》,天津:南开大学出版社,2001 年,第 172—174 页。

通过表 4 – 10 可知,此时沧州 509 个村落在各区域分布不一,其中南路有 214 个村庄,占总数的 42% ,居于首位;东路有 125 个村庄,占总数的 24.6% ,排在第二位;北路与东路相差不大,有 108 个村庄,占总数的 21.2% ,居于第三位;西路村庄最少,有 62 个村庄,占总数的 12.2% 。

2. 空间分布

清乾隆四年(1739)沧州境内共有村落 509 个,按方向分属四个区域。从空间上来看,南路的村落数量最多,东路和北路次之,西路最少,与南路相差总数的近三成。

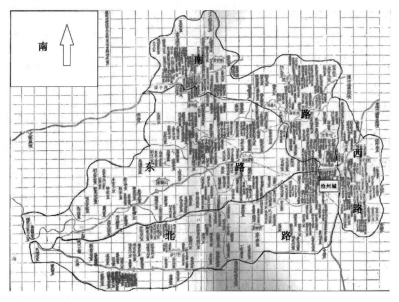

图 4 – 11　乾隆四年沧州分区示意图

图片来源:此图以《畿辅义仓图》中《沧州图》[(清) 方观承:《畿辅义仓图》,台北:成文出版社 1970 年影印本,第 128 页。]为底图绘制。

由图 4 - 11 可以看到,以沧州城为中心,按方位划分的各区域面积存在一定差异,沧州城并未在其辖境的中心附近,而是靠近西侧,形成了东部地区最大,北部与南部稍小,西部地区还不到东部地区的三分之一的空间区域。各区面积与各区村落数量并没有构成正比关系,面积最大的东路地区并没有分布着最多的村落,而是比其略小的南路地区分布着最多的村落,所以南路地区村落分布密度要大于东部地区。北路地区与东路地区分布村落相近,但北路地区稍小于东路地区,所以北路地区的村落密度要比东路地区稍大。同时,面积最小的西路地区分布的村落最少,但由于其面积较小,村落分布密度反而并不低,其面积不足东路地区三分之一,分布村落约是东部地区的一半,因此,西路地区村落密度还要高于东路地区。也就是说,沧州境内的四个区域中,南路与西路地区村落分布最为密集,北路次之,东部则较为稀疏。

从地形上看,沧州是平原地带,南运河从州境西侧穿过,捷地减河与石碑河由西南向东北方向穿过州境,宣惠河自西向东穿过州境南部,村落大多数都在河流沿岸,尤其以南运河沿岸为最,再加上沧州城也在运河东岸,邻近沧州城周围地区及相邻运河段区域村落分布最为密集。总的来说,沧州境内村落密度较高地区主要在州境西部和南部,这分别是南运河和宣惠河流经的主要地区。

二、乾隆八年沧州村落数量与分布

1. 村落数量

编修于清乾隆八年(1743)的《沧州志》记载了当时沧州村落的情况。与乾隆《天津府志》记载的方式类似,该志除了将全县村落分东、南、西、北四路划分外,又把各路村落按照所属各铺进行了细分。从数量上看,共计501个村落。由于前后两部地方志的记载方式类似,可以进行详细对比,梳理成表4-11。

表4-11　乾隆四年与乾隆八年沧州村落变化表

区域	乾隆四年(1739)		乾隆八年(1743)		村落	
	铺	村落数量	铺	村落数量	数量变化	具体变化
东路	芦家园铺	19	芦家园铺	21	+2	前有后无:门口里庄 前无后有:焦家院、前三里庄、后三里庄
	守御里铺	12	守卫里铺	12	0	
	王生忠屯铺	5	王生忠屯铺	5	0	
	旧沧州铺	10	旧沧州铺	10	0	
	枣园铺	10	枣园铺	10	0	
	流口铺	10	流口铺	10	0	
	坟庄铺	10	坟庄铺	10	0	
	毕孟南半铺	9	毕孟南半铺	9	0	
	毕孟北半铺	10	毕孟北半铺	10	0	
	卜老桥铺	14	卜老桥铺	14	0	
	忤龙堂铺	13	忤龙堂铺	8	-5	《天津府志》中忤龙堂铺下属部分村落名称模糊不清,恰好是与《沧州志》相差的这5个
	何应文屯铺	1	何应文屯铺	1	0	
	王世爵屯铺	2	王世爵屯铺	2	0	

续表

区域	乾隆四年(1739)		乾隆八年(1743)		村落	
	铺	村落数量	铺	村落数量	数量变化	具体变化
南路	东云河堤铺	28	东云河堤铺	28	0	
	西运堤铺	22	西运堤铺	22	0	
	狼缺屯铺	3	狼缺屯铺	3	0	
	张官屯铺	4	张官屯铺	4	0	
	庞村铺	11	庞村铺	11	0	
	鲍官屯铺	4	鲍官屯铺	4	0	
	倪官屯铺	4	倪官屯铺	4	0	
	狼儿口铺	8	狼儿口铺	8	0	
	王守成屯铺	23	王守成屯铺	23	0	
	萧煌屯铺	7	萧煌屯铺	7	0	
	小集铺	7	小集铺	7	0	
	王寺铺	8	王寺铺	8	0	
	孟村铺	25	孟村铺	25	0	
	新县铺	18	新县铺	18	0	
	十四户铺	12	十四户铺	12	0	
	圣佛寺铺	15	圣佛寺铺	15	0	
	彰壁铺	15	彰壁铺	15	0	
西路	砖河铺	21	砖河铺	21	0	
	梁龙光屯铺	10	梁龙光屯铺	10	0	
	南关口铺	9	南关口铺	9	0	
	长芦镇铺	8	长芦镇铺	8	0	
	八里庄铺	14	八里庄铺	14	0	

续表

区域	乾隆四年(1739)		乾隆八年(1743)		村落	
	铺	村落数量	铺	村落数量	数量变化	具体变化
北路	褚官屯铺	5	褚官屯铺	5	0	
	马落坡铺	2	马落坡铺	2	0	
	黄邦乡屯铺	3	黄邦乡屯铺	3	0	
	寨里南半铺	5	寨里南半铺	5	0	
	寨里北半铺	6	寨里北半铺	6	0	
	小韩村铺	8	小韩村铺	8	0	
	李村铺	11	李村铺	11	0	
	聚馆铺	14	聚馆铺	14	0	
	浮河铺	20	浮河铺	20	0	
	兴阳镇铺	8	兴阳镇铺	8	0	
	孔家店镇	21	孔家店镇	21	0	
	同居铺	5	无	无	-5	前有后无:同居、小新庄、杨官庄、翟家庄、窦家庄
合计		509		501	-8	

资料来源:表内信息源自乾隆《天津府志》卷八《乡都户口志》,来新夏、郭凤岐:《天津通志·旧志点校卷(上)》,天津:南开大学出版社,2001 年,第 172—174 页。(清)徐时作:《沧州志》卷一《疆域》,乾隆八年刻本,第 91—114 页。

由表 4 - 11 可以看到,乾隆八年(1743)编修的《沧州志》距离乾隆四年(1739)成书的《天津府志》之间仅仅间隔了四年时间。对于聚落的变化而言,这个时间段略显短暂。但是沧州的村落数量仍然发生了一些变化,由乾隆四年(1739)的 509 个村落减少为 501 个,以平均每年 2 个村落的速度减少。具体来看,芦家园铺有 1 个村落消失,又增加了 3 个,忤龙堂铺消失了 5 个村落,北路同居铺在乾隆《沧州志》中没有记载,其所辖 5 个村落随之消失,共计 8 个村落。

2. 空间分布

清乾隆八年(1743)沧州境内共有村落501个,与前志一样分为东、南、西、北四路,为了方便比较,整理成表4-12。

表4-12 乾隆四年至乾隆八年沧州村落数量变化统计表

分区	乾隆四年(1739)	乾隆八年(1743)	村落数量变化
东路	125	122	-3
南路	214	214	0
西路	62	62	0
北路	108	103	-5
总数	509	501	-8

资料来源:表内信息源自乾隆《天津府志》卷八《乡都户口志》,来新夏、郭凤岐:《天津通志·旧志点校卷(上)》,天津:南开大学出版社,2001年,第172—174页。(清)徐时作:《沧州志》卷一《疆域》,乾隆八年刻本,第91—114页。

由表4-12可以看到,沧州内的村落经过短短四年,发生了一些变化,东路与北路村落数量有所减少,但幅度不大,没有对沧州境内各路地区村落空间分布产生明显的影响,还保持与乾隆四年(1739)类似的分布状态,即在空间上,南路与西路地区村落分布最为密集,这分别是南运河和宣惠河流经的主要地区,北路次之,东部则较为稀疏。在地形上,邻近沧州城周围地区及相邻运河段区域村落分布最为密集。

三、光绪二十五年沧州村落数量与分布

1. 村落数量

清光绪二十五年（1899）成书的《重修天津府志》详细记载了沧州的村落，并与乾隆四年（1739）成书的《天津府志》与乾隆十八年（1753）成书的《畿辅义仓图》中的村落信息进行对比，不仅反映了当时的村落情况，还对村落的变化也有所展现（见表4－13）。

表4－13　光绪二十五年沧州村落数量统计表

分区	村落数量	前有今有	前无今有		前有今无	实际增长
			仓有	仓无		
东乡	128	112	3	13	21	－5
南乡	203	167	12	24	27	9
西乡	120	87	9	24	8	25
北乡	100	90	1	9	7	3
合计	551	456	25	70	63	32

资料来源：表内信息源自《重修天津府志》卷二十五《舆地·城乡》，来新夏、郭凤岐：《天津通志·旧志点校卷（上）》，天津：南开大学出版社，2001年，第972—975页。

由表4－13显示，截至光绪二十五年（1899）沧州境内共有551个村落，总的来说，较乾隆四年（1739）《天津府志》中的记载有所增加，但仔细对比可见，不仅有新增的村落，也有消失的村落，其中新增村落中有的出现较早，通过与乾隆十八年（1753）《畿辅义仓图》对比发现，有26.3%的村落在乾隆十八年（1753）已经出现，其余则在其后的近150年间陆续出现。同时，在两部府志相距的160年间，也有63个村落消失，所以，实际增加村落32个。

具体到各区来看,西乡有村落 120 个,其中从乾隆四年(1739)延续至光绪二十五年(1899)的有 87 个。新增村落中,已经出现的有 9 个,即白家口、红庙、尤家庄、八里庄、傅家园、贾九拨、叶三拨、詹八拨、郝五拨;其后陆续出现的有 24 个,即季家院、仲家口、小金庄、韩家场、小朱庄、小东庄、义和店、陈新庄、小朱庄、八佾庄、冉新庄、陈刘拨、五拨口、蔡新庄、段六拨、小六拨、玉环五拨、大七拨、萧十拨、李八拨、李六拨、大三拨、赵九拨、戴九拨。消失的村庄有 8 个,即陈家庄、长芦镇、许家屯、大庄、管家庄、陈屯、河洼、新庄。实际增加了 25 个村落,排在各乡首位。南乡有村落 203 个,其中从乾隆四年(1739)延续至光绪二十五年(1899)的有 167 个。新增村落中,乾隆十八年(1753)已经出现的有 12 个,即八里屯、曹家庄、高新庄、杨家桥、唐家庄、玉环堂、小三拨、王程林庄、集北头罗四拨、邢四拨、小窑厂、傅窑厂;其后陆续出现的有 24 个,即东小庄、董新庄、小王庄、北蔡庄、南蔡庄、黑徐庄、大王庄、石家庄、蓝新庄、范家园、大道西庄、和里店、萧九拨、小朱庄、白家庄、东程林庄、大高堂、小高堂、小韩庄、王长堤、蔡吉祥、孙吉祥、石家庄、祝南良。消失的村庄有 27 个,即于家庄、潘家庄、马四家庄、陈登科家庄、王拨屯、袁实屯、三拨屯、詹家屯、郭家庄、六拨庄、十拨庄、肖煌屯、谭计美屯、刘大智屯、高起鹏屯、宋大川屯、程庄、许家庄、王家屯、大张沙庄、后张沙庄、侯家庄、于家庄、高河、吴家小庄、棘科庄、管家庄。实际增加了 9 个村落,排在各乡第二位。北乡有村落 100 个,其中从乾隆四年(1739)延续至光绪二十五年(1899)的有 90 个。新增村落中,乾隆十八年(1753)已经出现的有 1 个,即南王蔓;其后陆续出现的有 9 个,即葛古塘、三韩村、纪家铺、北张巨河、阎新庄、邀福堂、六间房、小刘庄、沙井。消失的村庄有 7 个,即小新庄、南聚馆、王家尘子、孔家庄、王徐家庄、南王门庄、新庄。实际增加了 3 个村落,排在各乡第三位。东乡有村落 128 个,其中从乾隆四年(1739)延续至光绪二十五年(1899)的有 112 个。新增村落中,乾隆十八年(1753)已经出现的有 3 个,即药王庙、达子店、乾河庄;其后陆续出现的有 13 个,即北堡子、王新庄、小园、李八庄、李天木庄、王楼、穆家庄、大圈、小戴庄、土娄、小冯庄、前六十六庄、后六十六庄。消失的村庄有 21 个，即焦家院、戴家坟、大赵家庄、米家堂、匠艺庄、郑屯、王生忠屯、邢家庄、前小营店、后小营店、坟庄、流石留、刘村谭家庄、前磁庄、后磁庄、蒋家庄、兔刘家庄、榜张家庄、火龙店、何应文屯、王世爵屯。两相抵消不仅没有增加，还减少了 5 个村落，排在各乡最后。

2. 空间分布

沧州内的村落，分属东、南、西、北四乡，根据《重修天津府志》中的标准，以卫河分北与东，以南关至卜老桥分东与南，以卫河至捷地望王寺镇大道分南与西，以卫河分西与北，据此绘制图 4 – 12。

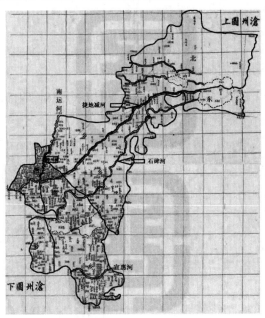

图 4 – 12　光绪二十五年沧州分区示意图

图片来源：此图以光绪《续修天津府志》卷十九《舆地》中《沧州图》
[见来新夏、郭凤岐：《天津通志·旧志点校卷（上）》，天津：南开大学出版
社，2001 年，第 895—896 页。]为底图加工绘制而成。

由图4-12可见,在空间上,各乡区域大小略有差异,北乡地域最为广阔,但分布的村落是各乡中最少的,只有100个,占总数的18.1%。比北乡略小的东乡分布了128个村落,占总数的23.2%,虽然在数量上排在各乡第二位,但比第三位的西乡仅多了8个,而东乡的面积却是西乡的两倍不止。分布村落最多的南乡,有村落203个,占总数的36.8%,是北乡的2倍,但其面积仅有北乡的二分之一。可见,沧州辖境内南部和西部是村落分布最为密集的地区,而北部与东部则呈现出地广村稀的面貌。

从地形上看,流经沧州境内的河流主要有南运河、宣惠河、捷地减河、石碑河。村落大多集中在各条河流两岸,尤其以南运河两岸为最。沧州城在南运河东岸,附近聚集了大量村落,以其为顶点,沿南运河两岸至捷地减河北岸这一地区形成了一个村落高度聚集的地带(见图4-12),为全沧州之最。其余各乡村落分布多寡与流经各乡的河流关系密切,其中捷地减河是北乡与东乡的分界线,石碑河由西南向东北方向贯穿东乡,西乡在南运河西岸,捷地减河自西向东贯穿其间,南乡在南运河东岸,捷地减河、石碑河、宣惠河皆自西向东贯穿其间。可见,沧州境内各乡村落分布与流经其间的河流数量基本成正比。

总体来看,光绪二十五年(1899)这一时期的村落分布趋势仍与乾隆四年(1739)时的情况类似,只是村落数量有了增加,特别是西乡增加最多,使其村落分布密度有了进一步的提高。

四、沧州村落变化

从沧州归天津府辖属到清末这段时间,其所辖村落在不同时期各有差异,从上述文献提供的三个时间节点可以对沧州村落的变化趋势有所认识。

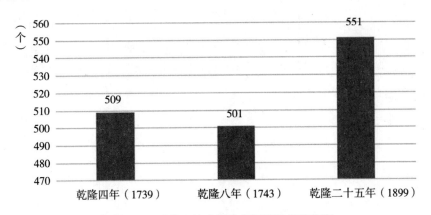

图4－13 清代天津府辖沧州村落数量变化图

图片来源:图中统计信息源自乾隆《天津府志》卷八《乡都户口志》,来新夏、郭凤岐:《天津通志·旧志点校卷(上)》,天津:南开大学出版社,2001年,第172—174页。(清)徐时作:《沧州志》卷一《疆域》,乾隆八年刻本,第91—114页。《重修天津府志》卷二十五《舆地(五)·城乡》,来新夏、郭凤岐:《天津通志·旧志点校卷(上)》,天津:南开大学出版社,2001年,第972—975页。

由图4－13可以看到,沧州村落数量并不是一直呈上升趋势,从乾隆四年(1739)至乾隆八年(1743)的4年间就减少了8个,平均每年减少2个村落。从乾隆八年(1743)至光绪二十五年(1899)的156年间增加了50个,平均每年增加0.32个。由此可见,沧州的村落数量变化呈现出波动趋势,但总体上是增长的,但增加的速度也处在一个较低的水平。

从空间分布上,结合图4－11、4－12可以看到,沧州村落在空间分布上呈现出西部、南部村落密集,北部、东部村落稀疏的面貌。尽管随着时间的推移,村落数量都有所增加,但往往是原先较为密集的地区增加更多,加剧了这种趋势的特点。从地形上看,这与河流在各区域分布的数量有关,尤其是南运河两岸汇集的村落最多。再加上沧州城周围聚集的村落,形成了以沧州城为顶点,沿运河往南到捷地减河一带村落高度聚集的地区。总的来说,沧州村落分布趋势自乾隆四年(1739)至光绪二十五年(1899)间一直保持着类似的分布趋势。

第五节 南皮县的村落数量
与空间分布

清代天津府辖南皮县的村落信息除了在《天津府志》《重修天津府志》中有所反映之外,清光绪十四年(1888)编修的《南皮县志》中也有详细的记载。但经过对比发现,该志中的村落记载情况与乾隆《天津府志》中的信息一致,两部地方志相隔149年,村落情况不可能丝毫未变,可见是光绪《南皮县志》没有更新村落信息,因此只能利用《天津府志》《重修天津府志》两部地方志所提供的信息及时间节点来看南皮县的村落发展变化。此外,成书于乾隆十八年(1753)的《畿辅义仓图》可以反映当时的村落分布情况。

一、乾隆四年沧州村落数量与分布

1.村落数量

乾隆四年(1739)成书的《天津府志》记载了南皮县的村落信息。从数量上看,共计368个村落,分属东、南、西、北四路,具体各路所辖村落情况如表4-14。

表4-14　乾隆四年南皮县村落情况统计表

区域	分属	村落
东路(一百三十村落)	刘家庄二十一村庄	董村镇、黑龙村、张家庄、小安家庄、肖家庄、方家庄、侯家庄、董家庄、刘家寨庄、艾家庄、刁家庄、前崔家庄、崔达子家庄、杨家庄、后崔家庄、高家庄、董家庄、刘家庄、张家庄、张祥王家庄、崔家庄
	种德务二十一村庄	王果针家庄、詹家庄、辛家庄、顾家庄、冯祥家庄、刘养素家庄、李养斋家庄、东唐家务、中唐家务、西唐家务、三教庵家庄、前印子头庄、后印子头庄、陈家庄、小马家庄、王右全家庄、王姑娘家庄、周家庄、王贡土家庄、邱家庄、大马家庄
	张二桥一十五村庄	生刘家庄、西郭家庄、东郭家庄、赵家庄、柴家庄、堂孙家庄、薛家庄、大张二桥、小张二桥、西尖庄、东尖庄、庞家庄、大庄、李家庄、张家庄
	高村庄一十七村庄	刘福青家庄、王厂家庄、姜家庄、单家庄、赵家庄、梁家庄、安家庄、门家堂、陈家庄、穆家庄、崔家庄、曹家庄、王家庄、史家庄、张家庄、卢家庄、臧家庄
	垒城村九村庄	刘家庄、潞灌庄、龙堂庄、焦山寺庄、刘少盘家庄、薛家庄、刘奇家庄、东卢家庄、西卢家庄
	田家寨一十八村庄	北郭家庄、北刘家庄、龙问寺庄、曲家庄、王少全家庄、孙家庄、王家马庄、刘家马庄、郝家庄、刁宫楼、高家庄、李家庄、霍家寨、谢家楼、佛王家庄、张家庄、杨福寨、田家寨
	北马村一十五村庄	孙龙家庄、康家庄、官张家庄、朱家庄、北陈家庄、庞家庄、艾家庄、高家庄、大李家庄、霍家寨、赵家庄、小李家庄、小商家庄、南陈家庄、大商家庄
	马营一十四村庄	乌马营庄、莲华池庄、王家庄、冯家庄、徐家庄、小汤家庄、董家庄、东门家庄、西门家庄、九拨季家庄、汤家庄、小张家庄、九撅侯家庄、杨家庄

续表

区域	分属	村落
南路（九十三村落）	邱家庄一十八村庄	代家庄、崔家庄、赵家庄、李家庄、刘显吾家庄、侯家庄、叶家庄、毕家庄、王家桥、吴家庄、刘家庄、郭家庄、塔马寺、邱家庄、八里台、许家庄、崔家场庄、张家庄
	陈家庄一十九村庄	波庄、傅家庄、宁家庄、孙家庄、于家庄、胡家庄、陈家庄、田家庄、王木匠家庄、郭家庄、李济家庄、冯家坊、后店、杨家庄、吴家庄、蔡家庄、五龙堂、龙王李家庄、龙王徐家庄
	徐家庄一十八村庄	东林家庄、西林家庄、北林家庄、李家庄、侯家庄、徐家庄、邱家庄、胡家庄、前店李家庄、代家庄、孙家庄、周家庄、高家庄、徐官家庄、陈英家庄、大树陈家庄、朱家庄、任家庄
	姚家庄十六村庄	鲁家庄、张义恒家庄、冯家庄、小冯家庄、郑家庄、王家庄、姚家庄、小白家庄、小郑家庄、白家集、何家庄、贾家庄、冯家庄、钟照寺刘家庄、房家庄、张木春家庄
	底桥镇二十二村庄	刘官民家庄、崔赞家庄、林家桥、刘连家庄、刘打瓮家庄、赵家庄、孙家庄、小单家庄、张家庄、单家庄、杨家庄、底桥镇、李家营盘、小张家营盘、张家营盘、孙家营盘、刘家庄、杏行庄、杏行徐家庄、柳林王家庄、大张家庄、李家庄
西路（六十三村落）	毕家堂一十四村庄	邵家庄、大张家庄、林家庄、小张家庄、许家庄、双庙、王山家庄、毕家堂、魏家庄、刘秀才家庄、王还家庄、刘家花园、崔秤锤家庄、崔家场园
	北夏口十九村庄	赵家八里庄、毕家庄、钓鱼台、董家庄、潘家庄、刘家庄、李家庄、段家庄、路家庄、肖家庄、七里口高家庄、七里口徐家庄、十二里口、傅家庄、地口张家庄、前李家八里庄、后李家八里庄、西张家八里庄、东张家八里庄
	泊镇一村庄	泊镇
	钓里台二十九村庄	高家庄、四角楼、小黄家庄、张廉史家庄、黄家洼、小魏家洼、清水洼、孔家庄、邢家庄、张半边家庄、姜家庄、赵家庄、韩家庄、李家新庄、张家花园、许家庄、小崔家庄、王古头家庄、张让家庄、吕家庄、安家庄、周家庄、魏家庄、孙家庄、杨家庄、三里庄、侯家庄、小刘家、小刘家庄

区域	分属	村落
北路（八十二村落）	张家口一十五村庄	李保明家庄、新庄、王蒜头家庄、徐家庄、李家庄、桃园庄、张汉家庄、前上桥、中上桥、林子庄、金家庄、张扒棍子家庄、张家口、王三斗家庄、十王店
	旗屯五十一村庄	古家庄、刘家庄、贾家屯、宋家屯、满家屯、赵家庄、杨家庄、穆家庄、代家庄、肖家庄、张山家庄、李家庄、梁家庄、石佛寺、昝家庄、薛家庄、邢家庄、堤口里王家庄、崔家洼庄、打鱼王家庄、穆家桥、薛家窝、穆家三拨、张家三拨、冯家口右卫、冯家北渡口、肖家楼、东昝家庄、大昝家庄、齐家屯、孙齐家屯、刘文家庄、柴家庄、刘家庄、于家庄、大王家庄、李皇亲家庄、后上桥、前新庄、邱家庄、大马家庄、三十五里铺庄、白塔寺、光定侯家庄、舍女寺、庞家庄、窑厂庄、姚家庵、齐家堰、小刘家新庄、窑厂庄、西刘家庄
	军屯庄十六村庄	邵福屯、李时兴屯、张子寿屯、马文屯、尹乐尧屯、刘应选屯、康隆屯、张隆屯、潘天黄屯、杨汝登屯、李呈瑞屯、史雄屯、马云升屯、高拱极屯、樊英屯、王朝栋屯

资料来源：表内信息源自乾隆《天津府志》卷八《乡都户口志》，来新夏、郭凤岐：《天津通志·旧志点校卷（上）》，天津：南开大学出版社，2001 年，第 174—176 页。

通过表 4 – 14 可知，此时南皮县 368 个村落，在各区域分布不一，其中东路有 130 个村庄，占总数的 35.3%，居于首位；南路有 93 个村庄，占总数的 25.3%，排在第二位；北路有 82 个村庄，占总数的 22.3%，居于第三位；西路村庄最少，有 63 个村庄，占总数的 17.1%。

2. 空间分布

清乾隆四年（1739）南皮县境内共有村落 368 个，按方向分属四个区域。从空间上来看，东路的村落数量最多，南路和北路次之，西路最少，还不到南路的一半。（见图 4 – 14）

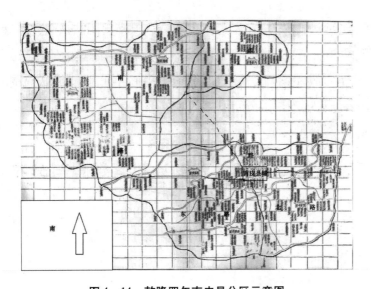

图 4 – 14 乾隆四年南皮县分区示意图

图片来源:此图以《畿辅义仓图》中《沧州图》[(清)方观承:《畿辅义仓图》,台北:成文出版社 1970 年影印本,第 129 页。]为底图绘制。

由图 4 – 14 可以看到,以南皮县城为中心,按方位划分的各区域面积存在一定差异,南皮县城并不在其辖境的中心附近,而是靠近西北方向,形成了南路地区最大,东路、西路与北路稍小且相近的空间区域分布状况。各区面积与各区村落数量并没有构成正比关系,面积最大的南路地区并没有分布着最多的村落,而是比其略小的东路地区分布着最多的村落,所以东路地区村落分布密度要大于南路地区。北路地区与南路地区分布村落数量相近,但北路地区稍小于南路地区,所以北路地区的村落密度要比南路地区稍大。同时,西路地区分布的村落最少,但由于其面积较小,村落分布密度反而并不低,其面积约为南路地区的一半,分布村落约是南部地区的三分之二,因此,西路地区村落密度还要高于南路地区。也就是说,南皮县境内的四个区域中,东路与北路地区村落分布最为密集,西路次之,南路则较为稀疏。

从地形上看,南皮县是平原地带,南运河自西南向东北方向从县境西北边界穿过,南皮县全境在南运河东岸。宣惠河自西向东穿过县境中部,鬲津河自西向东穿过县境南部。村落有向河流沿岸集中的趋势,尤其以南运河沿岸为最,但不十分明显。由图4－14可见,南皮县城周围汇集了大量村落,是县境内村落分布密度最大的区域。

二、光绪二十五年南皮县村落数量与分布

1. 村落数量

清光绪二十五年(1899)成书的《重修天津府志》详细记载了南皮县的村落,并与乾隆四年(1739)成书的《天津府志》与乾隆十八年(1753)成书的《畿辅义仓图》中的村落信息做了对比,不仅反映了当时的村落情况,对村落的变化也有所展现(见表4－15)。

表4－15　光绪二十五年南皮县村落数量统计表

分区	村落数量	前有今有	前无今有		前有今无	实际增长
			仓有	仓无		
东乡	63	32	10	21	22	+9
南乡	183	158	9	16	9	+16
西乡	94	79	7	8	8	+7
北乡	56	42	6	8	24	−10
合计	396	311	32	53	63	22

资料来源:表内信息源自《重修天津府志》卷二十五《舆地·城乡》,来新夏、郭凤岐:《天津通志·旧志点校卷(上)》,天津:南开大学出版社,2001年,第975—978页。

由表4－15显示,截至光绪二十五年(1899)南皮县境内共有396个村落,总的来说,较乾隆四年(1739)《天津府志》中的记载有所增加,但仔细对比可见,不仅有新增的村落,也有消失的村落,其中新增村落中有的

出现较早,通过与乾隆十八年(1753)《畿辅义仓图》对比发现,有37.7%的村落在乾隆十八年(1753)已经出现,其余则在其后的近150年间陆续出现。同时,在两部府志相距的160年间,也有63个村落消失,所以,实际增加的村落有22个。

　　具体到各区来看,南乡有村落183个,其中从乾隆四年(1739)延续至光绪二十五年(1899)的有158个。新增村落中,乾隆十八年(1753)已经出现的有9个,即三里庄、偏马营、河滩庄、仉祥王庄、许家珩、姚家庄、刘马村、夜珠高庄、于渤海庄;其后陆续出现的有16个,即石家庄、王茂庄、宫柳林、赵柳林、孙柳林、王古川庄、东朴家庄、东郑家庄、马四村、兴隆店、金家庄、大白庄、白家庄、刘成庄、中林庄、大林庄。消失的村庄有9个,即叶家庄、郭家庄、邱家庄、徐官家庄、小冯家庄、何家庄、冯家庄、李家营盘、杏行徐家庄。实际增加了16个村落,排在各乡首位。东乡有村落63个,其中从乾隆四年(1739)延续至光绪二十五年(1899)的有32个。新增村落中,乾隆十八年(1753)已经出现的有10个,即翟官屯、尹家庄、尹官屯、康官屯、马四拨、白家屯、陈七拨、于十拨、祁家洼、广宁侯;其后陆续出现的有21个,即小王庄、刘官屯、曹八拨、朱八拨、姚九拨、万九拨、王新庄、前宅、观音寺、龚三拨、西新庄、前五拨、马庄、穆家庄、万家庄、后五拨、何七拨、沙家坟、朝阳村、旁立庄、白家新庄。消失的村庄有22个,即刘家寨庄、刁家庄、杨家庄、高家庄、詹家庄、顾家庄、赵家庄、曹家庄、史家庄、臧家庄、刘奇家庄、东卢家庄、西卢家庄、孙龙家庄、康家庄、官张家庄、北陈家庄、霍家寨、赵家庄、小商家庄、南陈家庄、冯家庄。实际增加了9个村落,排在各乡第二位。西乡有村落94个,其中从乾隆四年(1739)延续至光绪二十五年(1899)的有79个。新增村落中,乾隆十八年(1753)已经出现的有7个,即黄家庄、玉皇庙、安家洼、邢家庄、殷家园、陆家庄、李辉诗庄;其后陆续出现的有8个,即老庄、小张庄、白家屯、万家楼、三间房、姚家新庄、刘士馆庄、小柴庄。消失的村庄有8个,即邵家庄、崔家场园、路家庄、七里口徐家庄、姜家庄、韩家庄、小崔家庄、安家庄。实际增加了

7个村落,排在各乡第三位。北乡有村落56个,其中从乾隆四年(1739)延续至光绪二十五年(1899)的有42个。新增村落中,乾隆十八年(1753)已经出现的有6个,即常家庄、小王屯、车官屯、堡子、半壁店、小白洋桥;其后陆续出现的有8个,即小王庄、周新庄、大西头、小西头、陈家庄、七间房、姚家庄、洪新庄。消失的村庄有24个,即徐家庄、杨家庄、张山家庄、訾家庄、薛家庄、东訾家庄、大訾家庄、庞家庄、邵福屯、李时兴屯、张子寿屯、马文屯、尹乐尧屯、刘应选屯、康隆屯、张隆屯、潘天黄屯、杨汝登屯、李呈瑞屯、史雄屯、马云升屯、高拱极屯、樊英屯、王朝栋屯。两相抵消不仅没有增加,还减少了10个村落,排在各乡最后。

2. 空间分布

南皮县内的村落,分属东、南、西、北四乡,根据《重修天津府志》中的标准,以北关大道分北与东,以东关大道至宜惠河止分东与南,以南关大道直分南与西,以西关清水洼孔家庄望北分西与北,据此绘制图4-15。

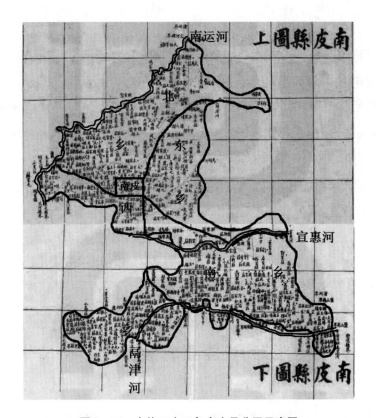

图4-15　光绪二十五年南皮县分区示意图

图片来源:此图以光绪《续修天津府志》卷十九《舆地》中《沧州图》(见来新夏、郭凤岐:《天津通志·旧志点校卷(上)》,天津:南开大学出版社,2001年,第897—898页。)为底图加工绘制而成。

　　由图4-15可见,在空间上,各乡区域大小略有差异,但总体上较为相近。南乡分布的村落是各乡中最多的,有183个,占总数的46.2%。西乡分布了94个村落,占总数的23.7%。东乡分布的村落有63个,占总数的15.9%。北乡村落最少,有56个,占总数的14.1%,与东乡相差不大。在面积相近的情况下,各乡的村落数量多寡直接反映出村落分布的密度。可见,南皮县辖境内南乡村落密度最大,且远高于其他各乡,是南皮县境内村落最为集中的区域。西乡村落分布密度排在第二位,与第一位的南

217

乡差距较大,比其余两乡的优势并不明显。东乡与北乡村落密度相近。

从地形上看,南皮县境内有三条河流分别从北部、中部、南部穿过。其中北部是作为其西北边界的南运河,中部是宣惠河,南部是鬲津河。各条河流两岸都分布了大量村落,但集中趋势并不太明显。由图4－15可以看到,首先是南皮县城附近聚集了大量村落,形成了一个以县城为中心的村落分布密集区,其次是广大平原地区分布的村落也有不少。这些情况都削弱了河流附近村落集中现象的显著性。但仔细观察仍可发现,南皮县境内的村落分别集中在北部、中北部、南部三个带状地区。

总体来看,光绪二十五年(1899)这一时期的村落分布趋势仍与乾隆四年(1739)时的情况类似,只是村落数量有了增加,分布更加均匀,村落分布密度进一步提高了。

三、南皮县村落变化

从南皮县归天津府辖属到清末这段时间,其所辖村落在不同时期各有差异(见图4－16),从上述文献提供的两个时间节点可以对南皮县村落的变化趋势有所认识。

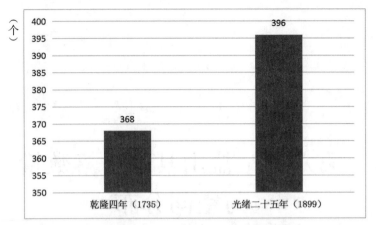

图4－16　清代天津府辖南皮县村落数量变化图

图片来源:图中统计信息源自乾隆《天津府志》卷八《乡都户口志》,来新夏、郭凤岐:《天津通志·旧志点校卷(上)》,天津:南开大学出版社,2001年,第174—176页。《重修天津府志》卷二十五《舆地·城乡》,来新夏、郭凤岐:《天津通志·旧志点校卷(上)》,天津:南开大学出版社,2001年,第975—978页。

由图4－16可以看到,南皮县村落数量呈上升趋势,从乾隆四年(1739)至光绪二十五年(1899)的160年间增加了28个,平均每年增加0.18个。可见,南皮县的村落数量变化较小,虽然总体上是增加的,但增加的速度处在一个较低的水平。

从空间分布上,结合图4－14、4－15可以看到,南皮县村落分布在空间上呈现出南部密集,其他地区接近的趋势。尽管随着时间推移,村落数量都有所增加,但幅度较小,没有改变原有趋势。从地形上看,南皮县境内北部、中部、南部皆有河流横穿而过,逐渐形成了分布于县境北部、中北部、南部的三条村落密集带。这与河流在这些区域的分布以及县城周边汇聚村落的原因有关。总的来说,南皮县村落分布趋势自乾隆四年(1739)至光绪二十五年(1899)间一直保持着类似的分布趋势,并向更加典型的方向发展。

第六节　盐山县的村落数量
与空间分布

清代天津府辖盐山县的村落信息除了在《天津府志》《重修天津府志》中有所反映之外,清同治七年(1868)编修的《盐山县志》也有详细的记载。此外,成书于乾隆十八年(1753)的《畿辅义仓图》可以反映当时的村落分布情况。

一、乾隆四年盐山县村落数量与分布

1.村落数量

乾隆四年(1739)成书的《天津府志》记载了盐山县的村落信息。按照方位,分为东路、东南、南路、西南、西路、西北、北路、东北八个方向,并将沧州与南皮县归并过来的村庄单独列出。具体各路所辖村落情况如下:

东路十三村庄：刘家庄、赵家庄、马村、许家庄、褚村、张龙洼、黄家庄、程村、狼獐家庄、宋村、清水沟、小里寨、常丰。

东南一十九村庄：杨家庄、牛留寺、段家庄、马家坊、彭家庄、傅家庄、封家庄、于家庵、小营、于花家庄、太平店、温南店、百尺杆、南台、李法师堂、杨寨店、潘家庵、姚家道口、齐周务。

南路一十五村庄：谢家庄、韩家桥、贾家庄、刘洼寨、傅家庄、褚家庄、韩家庄、哀家庄、夏家庄、崔凡家庄、新庄、张村店、高庄、纸房、毛景家庙。

西南九村庄：古家庄、贾家庄、三皇庙、帽架圈、魏家庄、龚家庄、阎家庄、韩家庄、傅家庄。

西路十村庄：三里庄、张子香家庄、毛家庄、范家庄、曾家庄、韩家庄、回回墓庄、姚二庄、官家林、卜家寨。

西北六村庄：霍家庄、红庙庄、杨家庄、张官店、陈家林、满西。

北路一十一村庄：崔家庄、大刘家庄、龙堂、寨里、许孝子庄、周郭庄、柳林庄、故县、子孔、赵村、王曼。

东北三十村庄：吴家庄、郭庄、边家务、黄井、泊庄、留舍、马大口、堤刘庄、游村、丁村、十二基、辛庄、陆间房、郭庄、延陵、曲河、黎园、马厂、赵村、房家庄、摩诃庄、狼洼、许官、任村、杨村、狼虎庄、王文、沙洼、韩村、孙村。

沧州归并二十七村庄：旧县镇、尚家宅、黄堤刘家庄、党家河、赵家花红寨、冯家河、石家寨子、刘家辛庄、王波家庄、小李家庄、定杆刘家庄、大吕家寨、刘家庄、小吕家寨、耿家庄、许家庄、苗家庄、韩家舌桥、李家庄、绳许家庄、黄豆刘家庄、史家庄、小吕家庄、刘家宅、井家庵、沙洼、王家宅。

　　南皮归并三村庄:王赶鞭家庄、小王家庄、韩沙周家庄。[①]

　　通过上述文献可知,此时盐山县共计村庄 143 个,与前文所述天津府的其他辖县相比差距较大。即使是天津府成立之初,刚设置的天津县也有 267 个村庄,其余各县村落数量也都在 300 个以上。盐山县无论从设置时间还是辖境面积来看,既不是最晚的,也不是最小的,仅分布有 143 个村庄显得很不合理。根据《中国地方志联合目录》的统计来看,盐山县地方志有三部,分别是清康熙十年(1671)成书的《盐山县志》、清同治七年(1868)成书的《盐山县志》和 1916 年成书的《盐山新志》。[②] 其中在乾隆《天津府志》之前的只有康熙《盐山县志》,对比发现,二者反映的村落信息大体上一致。可以推测,乾隆《天津府志》中的村落信息很可能是在康熙《盐山志》的基础上增删而来。黄忠怀曾系统研究清初直隶中的村落数据问题,他指出,清初直隶地方志所载村落数据中,不同方志所载村的性质不同,部分方志中的村是指自然村,还有的方志中的村则相当于保甲中的"保"。[③]《畿辅义仓图》中记录盐山县有 410 个村落,该书成于乾隆十八年(1753),与乾隆《天津府志》的成书时间仅仅相差 14 年,但所载村落数量相差 267 个,如此短暂的时间新增这样数量规模的村落实在难以置信,所以应是两部文献记载村落性质不一造成的。综上,乾隆《天津府志》中关于盐山县村落的记载没有与其他各州县采用统一的标准,所载村落并不是自然村,而是行政村,因此在数量上要比其他各州县少了很多。因此,我们只能采用《畿辅义仓图》中所载盐山县有 410 个村落的数据,来表现此时盐山县的村落规模。

----

　　① 乾隆《天津府志》卷八《乡都户口志》,来新夏、郭凤岐:《天津通志·旧志点校卷(上)》,天津:南开大学出版社,2001 年,第 176 页。

　　② 中国科学院北京天文台:《中国地方志联合目录》,北京:中华书局,1986 年,第 61 页。

　　③ 黄忠怀:《清初直隶方志中的村落数据问题与农村基层管理》,《史学月刊》2010 年第 10 期,第 49 页。

2. 空间分布

根据乾隆十八年(1753)成书的《畿辅义仓图》中的数据及附图(见图4－17)可见,盐山县其时共有410个村落,盐山县城周围及其以南地区村落分布最为集中。为了便于与后志进行对比和描述,按照光绪《重修天津府志》的标准,进行了分区(见图4－17)。

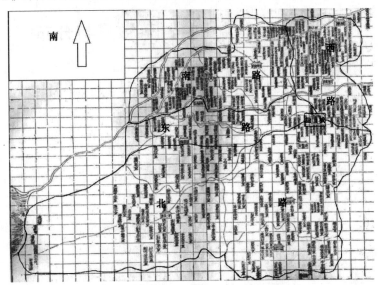

图4－17　乾隆十八年盐山县分区示意图

图片来源:此图以《畿辅义仓图》中《沧州图》[(清)方观承:《畿辅义仓图》,台北:成文出版社1970年影印本,第131页。]为底图绘制。

从空间上看,盐山县城距离县境中心较远,位于县境西侧偏南的位置。因此以其为中心划分的四路地区面积差异极为显著。北路极为广阔,超过其余三路的面积之和。南路面积次之,不足北路地区面积的三分之一,东路则不足北路面积的四分之一,排在第三位。西路最小,不足北路面积的六分之一。由于村落数据的缺失,无法准确知道各路地区的村落数量。但依据图4－17可以看到,盐山县境内村落最为密集的地区是

223

县城周围、西路地区和南路地区。东路地区村落分布较为均匀,北路地区地域广大,村落分布由西向东逐渐稀疏,甚至还有一片空白区域。

从地形上看,盐山县为平原地带,东临渤海,宣惠河自西向东横穿县境中南部,鬲津河自西向东穿过县境南端,约为县境南界。村落向河流附近集中,县城在县境西部偏南,宣惠河北岸,附近也汇集了大量村落。地形及县城位置是盐山县村落密集地区空间位置特点的主要原因。

二、同治七年盐山县村落数量与分布

1. 村落数量

成书于清同治七年(1868)的《盐山县志》记载了当时盐山县内村落的情况。该文献将各村按照其所归属的里铺进行记载,具体村落情况见表4-16。

表4-16　同治七年盐山县村落统计表

铺	村落数量	村落名称
在城铺	6	东隅、南隅、西隅、中隅、东刘家庄、三皇庙
褚马铺	35	冉家庄、大南马集、小南马集、星马村、高马村、刁马村、大张马村、小张马村、刘扬宇庄、郝家庄、刘武庄、窦家庄、李芳庄、小吴庄、薛沃庄、许家庄、赵毛陶(南北二庄)、高庙、尤家庄、翟褚村、赵褚村、张褚村、吴褚村、魏褚村、吕吴庄、店子庄、汤龙洼、王龙洼、郑龙洼、褚宋村、刘宋村、蔡宋村、周宋村、大黄庄、小黄庄
丁村铺	19	东曲河、西曲河、马厂、前丁村、后丁村、小丁村、大梨园、小梨园、献庄、董家庄、董二庄、高家庄、李新庄、张新庄、刘新庄、李郭庄、崔郭庄、房家庄、尤村(即游村,一作游庄)

铺	村落数量	村落名称
贾约铺	28	贾象镇、北贾象、大庄、前云庄、后云庄、狼洼、阎隆庄(即延陵)、白家庄、郭家庄、大郭庄、小郭庄、魏郭庄、刘郭庄、孙郭庄、迟家庄、李皮庄、大河南、大六间房、小六间房、杨怀庄、孙家庄、刘家庄、王十二基、于十二基、东常庄、西常庄、大张庄、小张庄
苏基铺	22	苏基镇、姜家庄、良户庄、翟王文、张王文、邢王文、毕王文、王王文、摩诃村、蔡家庄、赵皇庄、王常丰、赵常丰、傅常丰、安常丰、张常丰、陶常丰、蒋常丰、傅家庄、张皮庄、曹家庄
羊元铺	23	羊尔庄、大马庄、小马庄、张八寨、左庄、盘汗庄、董家庄、戴家庄、高官庄、猴庄、齐家庄、贾家庄、东花寨、西花寨、孟二庄、崔家庄、沙胡同、后庄、海丰镇、大孙庄、双庙、小庄、杨家庄
羊海铺	40	羊庄镇、大寺庄、孟家院、西庄子、关家庄、花寨、二庄、猴庄、王家院、海丰镇、杨家庄、马家庄、八里庄、唐洼、辛家庄、薛家庄、刘官庄、徐家庄、大郭庄、小郭庄、老盘庄、鄮家庄、刘宏博庄、狼坨子、冯家铺、杨家铺、徐家铺、大新铺、小新铺、关家铺、陈家铺、姬家铺、范家铺、刘家铺、贾家铺、赵家铺、李家铺、沈家铺、唐家铺、张巨河
东赵铺	13	孙赵村、张赵村、于赵村、前李赵村、后李赵村、许官、崔家庄、陈家庄、大庄、汗湾头、周家庄、东郭庄、西郭庄
郭村铺	27	张子香庄、三里庄、白家庄、毛家庄、大韩庄、大姚庄、高姚庄、胡姚庄、穆家庄、赵家庄、前王庄、陈薛庄、王家庄、高家庄、刁家庙、小王庄、贾家庄、曾家庄、范家庄、崔家庄、韩家庄、官家林、杨红庙、前红庙、西红庙、杨龙堂、高龙堂
新店铺	11	新店、卜家庄、牟家庄、张官店、棒张庄、塔上庄、辛家庄、尹家庄、傅家庄、满西(东西二庄)
帽圈铺	20	韩家集(分前后街)、乔家庙、刘武庄、黄家庄、孙家庄、杨马庄、邢家庄、双堂镇、刘帽架圈、张帽架圈、王帽架圈、后庄、杨帽架圈、韩家桥、张老人庄、高家窑、李家窑、南马庄、小高庄
张村铺	12	王金庄、贾金庄、高金庄、孙金庄、西孙庄、霍家庄、孟家庄、常家庄、流洼寨、李家庄、魏家庄、于家庄

续表

铺	村落数量	村落名称
孟店铺	29	孟家店、大马庄、小马庄、三官庙、前阎庄、中阎庄、后阎庄、李道士庄、周家庄、王梅庄、前堂庄、侯家庄、坊子庄、卜家庄、毛家庄、常庄、刘春魁庄、汤家庄、乔家庄、崔家庄、南孙庄、东孙庄、小孙庄、李新庄、张新庄、王家庄、大庐庄、友刘庄、小宫庄
旧县铺	30	旧县镇、镇南街、大吕宅、小吕宅、王朴庄、李香房、小李庄、孙村、定杆史、定杆刘、石家寨、耿家庵、刘家宅、镇北街、冯家洼、镇西街、小南庄、东庄、尚家宅、绳许庄、前韩沙洲、后韩沙洲、大王庄、小新庄、党家河、赵花红寨、蒋家圈、孙沙洼、黄豆刘庄、小马庄
高尔铺	52	大高庄、南才元、侯家庄、姜家庄、魏家庄、阎家庄、季家庄、赵家庄、王复我庄、许家庄、薛家堂、薛家庙、田家庄、张新庄、王新庄、小庐庄、纸房、刘宏宇庄、席家圈、张益吾庄、李连庄、刘复所庄、莲花魏庄、滚嘴刘庄、胡宝庄、彭家庄、郑家桥、赵友庄、鲇鱼王庄、二郎堂、李振宇庄、马家庄、大李庄、李振环庄、王槐庄、张祥庄、曾家庄、卢少刚庄、李分乾庄、西王庄、张家营、陈家营、霍家营、史家庄、张家窑、周家窑、张村店、高家营、孙家庄、杨满拉庄、蒋家庙、郑家庄
大王铺	26	大王铺、谢刘庄、孙王庄、杨家庄、大李庄、小李庄、东三里庄、王家庄、宋牛留、马牛留、大刘牛留、小刘牛留、贾牛留、董牛留、小杨牛留、小韩庄、玉皇庙、蒋家庄、东王庄、小宋庄、段家庄、后庄、大赵庄、故城赵庄、李肖庄、大吴庄
望树铺	27	望树镇、太平店、于花庄、夏家庄、袁家庄、卢家庄、小张庄、小王庄、宫家庄、崔凡庄、李治隆庄、宋家庄、曲韩庄（二庄合一）、张西台庄、刘有章庄、小韩庄、大左庄、小左庄、小酆庄、王木家庄、梁家庄、李连庄、韩将军庄、刘仁庄、东和乐庄、西和乐庄、曾小营
移丰铺	17	马家坊、杨家铺、马家铺、郭家铺、季家铺、彭家庄、王家庄、毕家庄、前褚南庄、后褚南庄、志门韩庄、傅李庄、郭家庄、卢家庄、傅家庄、大酆庄、于家庵
百尺杆铺	20	百尺杆、茄刘庄、陈小营、李小营、孟小营、杨小营、赵家庄、刁家庄、底进楼、刘巡堂庄、杨家集、张效庄、大郝庄、小郝庄、张家庄、崔刘庄、戴家庄、大徐庄（一作许庄）、小王庄、三官庙

铺	村落数量	村落名称
高湾铺	28	高湾镇、孔家庄、何家庄、程村（前后二庄）、王家庄、褚王庄、路家庄、前良章庄、后良章庄、栾家庄、段家庄、刘家庄、前刁庄、后刁庄、巩家庄、田家庄、前小里寨、后小里寨、白家庄、清水沟、范二庄、潘家巷、沃土庄、刘佃庄、东游庄、杨家庄、马家庄
崔南铺	29	崔口镇、刘保若庄、东程赵、西程赵、黄家屯、齐周务、刘家灶、马家庄、乔家庄、洼裹冯、小徐庄、小路庄、道口庄、刘巡庄、豆腐营、魏家庄、张会廷庄、双庙、南齐庄、北齐庄、温南庄、魏家桥、茶棚庄、油房、大赵庄、杨寨店、三王庄、小南台庄、北台庄
边务铺	20	吴家庄、翟家庄、刘家庄、新庄、邓郭庄、魏郭庄、邵郭庄、李郭庄、窦边务、窦胡同、周边务、霍边务、李边务、小边务、张边务、高边务、黄井、黄店子、西楼、黄龙堂、吕龙堂、张龙堂
周郭铺	12	周郭庄、泊北庄、正南庄、西南庄、龙潭庄、李店子、李新庄、柳林庄、高家寨、杨家寨、张家寨
孙周铺	11	大许孝子、小许孝子、泊庄、文台庄、王留舍、张留舍、中留舍、孙留舍、南留舍、李留舍、魏留舍
旧城铺	17	旧城、才元镇、大堤柳庄、小堤柳庄、邓家庄、阚家庄、寺东庄、姜家庄、田马闸口、姜马闸口、刘马闸口、南庄、大马闸口、陈马闸口、金马闸口、霍马闸口、小马闸口
北赵铺	19	大赵村、前赵村、于赵村、齐赵村、东板庄、西板庄、中板庄、冲寺口、东留村、吴留村、米留村、张留村、张芹地、白芹地、王芹地、寺上庄、陈家庄、阴家庄、白家庄
常郭铺	20	常郭镇、前商庄、后商庄、乔庄、王乔庄、故县、子札、白家庄、于常庄、杨常庄、刘常庄、张常庄、张金庄、胡家庄、岭庄街、李官庄、曹王曼、李王曼、三虎庄、新庄
韩扣庄	17	韩村镇、沈家庄、方家庄、韩周清庄、扣村（即寇村）、三里庄、朱家庄、胡家庄、王肖庄、小新庄、孔家庄、马家庄、六里灶、王御史庄、孙家铺、瓦古滩、十里河
海丰镇	19	东孙村、中孙村、赵孙村、张孙村、卞孙村、后沙洼、苗家庄、刘谋庄、郑任村、张任村、刘任村、大杨村、小杨村、草堂庄、仙庄（即三庄）、新庄、后庄、才家庄、店子庄
合计	650	

资料来源:(清)王福谦:《盐山县志》卷二《建置志》,清同治七年刻本,第8—18页。

由表 4 - 16 可以看到,同治七年(1868)盐山县的村落数量达到 650 个,比乾隆十八年(1753)的 410 个村庄多了 240 个。相隔 115 年,盐山县的村落在以每年 2.1 个的速度增加。

2.空间分布

清同治七年(1868)盐山县境内共有村落 632 个,同治《盐山县志》将各村落按其所属里铺进行记载,没有做区域上的划分,但标注了各村所属里铺的位置。一般来说,为了管理方便,各村与所属里铺应较为接近。根据各里铺的位置可以就盐山县村落空间分布做个大致的了解。为了方便观察,整理成表 4 - 17。

表4 - 17　同治七年盐山县里铺位置及所属村落汇总表

铺	与县城相对方位	详细位置	村落数量	
			各铺	合计
在城铺	本城	本城	6	6
褚马铺	东	县东马村十五里,褚村三十里,旧作南北褚村铺	36	36
孟店铺	南	县南三十五里	29	29
郭村铺	西	县西四里	27	38
新店铺		县西二十里	11	
北赵铺	北	县北四十里	19	56
常郭铺		县北五十五里	20	
韩扣庄		县北七十里,旧作韩村铺	17	

续表

铺	与县城相对方位	详细位置	村落数量 各铺	合计
丁村铺	东北	县东北三十五里	19	212
贾约铺		旧作贾象铺,县东北五十里	28	
苏基铺		县东北五十里	22	
羊元铺		县东北七十里,旧作杨二庄铺	23	
羊海铺		旧作海下铺即范家铺,县东北一百二十里	40	
东赵铺		县东北六十里	13	
边务铺		县东北十二里,旧作边家务铺	20	
孙周铺		县东北二十五里,旧孙村铺曾与周郭庄合	11	
旧城铺		县东北三十里,即马关口铺,今与才元铺合	17	
海丰镇		县东北四十里	19	
大王铺	东南	县东南十二里	26	147
望树铺		县东南三十里	27	
移丰铺		县东南二十五里,旧作移风铺	17	
百尺杆铺		县东南四十里,即高杆铺	20	
高湾铺		县东偏南四十里,旧作高家湾铺	28	
崔南铺		县东南崔家口五十里,南台四十五里,旧本二铺,今合并	29	
周郭铺	西北	县西北二十五里,旧与孙周铺合	12	12
帽圈铺	西南	县西南帽架圈十五里,韩家集四十里,旧本二铺,今合并	20	114
张村铺		县西南三十五里	12	
旧县铺		县南偏西五十里,雍正年新自沧州南皮拨入	30	
高尔铺		县西南四十里,旧作高二庄铺	52	

资料来源:表内信息源自(清)王福谦:《盐山县志》卷二《建置志》,清同治七年刻本,第8—18页。

由表 4 - 17 可以看到,盐山县境内的 650 个村落以县城为中心,按照东、南、西、北、东北、东南、西北、西南八个方向分布,各区域分布数量差异较大。其中东北方向村落数量最多,达到 212 个,占总数的 32.6%;东南方向次之,有 147 个,占总数的 22.6%;西南方向排在第三位,有 114 个村落,占 17.5%;北部地区排在第四位,有村落 56 个,占 8.6%。后四位依次是西部、东部、南部、西北部,村落数量及占总数的比例依次是 38(5.8%)、36(5.5%)、29(4.5%)、12(1.8%)。但从数量上看,偏东方向上村落最多,东北、东南方向分布村落占了总数的一半还多,而偏西方向村落很少,西部、西北和西南只有不到总数的四分之一。这主要是由各区域面积差异造成的。由图 4 – 17 可以看到,盐山县城位于县境西侧靠南的位置,距离县境中心较远,偏东方向地域广阔,特别是以东北方向为最。而西侧较为狭窄,可利用土地资源较少,能容纳的村落也相对有限。因此,村落数量与地域面积成正比。再结合各铺与县城的距离来看,西南部105 个村落分布在距县城十五里至五十里之间的范围内,东北部 211 个村落分布在距县城十二里至一百二十里的范围内,前者村落分布距离跨度是后者的三分之一左右,前者村落数量是后者的二分之一左右。从村落分布密度上来看,西南方向反而高于东北方向。因此盐山县村落分布密集的地区还在县城及其西部、西南等地域相对狭小的地区,这可能与距离县城较近,且位于宣惠河与鬲津河流域有关。

三、光绪二十五年盐山县村落数量与分布

1. 村落数量

清光绪二十五年(1899)成书的《重修天津府志》详细记载了盐山县的村落,并与乾隆四年(1739)成书的《天津府志》与乾隆十八年(1753)成书的《畿辅义仓图》中的村落信息做了对比,不仅反映了当时的村落情

况,还对村落的变化也有所展现(见表4-18)。

需要注意的是,在解读表4-18所示数据时应明确,由于乾隆《天津府志》所载村落为行政村,前文是以《畿辅义仓图》中的数据为参照,所以表4-18中"前无今有仓无"所反映的是新增的村落,实际增加的村落数值也是由"前无今有仓无"与"前有今无"的差值构成的。

表4-18　光绪二十五年盐山县村落数量统计表

分区	村落数量	前有今有	前无今有		前有今无	实际增长
			仓有	仓无		
东乡	157	62	33	62	3	59
南乡	232	74	64	94	3	91
西乡	28	12	8	8	1	7
北乡	187	72	61	54	6	48
合计	604	220	166	218	13	205

资料来源:表内信息源自《重修天津府志》卷二十五《舆地·城乡》,来新夏、郭凤岐:《天津通志·旧志点校卷(上)》,天津:南开大学出版社,2001年,第978—981页。

由表4-18显示,截至光绪二十五年(1899)盐山县境内共有604个村落,较乾隆十八年(1753)《畿辅义仓图》中的记载有所增加,但仔细对比可见,不仅有新增的村落,也有消失的村落。在146年间新增218个村落,有13个村落消失,所以,实际增加了村落205个。

具体到各区来看,南乡有村落232个,其中从乾隆十八年(1753)延续至光绪二十五年(1899)的有138个,新增村落94个,即小张庄、孙正庄、高金庄、王金庄、小刘家铺、郭家铺、刘武庄、小黄庄、孔家庄、马家庄、巩家庄、车刘庄、前刁庄、田家庄、康家庄、东王庄、褚王庄、李家庄、李家铺、马家铺、杨家铺、王家庄、西和乐庄、大许庄、小韩庄、刘友庄、小左庄、大左庄、赵庄、戴家屋、崔柳洋庄、大郝庄、小王庄、小张庄、良张村、小路庄、齐家庄、小徐庄、北齐庄、油房、南齐庄、小屯庄、张效庄、李正隆庄、于家庄、毕家庄、阎家庄、周家窑、李家窑、高家洼、羊庄、胡家庄、姜家庄、王家庄、小张庄、卢庄、坊子庄、小卢庄、大卢庄、小孙庄、赵家庄、魏家庄、侯家庄、蒋家园、马家庄、乔家庙、二郎堂、李分田庄、李正宇庄、兖嘴刘庄、大马庄、小马庄、堂上、侯家庄、周家庄、李庄、东孙庄、常家庄、张家营、南孙庄、崔家庄、陈家营、小赵庄、小魏庄、彭保胡庄、曹家庄、张相庄、大李庄、刘武庄、王槐庄、杨马庄、孙家庄、李梦飞庄、李连庄。消失的村庄有 3 个,即毛景家庙、古家庄、龚家庄。实际增加了 91 个村落,排在各乡首位。东乡有村落 157 个,其中从乾隆十八年(1753)延续至光绪二十五年(1899)的有 95 个,新增村落有 62 个,即小杨庄、吴家阁、三里庄、韩家牛、东王庄、姜家庄、宋家牛、刘家牛、董家牛、贾家牛、马家牛、小刘家牛、小宋庄、小吴庄、大吴庄、垦马村、义和村、窦家庄、尤家庄、魏留舍、店子庄、王龙洼、张新庄、李新庄、西常庄、东常庄、孙刘庄、大张庄、小张庄、周家庄、蔡宋村、周宋村、尤家庄、郑龙洼、董家庄、湾湾头、陈家庄、大马家庄、小马庄、大范庄、东范庄、白家庄、王家院、孟二庄、马家庄、沃土庄、新庄、小庄、史家庄、双庙、山后庄、小山、西侯家庄、东侯家庄、赵高庄、蔡家庄、刘家皂、刘宏博庄、大新铺、徐家铺、杨家铺、狼坨子。消失的村庄有 3 个,即狼獐家庄、牛留寺、李法师堂。实际增加了 59 个村落,排在各乡第二位。北乡有村落 187 个,其中从乾隆十八年(1753)延续至光绪二十五年(1899)的有 133 个,新增村落有 54 个,即新庄、后刘庄、黄店子、豆胡同、西娄庄、新庄、李新庄、小文台、张家砦、东班庄、中班庄、西班庄、张岑地、王岑地、寺东庄、邓家庄、杨槐庄、冲寺口、郭家庄、北贾象、大庄、店子庄、赵金庄、小康庄、东南庄、大孙庄、张孙村、卞孙村、魏孙村、中孙村、徐家庄、大郭家庄、酆家庄、老盘庄、三里庄、小孙庄、王肖庄、葛古塘、小新庄、小王徐庄、小新铺、关家铺、陈家铺、季家铺、范家铺、贾家铺、赵家沟、李家铺、沈家铺、南唐头铺、北唐头铺、南张巨河、王家桥、周青庄。消失的村庄有 6 个,即延陵、韩村、石家寨子、小吕家寨、井家庵、王赶鞭家庄。实际增加了 48 个村落,排在各乡第三位。西乡有村落 28 个,其中从乾隆十八年(1753)延续至光绪二十五年(1899)的有 20 个,新增村落有 8 个,即小王庄、白家庄、高家庄、前王庄、后王庄、小张庄、傅家庄、牟家庄。消失的村庄有 1 个,即回回墓庄。实际增加了 7 个村落,排在各乡最后。

2. 空间分布

盐山县内的村落,分属东、南、西、北四乡,根据《重修天津府志》中的标准,以东关至苏基镇大道分北与东,以南关大道至宣惠河止分东与南,以西关望南大道分南与西,以西关望新店大道分西与北,据此绘制图4 – 18。

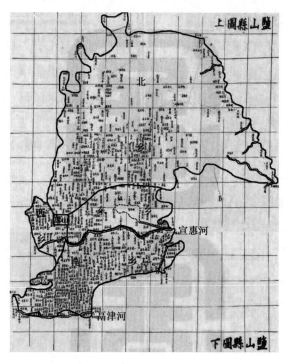

图4 – 18　光绪二十五年盐山县分区示意图

图片来源:此图以光绪《续修天津府志》卷十九《舆地》中《盐山县图》[见来新夏、郭凤岐:《天津通志·旧志点校卷(上)》,天津:南开大学出版社,2001 年,第 899—900 页。]为底图加工绘制而成。

由图4-18可见,在空间上,各乡区域大小差异显著,北乡地域最为广阔,超过其他各乡面积之和,但分布的村落并不是最多的,有187个,占总数的30.9%。面积排在第二位的南乡分布着最多的村落,有232个,占总数的38.4%,但其面积不到北乡的三分之一。东乡分布了157个村落,占总数的25%,其面积稍小于南乡,不足北乡的四分之一。西乡面积最小,相当于东乡的一半,只有28个村落分布其间,仅占总数的4.6%。可见,盐山县辖境内南乡是村落分布最为密集的地区,东乡村落密度稍次于南乡,北乡村落分布呈现出自西南向东北及东向密度逐渐递减的面貌,西乡面积较小,村落数量较少。

从地形上看,宣惠河与鬲津河自西向东横穿县境,前者穿过县境中南部,后者穿过县境南端,约等于县境南界。河流两岸是村落的聚集地带,特别是宣惠河南岸与鬲津河北岸所夹的南乡,正是村落分布最多且最密集的地区。此外,宣惠河北岸的盐山县城周围也聚集了大量村落,形成了又一个村落密集的地区。县境北部是大片平原地区,村落分布并不均匀,接近县城的地区村落分布密度较高,随着远离县城方向,越是向北、东方向延伸,特别是向东北方向接近渤海的地区,村落分布十分稀疏,呈现出大片的空白区域。但接近海岸线附近反而出现了少量的沿海村落。

总体来看,光绪二十五年(1899)这一时期的村落分布趋势仍与乾隆十八年(1753)时的情况类似,但村落数量有了显著的增加,特别是南乡增加最多,使其村落分布密度有了进一步的提升。

四、盐山县村落变化

从盐山县归天津府辖属到清末这段时间,其所辖村落在不同时期各有差异(见图4－19),从上述文献提供的3个时间节点可以对盐山县村落的变化趋势有所认识。

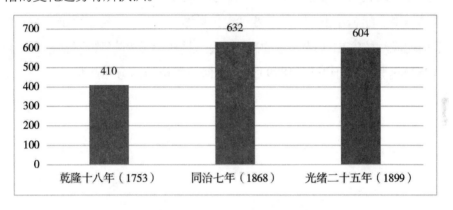

图4－19　清代天津府辖盐山县村落数量变化图

图片来源:图中统计信息源自(清)方观承:《畿辅义仓图》,台北:成文出版社1970年影印本,第131页。(清)王福谦:《盐山县志》卷二《建置志》,清同治七年刻本,第8—18页。《重修天津府志》卷二十五《舆地(五)·城乡》,来新夏、郭凤岐:《天津通志·旧志点校卷(上)》,天津:南开大学出版社,2001年,第978—981页。

由图4－19可以看到,盐山县村落数量并不是一直呈上升趋势,从乾隆十八年(1753)至同治七年(1868)的115年间就增加了240个,平均每年增加1.9个村落。从同治七年(1868)至光绪二十五年(1899)的31年减少了46个,平均每年减少1.5个村落。可见,盐山县是天津府各州县中村落数量变化最大的地区。这可能与盐山县长期处于地广人稀的状态有关,直到民国《盐山新志》中仍称盐山县"土旷而民稀"。[①]

从空间分布上,结合图 4 - 17、4 - 18 可以看到,盐山县村落在空间分布上呈现出南部村落密集,北部村落稀疏的面貌。尽管随着时间的推移,村落数量都有所增加,但往往是原先较为密集的地区增加更多,加剧了这种趋势的特点。从地形上看,河流仍是村落聚集的首选,宣惠河与鬲津河之间的南乡地带一直是村落分布最为密集的地区。由这一地区向北至宣惠河北岸的盐山县城,村落分布都较为密集,这是河流与中心聚落双重因素的结果。随着逐渐向北,远离河流和县城,村落分布密度逐渐下降,甚至出现成片的空白区域。总的来说,盐山县村落分布趋势自乾隆十八年(1753)至光绪二十五年(1899)间一直保持着类似的分布趋势。

---

① 孙毓琇:《盐山新志》卷一《疆域志》,台北:成文出版社,1976 年,第 24 页。

第七节　庆云县的村落数量
与空间分布

清代天津府辖庆云县的村落信息,除了在《天津府志》《重修天津府志》中有所反映之外,清嘉庆十四年(1809)和咸丰四年(1854)编修的《庆云县志》中也有详细的记载,但这两部地方志中的村落信息完全一致,说明咸丰四年(1854)编修的《庆云县志》中的村落信息并未更新,所以只能反映嘉庆十四年(1809)这一个时间节点的村落情况。此外,成书于乾隆十八年(1753)的《畿辅义仓图》可以反映当时的村落分布情况。

一、乾隆四年庆云县村落数量与分布

1. 村落数量

乾隆四年(1739)成书的《天津府志》记载了庆云县的村落信息。从数量上看,共计333个村落,分属东、南、西、北四路,具体各路所辖村落情况如下:

东路,张培元家庄至阎家庄九十八村庄:张培元家庄、后安家务庄、牟家庄、刘贵家庄、郑家庄、梁家庄、马古台家庄、史皮家道口庄、霍家道口庄、王皇亲家庄、吕兽医家庄、陈家道口庄、安家务庄、张廷实家店、小店庄、小苏家庄、小孟家庄、邢家庄、段家庄、蒋家桥庄、贾家庄、李家庄、大杨家庄、小杨家庄、大赵家庄、小赵家庄、袁家庄、马家庄、郭家庄、孙家庄、小新庄、胡家庄、杨家庄、田家庄、火烧铺庄、史家庄、周家庄、徐家庄、张巧家庄、许家庄、李家庄、邓家庄、小张家庄、杨家庄、张家庄、纪家铺、杨家庄、刘家庄、小柳家庄、大刘家庄、刁家庄、张家庄、洼里刘家庄、中马家庄、前马家庄、于家庄、后马家庄、魏家庄、种胡家庄、小胡家庄、肖家庄、跑张家庄、李营家庄、小魏家庄、阎家务庄、冯家庄、王母庙庄、马家庄、西左尔家庄、王家庄、秦家庄、陈家庄、石家庄、小崔家庄、贾家庄、大崔家庄、李家庄、冯家庄、柳行张家庄、齐家庄、小陈家庄、前柳行张家庄、东左尔庄、柴林庄、坡徐家庄、小武家庄、陈家三里庄、小王家三里庄、大王家三里庄、小贾家庄、王家庄、刁家庄、邓家庄、贾家黄址庄、撒家店、开家店、阎家庄。

南路,板达营镇至宗家庄八十七村庄:板达营镇、东张家庄、西张家庄、孟家庄、小刘家庄、白家庄、撒家庄、胡家楼、小张家庄、大张家庄、小翟家庄、大翟家庄、靳家庄、后乔家庄、王家庄、杜树刘家庄、李家庄、杨和尚寺庄、徐家庄、文家庄、齐家庄、侯家庄、大店庄、帽家杨庄、梁家庄、李家庄、田家庄、徐家庄、前乔家庄、石官堂庄、高家庄、崔家庄、东胡家楼、解家庄、小胡家庄、前胡家庄、段家庄、兴隆店、齐家庄、吕家庄、西唐家庄、东唐家庄、常家庄、崔家庄、郑家庄、王家集、马家庄、刘家庄、张家庄、甄家庄、梢瓜张家庄、陈家庄、李家庄、沙窝李家庄、秦家庄、刘古风家庄、大刘家庄、郭家庄、赵家庄、王高家庄、后李家庄、马家庄、后马家庄、程家庄、贾家庄、王谈家庄、李家庄、王嘴子家庄、东苗家庄、西苗家庄、新庄、要喝刘家庄、前丁家庄、保家庄、后丁家庄、中丁家庄、尹家庄、李家店、梁家庄、冯家庄、徐家庄、郝家庄、大王家庄、小王家庄、尚家庄、小张家庄、宗家庄。

西路，董家窑庄至西吴家庄九十七村庄：董家窑庄、邓家庄、王古全家庄、崔家庄、王家庄、寇家庄、苗家庄、小李家庄、赵家庄、杨家庄、李博士家庄、孙家庄、韦家庄、徐家庄、王家庄、乾家庄、汾水王家庄、侯家庄、陈追子家庄、田家庄、胡家岭家庄、孙家庄、周家庄、齐家庄、汾水马家庄、志门刘家庄、侯家庄、丁家庙庄、小丁家庄、梁家庄、高家庄、汾水杨家庄、后官庄、都家庄、刘家庄、任家庄、周家庄、范家庄、信家庄、乔家庄、柳家庄、碱场李家庄、解家庄、李苦瓜家庄、石佛寺、小刘家庄、周家庄、程家庄、刘双全家、西刘家庄、大陈家庄、杜家庄、崔家庄、张逃户家庄、慈家庄、王家庄、前官庄、西存良务、李家庄、马家庄、侯家庄、杨家庄、周家庄、刘家庄、东存良务、周家庄、小孙家庄、灶户杨家庄、寺后王家庄、姚家庄、坡张家庄、营家庄、西仓上庄、中仓上庄、赵家庄、商家庄、东仓上庄、王家庄、毕家庄、李家庄、尚家堂、刘家庄、王家庄、灶户李家庄、东吴家庄、姚家庄、南王家庄、勾家庄、朱家庄、蔡张家庄、纪王桥庄、侯家庄、冯家庄、枣林王家庄、徐家堰庄、小李家庄、西吴家庄。

北路，西关至范家庄五十一村庄：西关、杜家庄、高家庄、贾家庄、白庙庄、刘家庄、马家庄、耿家庄、杨家庄、孙良广家庄、褚家庄、孩子王家庄、王可忠家庄、王打狼家庄、后庄科、前庄科、南台庄、托家庄、后麻湾庄、前麻湾庄、黑牛王店、蔡家庄、张家庄、戴家庄、簸箕李家庄、新庄、于家庄、崔家庄、秦家庄、翟家庄、锞王家庄、秦家庄、邓家庄、杨家油房、尹家庄、徐家庄、杨近实家庄、王信家庄、程家庄、小杨家庄、孙家庄、豆家庄、李家庄、赵家庄、贾家庄、前于家庄、周家庄、后于家庄、刘家庄、张家庄、范家庄。[①]

---

① 乾隆《天津府志》卷八《乡都户口志》，来新夏、郭凤岐：《天津通志·旧志点校卷（上）》，天津：南开大学出版社，2001年，第176—177页。

通过上述文献可知,此时庆云县有 333 个村落,在各区域分布略有差异,其中东路与西路分布村庄数量仅相差 1 个,前者有 98 个村庄,占总数的 29.4%,后者有 97 个村庄,占总数的 29.1%;南路有 87 个村庄,占总数的 26.1%,排在第三位;北路村庄最少,有 51 个村庄,占总数的 15.3%。

2. 空间分布

清乾隆四年(1739)庆云县境内共有村落 333 个,按方向分属四个区域。从空间上来看,东路与西路的村落数量最多,二者相差不大,仅一村之差异。南路次之,与前二者差异也不显著,只相差十余个村落。北路村落最少,差距也较明显,只有前二者任一个一半的规模。由图 4 - 20 可以看到,以庆云县城为中心,按方位划分的各区域面积存在一定差异。庆云县境外形较为规则,但庆云县城并未在其辖境的中心附近,而是靠近西北方向,鬲津河北岸,形成了东路地区最大,南路地区稍小,西路与北路地区相近,但二者面积之和还不及东路或南路地区任一个的面积。东路地区面积最大,分布村落也最多;南路比东路稍小,所分布村落数量也与东路有些差距;北路地区面积与东路差距较大,分布村落也最少。可见,这三个地区的区域面积与分布村落的数量成正比。但西路村落分布数量与东路相当,而面积却与北路相当,也就是说,西路地狭村多,村落分布密度远大于其他三个区域。

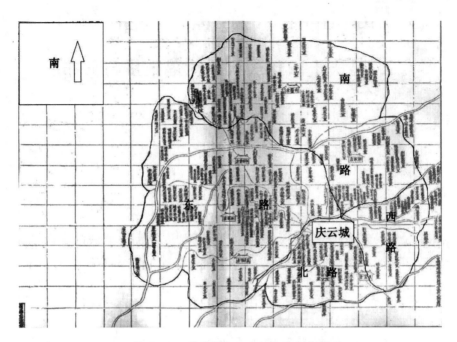

图 4-20　乾隆四年庆云县分区示意图

图片来源:此图以《畿辅义仓图》中《沧州图》[(清) 方观承:《畿辅义仓图》台北:成文出版社 1970 年影印本,第 130 页。] 为底图绘制。

从地形上看,庆云县亦是平原地带,鬲津河流经县境西北部,马颊河流经县境中部偏南地区。村落分布有向河流附近集中的趋势,庆云县城在鬲津河北岸,周围也聚集了大量村落,是县境内村落分布最为密集的地区,是河流与中心聚落辐射双重作用的结果。但总的来看,除了上述地带外,其他区域村落分布较为均匀。

二、嘉庆十四年庆云县村落数量与分布

1.村落数量

成书于清嘉庆十四年(1809)的《庆云县志》记载了当时庆云县内村落的情况,与乾隆《天津府志》记载的方式类似,该志将全县村落分为东、南、西、北四路分别进行记录。从数量上看,共计383个村落,具体村落情况如下:

东乡:石家庄、陈家庄、张家庄、小张家庄、西杨家庄、东杨家庄、香房、陈三里庄、王三里庄、董三里庄、齐家庄、李太仆庄、大崔家庄、小崔家庄、前秦家庄、冯家庄、马家庄、小张家庄、王家黄邱、魏家洼、中马家庄、后马家庄、铁菩萨庙(即周家庄)、贾家庄、刁家黄邱、郑家黄邱、邓家黄邱、撒家黄邱、小王家庄、西左耳庄、王母庙、前马家庄、于家店、前柳家庄、中柳家庄、小刘家庄、小魏家庄、李营家庄、波张家庄、关家庄、东左耳庄、柴林庄、冯家庄、严家庄、波徐家庄、武家庄、单家屯、王皇亲庄、吕受益庄、小马家庄、西柳行、后柳行、前柳行、北齐家庄、洼刘家庄、张凤嘴庄、刁家庄、纪家铺、小杨家庄、火烧铺(即二十里铺)、周家庄、史家坊、张巧家庄、徐家庄、塚胡家庄(即大胡家庄)、小胡家庄、萧家寺、梁家庄、郑家庄、任家庄、刘贵家庄、牟家庄、马受益庄、赵家集、大杨家庄(即灶户杨家庄)、小杨家庄、袁家庄、小袁家庄、大淀、小淀、西安家务、东安家务、后安家务、史皮道口、陈徐道口、霍家道口、胡家店、马古台庄、小杨家庄、孙家庄、郭家庄、田家庄、毕家新庄、张培元庄、新立庄、苏家庄、许家庄、李家庄、白家庙、小蒋家庄、段家庄、贾家庄、李家庄、蒋家桥，共计一百四村庄。

南乡：李凌衢庄、后乔家庄、徐家庄、前徐家庄、杜树刘庄、石官堂、王家庄、孟家庄、前乔家庄、郭家庄、板榫营、大刘家庄、小刘家庄、宗家庄、冯家庄、小冯家庄、西张家庄、东张家庄、王卦家庄、齐家庄（即河北齐庄）、吕家庄、大唐家庄、小张家庄、小唐家庄、霍家庄、河涯赵家庄、兴隆店、郝家庄、常家庄、东翟家庄、中翟家庄、西翟家庄、李家店、大王家庄、徐家庄、小王家庄、梁家庄、高家庄、后李家庄、王谈家庄、萧家庄、大贾家庄、小贾家庄、大靳家庄、小靳家庄、西张牌庄、东张牌庄、白家庄、撒家店、西胡家楼、马徐家庄、程家庄、李赤城庄、陈乡宦庄、南刘家庄、王高家庄、徐家庄、帽杨家庄、后丁家庄、中丁家庄、前丁家庄、西苗家庄、东苗家庄、大新庄、大尹家庄、小尹家庄、王嘴子庄、文家庄、侯家庄、齐家庄、杨和尚寺、杨家庄、田家庄、大店、前段家庄、后段家庄、小李家庄、梁家庄、堤口崔家庄、后崔家庄、东崔家庄、解家庄、洼宋家庄、前胡家楼、何家庄、张破笼庄、甄家庄（即张家庄）、仁和刘家庄、前李家庄（即兔子李庄）、郑家庄（即郑家庙）、马周家庄、三崔家庄（沙窝崔庄）、南泰家庄（即沙窝泰庄）、拐枸李家庄、王家集、沙窝田家庄、刘古风庄、稍瓜张家庄，共计九十八村庄。

西乡：董家洼、王古全庄、小邓家庄、電泉庙、刘元宰庄（即小刘家庄）、和尚家庄、毕凌霄庄、袁家庄、甄家庄、兔户崔家庄、王知县庄、韦家庄、小宋家庄、南杨家庄、赵邋逼庄、寇家庄、李博士庄、丁家庙、小丁家庄、马家庄、志门刘家庄、王南金庄、扎侯家庄、银锭扣、韩家庄、徐家庄、屠家庄、楼子李家庄、小李家庄、刘南纯庄、分水王家庄、侯家庄、分水马家庄、分水杨家庄、胡家领、洼丁家庄、歪柳树、小解家庄、郭家楼、郑家庄、撒家庄、陈西野庄、杨小吾庄、田家庄、陈追子庄、李□□庄（即李苦瓜庄）、窦家庄、高家庄、墙场李家庄、解家集、柳家庄、乔万家庄、信家庄、范家巷、任家店、绵刘家庄、周家庄、后官庄、都家庄、前官庄、香末王家庄、慈家庄、崔家庄、张逃户庄、刘双全庄、程太监庄、寺后刘家庄、小刘家庄、周家庄、石佛寺、大陈家庄、徐家堰、小张家庄、南杜家庄、刘谟家庄、纪王桥、北侯家庄、冯家庄、枣林王家庄、李滋家庄、西吴家庄、东吴家庄、莱张家庄、小姚家庄、灶户李家庄、小王家庄、尚家堂、小刘家庄、南侯家庄、朱家庄、南王家庄、大勾家庄、小勾家庄、西崔郎务、东崔郎务、西仓、东仓、中仓、毕家庄、慈老王家庄、小王家庄、姚千家庄、李含璧庄、郑家庄、马家庄、李家坊、小周家庄、大周家庄、李白元庄、大小孙家庄、菅家寺、杨大夫庄、夏商庄、庆云赵家庄,共计一百十四村庄。

北乡:杜家庄、胡家庄、陈养元庄、赵奎斗庄、西马家庄、杨钦四庄、戴家庄、刘心卓庄、后于家庄、前于家庄、高家桥、小秦家庄、中秦家庄、于远珍庄、窦家庄、小杨家庄、范家庄、李八里庄、孙八里庄、蔡家庄、小宋家庄、杨近石庄、韩家庄、玉皇庙崔家庄、簸箕李家庄、课王家庄、西贾家庄、东贾家庄、白庙、小邓家庄、海子王家庄、王可忠庄、东程家庄、西程家庄、后堂、王信家庄、吴家庄、周家庄、小赵家庄、小李家庄、杨家油房、后新庄、刘家庄、北马家庄、杨家庄、东桃木庄、南桃木庄、中桃木庄、西桃木庄、北桃木庄、邓家庄、徐家庄、尹家庄、耿家庄、黑牛王店、龙王庙、孙良广庄、前庄科、后庄科、王打狼庄、小赵家庄、小麻湾、大麻湾、义和庄、张家新庄、南台、托家庄,共计六十七村庄。[1]

由上述文献所反映的村落信息可以看到,嘉庆十四年(1809)成书的《庆云县志》与乾隆四年(1739)成书的《天津府志》之间隔了70年时间。村落数量由乾隆四年(1739)的 333 个村落增加为 383 个,以平均每年 0.71 个村落的速度增加。

---

[1] （清）潘国诏:《庆云县志》卷二《建置志》,清嘉庆十四年刻本,第6—16页。

2. 空间分布

清嘉庆十四年(1809)庆云县境内共有村落 383 个,与前志一样分为东、南、西、北四路,为了方便比较,整理成表 4-19。

表 4-19 乾隆四年至嘉庆十四年庆云县村落变化表

分区	乾隆四年(1739)	嘉庆十四年(1809)	村落数量变化
东路	98	104	+6
南路	87	98	+11
西路	97	114	+17
北路	51	67	+16
总数	333	383	+50

资料来源:表内信息源自乾隆《天津府志》卷八《乡都户口志》,来新夏、郭凤岐:《天津通志·旧志点校卷(上)》,天津:南开大学出版社,2001 年,第 176—177 页。(清)潘国诏:《庆云县志》卷二《建置志》,清嘉庆十四年刻本,第 6—16 页。

由表 4-19 可以看到,庆云县境内的村落经过 70 年的时间,发生了一些变化,总的来说,各路村落都有所增加,其中西路与北路村落增加最多,南路次之,东路增加最少。但对各路村落数量的整体排位和规模没有产生实质性的影响。因此,对境内各路地区村落空间分布趋势也没有产生明显的影响,还保持与乾隆四年(1739)类似的分布状态,即在空间上,西路地狭村多,且西路增加村落最多,村落分布密度与其他三个区域的差异更加明显。在地形上,村落分布保持向河流附近集中的趋势,在鬲津河北岸的庆云县城周围也聚集了大量村落,是县境内村落分布最为密集的地区。但总的来看,除了上述地带外,其他区域村落分布较为均匀。

三、光绪二十五年庆云县村落数量与分布

1. 村落数量

清光绪二十五年(1899)成书的《重修天津府志》详细记载了庆云县的村落,并与乾隆四年(1739)成书的《天津府志》与乾隆十八年(1753)成书的《畿辅义仓图》中的村落信息做了对比,不仅反映了当时的村落情况,还对村落的变化也有所展现(见表4-20)。

表4-20　光绪二十五年庆云县村落数量统计表

分区	村落数量	前有今有	前无今有		前有今无	实际增长
			仓有	仓无		
东乡	185	155	15	15	11	+19
南乡	88	71	12	5	7	+10
西乡	46	30	5	11	18	-2
北乡	36	32	3	1	8	-4
合计	355	288	35	32	44	23

资料来源:表内信息源自《重修天津府志》卷二十五《舆地·城乡》,来新夏、郭凤岐:《天津通志·旧志点校卷(上)》,天津:南开大学出版社,2001年,第981—983页。

由表4-20显示,截至光绪二十五年(1899)庆云县境内共有355个村落,总的来说,较乾隆四年(1739)《天津府志》中的记载有所增加,但仔细对比可见,不仅有新增的村落,也有消失的村落,其中新增村落中有的出现较早,通过与乾隆十八年(1753)《畿辅义仓图》对比发现,有52.2%的村落在乾隆十八年(1753)已经出现,其余则在其后的近150年间陆续出现。同时,在两部府志相距的160年间,也有44个村落消失,所以,实际增加的村落有23个。

具体到各区来看,东乡有村落185个,其中从乾隆四年(1739)延续至光绪二十五年(1899)的有155个,新增村落中,乾隆十八年(1753)已经出现的有15个,即郭家楼、蒋家黄邱、东刁家黄邱、郑家黄邱、撒家黄邱、萧寺庄、河涯赵庄、霍家庄、小淀、白家庙、蒋家桥、毕家庄、程家庄、马周庄、沙窝田庄;其后陆续出现的有15个,即西徐庄、马家桥、二十里铺、武家庄、单家庄、任家庄、徐元庄、枣园桥、洼宋家庄、大孙庄、马徐庄、郑家庙、南刘庄、沙窝郑庄、拐拄李庄。消失的村庄有11个,即张廷实家店、小店庄、小孟家庄、邢家庄、火烧铺庄、张家庄、跑张家庄、冯家庄、小贾家庄、贾家黄址庄、开家庄。实际增加了19个村落,排在各乡首位。南乡有村落88个,其中从乾隆四年(1739)延续至光绪二十五年(1899)的有71个,新增村落中,乾隆十八年(1753)已经出现的有12个,即和尚庄、毕凌霄庄、袁家庄、甄家庄、屠家庄、刘南纯庄、歪柳树、窦家庄、韩家庄、杨小吾庄、东吴庄、朱家庄;其后陆续出现的有5个,即香坊、南胡庄、棉留庄、吕家庄、管家寺。消失的村庄有7个,即小翟家庄、大翟家庄、高家庄、崔家庄、新庄、梁家庄、尚家庄。实际增加了10个村落,排在各乡第二。西乡有村落46个,其中从乾隆四年(1739)延续至光绪二十五年(1899)的有30个,新增村落中,乾隆十八年(1753)已经出现的有5个,即刘心卓庄、后堂、豆家庄、韩家庄、小马庄;其后陆续出现的有11个村落,即胡家庄、雹泉庙、于王珍庄、于黄崔庄、北桃木、东桃木、中桃木、西桃木、南桃木、小宋庄、吴家井。消失的村庄有18个,即邓家庄、苗家庄、徐家庄、乾家庄、孙家庄、小丁家庄、刘家庄、李苦瓜家庄、西刘家庄、大陈家庄、王家庄、侯家庄、刘家庄、赵家庄、高家庄、刘家庄、王家庄、朱家庄。两相抵消不仅没有增加,还减少了2个村落,排在各乡第三村落。北乡有村落36个,其中从乾隆四年(1739)延续至光绪二十五年(1899)的有32个,新增村落中,乾隆十八年(1753)已经出现的有3个村落,即小王庄、马家庄、龙王庙;其后陆续出现的有1个村落,即西刁家黄邱。消失的村庄有8个,即西关、杜家庄、褚家庄、张家庄、于家庄、邓家庄、孙家庄、张家庄。两相抵消不仅没有增加,还减少了4个村落,排在各乡最后。

2.空间分布

庆云县境内的村落,分属东、南、西、北四乡,根据《重修天津府志》中的标准,以鬲津河分北与东,以东关望大道东与南,以钩盘河分南与西,以西关望北大道分西与北,据此绘制图4-21。

由图4-21可见,在空间上,各乡区域大小有所差异,东乡地域最为广阔,分布的村落也是各乡中最多的,有185个,占总数的52.1%。南乡面积约为东乡的一半,分布了88个村落,占总数的24.8%。西乡与北乡面积相近,分布村落数量也相差不大,前者有村落46个,占总数的12.9%,后者有村落36个,占总数的10.1%。可见,庆云县村落数量分布与各乡面积成正比,县境内村落分布较为均匀,密度差异并不显著。

从地形上看,鬲津河流经庆云县境西北部,马颊河流经县境中南部地区,庆云县城在鬲津河北岸,河流两岸和县城附近都有大量村落分布,但由于其他地区村落分布也较为均匀,并没有太多地体现出河流和中心聚落对村落的辐射作用。

前后对比来看,光绪二十五年(1899)这一时期的村落分布趋势与乾隆四年(1739)时的情况不一致。乾隆四年(1739)时,县境西路村落密度高于其他各路和县城周围村落密度较高的情况已经不再明显,取而代之的是全境村落分布较为均匀,仅有北部的一小部分地区略显稀疏的面貌。

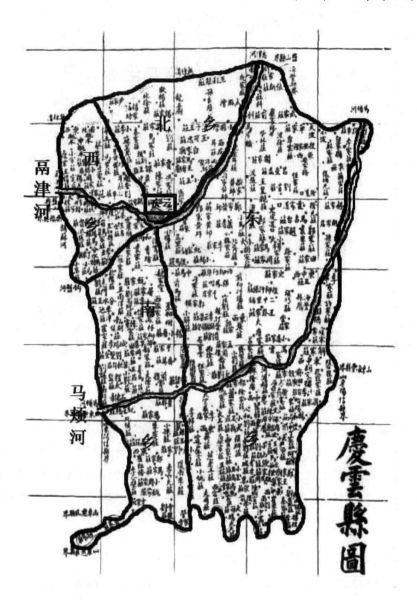

图 4-21　光绪二十五年(1899)庆云县分区示意图

图片来源:此图以光绪《续修天津府志》卷十九《舆地》中《庆云县图》[见来新夏、郭凤岐:《天津通志·旧志点校卷(上)》,天津:南开大学出版社,2001 年,第 901 页。]为底图加工绘制而成。

四、庆云县村落变化

从庆云县归天津府辖属到清末这段时间,其所辖村落在不同时期各有差异,从上述文献提供的三个时间节点可以对庆云县村落的变化趋势有所认识。

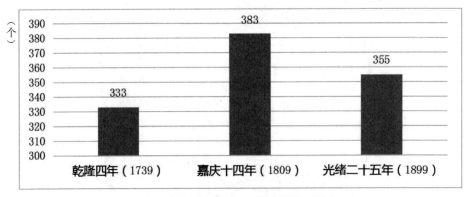

图 4 - 22　清代天津府辖庆云县村落数量变化图

图片来源:图中统计信息源自乾隆《天津府志》卷八《乡都户口志》,来新夏、郭凤岐:《天津通志·旧志点校卷(上)》,天津:南开大学出版社,2001 年,第 176—177 页。(清)潘国诏:《庆云县志》卷二《建置志》,清嘉庆十四年刻本,第 6—16 页。《重修天津府志》卷二十五《舆地(五)·城乡》,来新夏、郭凤岐:《天津通志·旧志点校卷(上)》,天津:南开大学出版社,2001 年,第 981—983 页。

由图 4 - 22 可以看到,庆云县村落数量并不是一直呈上升趋势,从乾隆四年(1739)至嘉庆十四年(1809)的 70 年间增加了 50 个村落,平均每年增加 0.71 个村落。从嘉庆十四年(1809)至光绪二十五年(1899)的 90 年间则减少了 28 个,平均每年减少 0.31 个村落。由此可见,庆云县的村落数量变化呈现出波动趋势,虽然总体上还是增加的,但增加的速度处在一个较低的水平。

从空间分布上,结合图 4 - 20、4 - 21 可以看到,庆云县村落分布趋势逐渐由乾隆四年(1739)时,西路地区地狭村多,村落分布密度远大于其他三个区域的状况,向着各区村落分布均匀,村落数量与各乡面积成正比的趋势转变。

　　从地形上看,庆云县亦是平原地带,鬲津河流经县境西北部,马颊河流经县境中部偏南地区。乾隆四年(1739)时,村落分布有向河流附近集中的趋势,且庆云县城在鬲津河北岸,周围也聚集了大量村落,是县境内村落分布最为密集的地区。但随着时间的推移,村落分布的变化,到光绪二十五年(1899)时,上述趋势已经不再明显,取而代之的是全县境内村落分布均匀的状况,其时唯有北部的一小部分地区村落分布略显稀疏。

第八节　天津府村落数量与空间分布变化规律及原因

　　自清雍正九年(1731)天津府设置至1913年天津府裁撤的182年间,其所辖村落无论是数量还是空间分布都产生或多或少的变化。前文对天津府所辖六县一州的变化分别进行了梳理,可以对单一州县的村落数量和空间变化有一个直观的认识和了解,但是事物的发展不是单一的,既有相互作用,也存在内在联系及规律,本节利用前文六县一州的村落变化现象,对天津府的村落变化趋势进行归纳和总结。

一、村落数量变化规律及原因探析

　　由于能反映天津府辖各州县村落情况的地方志编修时间参差不齐,除了两部府志之外,无法找到相对统一的时间节点作为参考,所以仅利用乾隆四年(1739)的《天津府志》和光绪二十五年(1899)的《重修天津府志》记载的村落信息,对天津府村落数量变化进行分析。为了方便比较,梳理成表4-21。

表4-21　乾隆四年至光绪二十五年天津府辖州县村落变化统计表

州县	乾隆四年（1739）		光绪二十五年（1899）		村落数量变化	
	村落数量	所占比例	村落数量	所占比例	数量	比例
天津县	315	11.9%	372	12.0%	57	12.2%
静海县	307	11.6%	388	12.5%	81	17.4%
青县	398	15.1%	440	14.2%	42	9.0%
沧州	509	19.3%	551	17.7%	42	9.0%
南皮县	368	13.9%	396	12.7%	28	6.0%
盐山县	410[①]	15.5%	604	19.4%	194	41.6%
庆云县	333	12.6%	355	11.4%	22	4.7%
合计	2640		3106		466	

资料来源：表内信息源自乾隆《天津府志》卷八《乡都户口志》，来新夏、郭凤岐：《天津通志·旧志点校卷（上）》，天津：南开大学出版社，2001年，第169—177页。（清）方观承：《畿辅义仓图》，台北：成文出版社1970年影印本，第131页。《重修天津府志》卷二十五《舆地（五）·城乡》，来新夏、郭凤岐：《天津通志·旧志点校卷（上）》，天津：南开大学出版社，2001年，第965—983页。

注：①由于乾隆《天津府志》中对盐山县的村落记载与其他各州县采用了不同的口径，没有反映出当时自然村的数量，因此采用与乾隆《天津府志》成书时间较为接近的《畿辅义仓图》中关于盐山县自然村的数量统计数据代替。

由表4-21可以看到，天津府乾隆四年（1739）时全府共有村落2640个，各州县所辖村落数量不等，在300至500之间。其中相差最大的是沧州与静海县，前者所辖村落比后者多了202个。从各州县所占村落比例上来看，沧州独占天津府五分之一的村落，青县和盐山县占有村落略少，排在第二梯队，南皮县、庆云县以此递减，天津县与静海县所属村落最少，约等于全府村落的十分之一。经过160年的发展，至光绪二十五年（1899）天津府境内的村落增加到3106个，增加了466个，平均每年增加2.9个村落。具体来看，天津府六县一州中，增加幅度最大的是盐山县，增加了194个村落，独占增长总数的41.6%。其余六州县的涨幅可以分为三个层次，天津县与静海县增长村落超过50个，占增加总数10%以上,属于第一层次;青县与沧州的村落增加数量一致,占增加总数9%,属第二层次;南皮县和庆云县的村落增加20余个,占增加总数的5%左右,属第三层次。实际上,这三个层次之间相差并不算大,与盐山县的情况相去甚远。

盐山县村落数量有如此大幅度的增加,其原因应是以下三个方面:

第一是人口的大幅度增长。光绪《重修天津府志》卷二十八《经政(二)》中记载了天津府及所辖各州县的人口状况,虽然各州县的人口数据并不全面、一致。但从部分州县的人口信息来看,盐山县从清乾隆至光绪这一时期,人口增长幅度很大。据《重修天津府志》所载:"盐山县乾隆元年有二万四千五百六十户,共男女大小十五万九千三百零五名口。光绪二十一年,民户三万六千一百四十七,口二十六万六千四百一十一。"①"青县嘉庆七年,编查民户六万零六十二户,内男大口十万三千三百三十三口,小口三万五百九十八口,女大口十万六百六十七口,小口二万五千四百一十九口。光绪二十一年,民户五万六千四百七十五,口三十一万零九,屯户七,口四十九,灶户三十三,口九百六十六。"②"静海县乾隆元年,县属九万九百二十五户,男大口七万三千九百六十七名,小口六万四百七十五名,女大口六万五千六百七十二名,小口四万六百八十一名,共男女大小口二十四万七百九十五名。"③由文献记载来看,盐山县人口从乾隆元年(1736)至光绪二十一年(1895)从159305人增加到266411人,增加了107106人。而青县自嘉庆七年(1802)至光绪二十一(1895)年人口从260017人增加到310009人,增加了49992人。静海县从乾隆元年(1736)至光绪二十一(1895)年人口从240795人增加到242236人,增加了1441

---

① 《重修天津府志》卷二十八《经政·户口》,来新夏、郭凤岐:《天津通志·旧志点校卷(上)》,天津:南开大学出版社,2001年,第1066页。

② 《重修天津府志》卷二十八《经政·户口》,来新夏、郭凤岐:《天津通志·旧志点校卷(上)》,天津:南开大学出版社,2001年,第1064页。

③ 《重修天津府志》卷二十八《经政·户口》,来新夏、郭凤岐:《天津通志·旧志点校卷(上)》,天津:南开大学出版社,2001年,第1065页。

人。从人口增长数据来看,在差不多的时期内,盐山县人口增加了十余万人,增长幅度远超天津府其他州县。人口的大幅度增长必然会带来村落规模扩大,以及村落数量的大幅度增长。

第二是盐山县村落规模过小。黄忠怀曾指出,在盐山县,至今可见许多直接以人名命名的村落,可作为早期村落只有一家一户最有力的证据。[①] 相对于其他各州县,在同等人口数量的条件下,过小规模的村落,会使村落数量出现激增。

第三是地方志等相关文献对盐山县村落记录的口径不一。前文对盐山县村落记录口径问题已有叙述,由于乾隆《天津府志》中关于盐山县村落的记载是转载自康熙《盐山县志》,而康熙《盐山县志》中的村并不是自然村,而是属于行政村性质,所以使用的是《畿辅义仓图》中关于盐山县村落的统计数据。而《畿辅义仓图》所收录统计的村落只限于能够被义仓制度覆盖的范围,也就是说《畿辅义仓图》中村落的数量是小于或等于盐山县当时实际自然村数量的,使用其作为参考数值,会低估盐山县在乾隆时期的村落数量,从而导致高估了其村落变化的幅度。

上述三个原因中,第一个是盐山县村落数量激增的主要原因,后面两个由于缺乏进一步的资料支撑,无法确切知道其影响程度,但或多或少会造成一些影响,属于次要因素。

除盐山县外的其他六州县所辖村落增幅较为接近,应是在人口自然增长的大环境下,逐渐增多的。如果再结合前文各州县村落数量变化趋势来看,村落随时间的推移并不是一直处在增长,也会出现减少,但在长时段的大时间区间里,仍保持增长趋势。也就是说,天津府村落的变化趋势是伴随着波动的总体增长。

---

① 黄忠怀:《从聚落到村落:明清华北新兴村落的生长过程》,《河北学刊》2005 年第 1 期。

二、村落空间变化规律及原因探析

天津府境南北向长,东西向短。全境位于华北平原,东临渤海,北部与西部河流分布相对密集,水系发达,特别是京杭大运河自南向北穿过天津府境西侧。由北向南,依次为天津县、静海县、青县、沧州、南皮县、盐山县、庆云县等六县一州。

由表4-21可见,以天津府全境为空间范围看,乾隆四年(1739)时位于府境中部的沧州分布着最多的村落,约占全府村落的五分之一。向南北方向延伸,越接近府境南北边缘村落分布越少,由表4-21的数据可以看到,中部向北的青县、静海县、天津县村落逐渐减少,中部向南的南皮县、盐山县、庆云县也是逐渐减少。到光绪二十五年(1899)时,这种空间分布趋势依然存在,但已经不如乾隆时期明显,各州县村落数量的增加,正逐渐淡化这种分布趋势。

究其原因,沧州在历史上开发较早,且地理位置重要,一直是这一区域的中心。在天津府设立之前,沧州还是直隶州,下辖周围各县。因此,该地区村落有向中心地汇集的趋势。但在天津府设立之后,与天津相比,沧州的地位逐渐下降,逐渐失去中心的位置,但就小范围来看,沧州仍比周围各县重要,这也正是这种趋势逐渐淡化,但还略有保持的原因。

从地形上看,综合前文对天津府各州县村落在地形上的分布特点可见,天津府村落分布最典型的特点是向河流两岸集中,其次是向地区中心聚落,即县城周围集中。实际上,村落选址是形成村落分布现象的主因。天津府地处华北平原,属温带季风气候,土地资源较为丰富,村落选址余地较大。因此,选址更主要是要考虑水源、交通等问题。天津府七个州县中的五个在京杭运河沿岸,这五个州县的村落都有向运河两岸集中的趋势,而运河除了水源、交通之外,还能带来更大的经济利益,提供更丰富的商品和就业机会。即使是其他河流，也可同时解决水源和交通问题。在水资源分布较为丰富的天津县、静海县、青县等地，村落分布基本上是沿河形成带状聚落群，将村落选址偏向河流两岸的特点展现得淋漓尽致。由于天津府水系多集中在西部和北部地区，所以形成了西部村落分布密集、东部较为稀疏的空间分布特点。此外，东部成陆较晚，残留的大量水洼以及较为严重的盐碱也限制了人类的活动，也使得东部村落相对较少。

第五章
天津府所辖村落的地名学分析

地方志中关于村落信息的记载比较集中,但内容却过于简单。一般来说,仅记载村落数量、名称,有的会按照东、南、西、北四个方位进行分类记录,也有的会将各村按照其所属镇、铺进行记载。通过这些信息,我们可以对某一政区范围内的村落数量和大致方位有所了解。上一章就是利用这些信息对天津府各州县村落数量变化和空间分布进行了描述和归纳。若要获得更多的村落信息,还需要对现有资料进行挖掘。

在地方志提供的村落信息中,村落名称都有所记载。村落作为聚落的一种类型,其名称属于地理名称的范畴。地理名称是遵循一定语言规律形成的一部分语言词汇,所以地名学被认为是语言学的一部分。然而,这些名称又是地理学的语言,并总是表示具体的区域,反映地理规律和概念,因而地名学也属于地理学。地理名称非常稳定,保持久远,成了独特的历史文献,所以地名学在一定程度上又属于历史学和史料学。[①] 可见,村名反映的地理规律和概念以及村名的稳定性,可以为历史村落地理研究提供资料,通过对村名的地名学分析,或可进一步获得更多的有关村落的信息。[②]

---

① [苏联]В. А. ЖУЧКЕВИЧ:《普通地名学》,崔志升译,北京:高等教育出版社,1983 年,第 3 页。

② 若无特别说明,本章所用来作为分析材料的村落名称皆来自《重修天津府志》卷二十五《舆地·城乡》,来新夏、郭凤岐:《天津通志·旧志点校卷(上)》,天津:南开大学出版社,2001 年,第 965—983 页。

第一节　村落名称的构成、分类及稳定性

一、村落名称的构成

村落名称一般较为简短,通常在2—4个字之间。光绪《重修天津府志》中记载了天津府其时共计3098个村落,其中村名是2个字的村落有252个,占总数的8.1%;村名是3个字的村落有2356个,占总数的76.1%,村名是4个字的村落有475个,占总数的15.3%;村名是5个字的村落有13个,占总数的0.4%;村名是6个字的村落有2个,占总数的0.1%。由统计结果可见,村名是3个字的村落最多,占了四分之三还多,其次是4个字和2个字的村落,二者合计略多于总数的五分之一。可见村名在2—4个字之间的村落占了总数的99.5%,属于绝大多数的情况,其他字数的村落仅有0.5%,十分少见。

村落名称虽然简短,但也可以分为两个部分,一是概括性名称,即通名,用来表示一般的概念,可以起到分类的作用,一般在名称的末尾,如村落名称中往往以"村""庄"结尾。见到这样的聚落名称,可以对其属于聚

落中的哪种类型加以判断,但仅知道这一点是无法在同类型聚落中区分它们的。所以还需要名称中的另一部分,即明细化名称,也就是专名,来区分同类之间的异同,其位置在名称的前端,就村落名称来说,依据这一部分可以将一定范围内的村落进行区分,由于村名比较简单,所以超过一定范围后,就会出现重名的现象。为了方便比较,将天津府村落重名现象按不同范围进行梳理,制成表5-1。

表5-1　天津府辖村落重名数量统计表

区域范围		村落数量		重名数量		重名比例	
天津县	东乡		81		8		9.8%
	南乡	372	120	65	9	17.5%	7.5%
	西乡		69		3		4.3%
	北乡		102		0		0
静海县	东乡		175		14		8.0%
	南乡	387	67	43	4	11.1%	6.0%
	西乡		76		0		0
	北乡		69		3		4.3%
青县	东乡		115		4		3.5%
	南乡	439	188	55	9	12.5%	4.8%
	西乡		66		0		0
	北乡		70		0		0
沧州	东乡		128		14		10.9%
	南乡	548	201	97	18	17.7%	8.9%
	西乡		120		13		10.8%
	北乡		99		0		0
南皮县	东乡		63		4		6.3%
	南乡	396	183	74	8	18.7%	4.4%
	西乡		94		2		2.1%
	北乡		56		4		7.1%

区域范围		村落数量		重名数量		重名比例	
盐山县	东乡	600	155	141	10	23.5%	6.4%
	南乡		232		38		16.4%
	西乡		28		0		0
	北乡		185		17		9.1%
庆云县	东乡	356	185	82	30	23.0%	16.2%
	南乡		89		8		9.0%
	西乡		46		2		4.3%
	北乡		36		2		5.6%
天津府		3098		1033		33.3%	

资料来源:表内信息源自《重修天津府志》卷二十五《舆地·城乡》,来新夏、郭凤岐:《天津通志·旧志点校卷(上)》,天津:南开大学出版社,2001年,第965—983页。

由表5-1可以清楚地看到,范围越大,村落重名的可能性就越大。天津府辖3098个村落,其中1033个村落的名称不是唯一的,占总数的三成还多。而范围缩小到各州县,村落重名的概率降低不少,在总数的一到二成之间。从数量上看,在各州县范围内重名的村落共计557个,比天津府范围内重名的村落数量少了476个,也就是说这476个村落是跨州县重名。当范围缩小后,这些村落的重名现象就不存在了。如果范围再缩小到各州县的各乡,村落重名的比率就更低,最多在16.4%,大多数在一成以下,最低的是一个没有重名的,其中重名比例稍高的地区往往村落数量也远超同类区域。可见村落重名与区域大小和村落多少有直接关系。

尽管村落名称中的明细化部分只能在一定区域内保证其唯一性,以便与其他村落区分,但由于在没有现代化交通工具的传统社会,人们的生活半径有限,只要不是邻近的村落重名,一般不会影响区分。而距离较远的村落重名,由于空间景观变化较大,也不会造成无法区分的误解。

二、村落名称的分类

村落名称往往不是国家统一规划所得,而是在其中生活的人自己命名的,这个名称逐渐被周围生活的人接受,再由于国家的需要,如编写地方志等,通过文字形式上报给政府,再通过编写后的文献固定下来。

在人们给村落命名的过程中会逐渐形成一定的规律,人们不自觉地使用这些规律也会将村落名称分类,分类会在村落名称的用字上体现出来,通过对村名用字的统计分析,可以对村落名称的分类有一个认识。某一个地区包含哪些类型的村落名称也会在一定程度上反映出这一地区的某些信息或特点。

为了进一步挖掘天津府村落的信息,笔者分别对村落名称中的通名用字进行统计分析。由于并不是每个村落名称中都有通名,除了常见的"村""庄"等字可以作为通名外,事先无法确定所有的通名用字。但可以确定的是,通名往往位于村落名称末尾,所以先根据村落名称末尾用字进行统计(见表5-2),再根据统计结果对通名用字加以分析。

表5-2 天津府村落名称尾字用字统计表

通名用字	出现次数	备注	通名用字	出现次数	备注
庄	1711		仓	4	
屯	134		塘	4	
村	108		阁	3	
口	73		路	3	
头	50		坡	3	
楼	47		町	3	
园	43		门	3	
拨	39		山	3	

续表

通名用字	出现次数	备注	通名用字	出现次数	备注
店	38		旺	3	
铺	37		蔓	3	
桥	35		冢	3	
营	34		滩	2	
庙	32		塔	2	
河	31		棚	2	
台	31		上	2	
堂	30		堰	2	
院	22		亭	2	
房	22		侯	2	
洼	21		堆	2	
圈	21		站	2	
砦	19		丰	7	仅见于盐山县东乡
寺	19		舍	7	仅见于盐山县
沽	18		邱	6	仅见于庆云县
务	18		良	5	仅见于沧州南乡
堡	17		木	5	仅见于庆云县西乡
嘴	17		孟	4	仅见于沧州东乡
子	16		官	4	仅见于青县西乡
镇	15		墓	4	仅见于青县
厂	15		盘	3	仅见于南皮县南乡
集	13		馆	3	仅见于沧州
窝	11		洲	3	仅见于青县西乡
堤	11		地	3	仅见于盐山县北乡
牛	10		勺	3	仅见于静海县西乡
城	10		垛	3	仅见于静海县东乡

续表

通名用字	出现次数	备注	通名用字	出现次数	备注
林	10		文	3	仅见于盐山县东乡
窑	9		召	3	仅见于青县
宅	9		街	3	仅见于天津县北乡
坊	8		基	3	仅见于盐山县东乡
场	8		顺	2	仅见于静海县东乡
户	8		光	2	仅见于天津县北乡
井	8		杏	2	仅见于青县东乡
树	7		陶	2	仅见于盐山县东乡
坟	7		祥	2	仅见于沧州南乡
庵	6		圩	2	仅见于青县南乡
沟	6		古	2	仅见于青县南乡
湾	6		寨	2	仅见于静海县东乡
坨	5		岑	2	仅见于天津县南乡
淀	5		安	2	仅见于沧州东乡
同	5		乐	2	仅见于静海县东乡
疃	5		壁	2	仅见于沧州南乡
泊	5		皂	2	仅见于盐山县
港	5		旗	2	仅见于青县东乡
里	5		汀	2	仅见于天津县东乡
科	4		珩	2	仅见于南皮县南乡
关	4				

资料来源:表内数据源自《重修天津府志》卷二十五《舆地·城乡》,来新夏、郭凤岐:《天津通志·旧志点校卷(上)》,天津:南开大学出版社,2001年,第965—983页。

表5-2汇总了天津府所辖村落中村名尾字出现2次及以上的情况,另有39个村落的名称尾字只出现过1次,显然这些村落名称中没有通名。另有一些村落的尾字出现不止1次,但这些村落基本都出现在一个

区域,且村名的系统性很强,如南皮县西乡有 5 个以"木"字结尾的村落,即北桃木、东桃木、中桃木、西桃木、南桃木,沧州东乡有 4 个以"孟"字结尾的村落,即南毕孟、西毕孟、东毕孟、北毕孟。类似这样的村落,其尾字也不能看作是通名。

除了上述两种情况之外,表 5 - 2 还将村名尾字出现 2 次以上且不分布在同一区域的村落名称尾字按照出现的频率,由高到低列出。出现频率最高的是"庄"字,也就是说天津府所辖 3098 个村落中,有 1711 个村落名称尾字为"庄"字,占了总数的 55.2% ,远超其他尾字。排在第二位及以后的"屯""村""店""铺"等尾字,出现的频率比"庄"字少了一个数量级,最高的也只有一百多个,排位稍后的为几十个,排在后面的甚至仅有个位数字。黄宁宁曾对河北村落地名用字做过统计,[①]其村落名称尾字结果的趋势与本书对天津府村落名称用字的结果趋势相近,可见天津府的情况并不是特例。

单从天津府村落名称尾字的数据来看,尽管依据"庄""村"等常见尾字无法对村落名称进行分类,但有些特点较为明显的尾字则会给村名分类提供参考。如"河、台、洼、沽、口、头、嘴、堤、沟、湾、坨、淀、泊、塘、坡、滩、林、树"等尾字表明了地理环境,"楼、桥、庙、寺、庵、阁、塔"等尾字表明了人文景观,"营、砦、堡、镇、城"等往往与军事有关,"店、集、坊"总是与商业相联系。

若在通名用字基础上,再结合专名,可以对村落名称分类有进一步的认识。对于较有特点的通名而言,分析其对应专名意义不明显,如以"沽"字为通名的村落中有"葛沽""丁字沽""西沽"等,分别以"姓氏 +沽""地形 + 沽""方位 + 沽"组成村落名称,专名部分的加入可以将以"沽"为通名的村落进行区分,但从村落命名分类的角度而言,都可归为

---

① 黄宁宁:《河北山水地名和政区地名用字探析》,四川外国语大学硕士学位论文,2016 年,第 39—42 页。

反映地理环境这一类型的村落名称。而对于以"村""庄"等含义简单的字为通名的村落,分析其对应专名则会给认识其命名提供更多参考。因此,笔者选取使用频率最高的"庄"字为通名的村落名称,对其专名部分做了不完全统计分析。之所以说是不完全的,是因为专门中所反映的信息大多数比较清晰明确,但有个别村落则相对模糊或可有多种解释,如"双狮赵庄"中的"双狮",既可以是村中有类似雕像,也可能是比喻村中某人,还可以是与村落附近民间传说有关。对于这一类村落名称,本书暂不做归类分析,因此参与统计分析的以"庄"字为通名的村落名称共计1651 个,占全部 1711 个村落名称中的 96.5% 。(见表 5 – 3)

表 5 – 3 天津府以"庄"为通名村落名称的专名信息类型统计表

专名反映信息类型			对应村落数量	对应村落名称列举
单类型	姓氏	单姓氏	712	沈庄、王庄、徐家庄、杨家庄
		多姓氏	89	郭黄庄、郝黄林庄、张胡董家庄
	姓名		189	张达庄、李明庄、王木匠庄、刘胖庄
	人物		20	王千户庄、王御史庄、刘进士庄、张兵备庄
	地理环境		24	道沟庄、清河庄、宽河庄、堤头庄、河滩庄
	方位		21	八里庄、西五里庄、东五里庄、上三里庄、下三里庄、前三里庄、后三里庄
	规模		7	小庄、大庄
	时间		12	新庄、又新庄、老庄
	愿望		10	太平庄、平安庄、和睦庄、三祥庄、和顺庄、
	建筑设施景观		7	大寺庄、店子庄、坊子庄、枣林庄
	特色产业		1	酱庄

续表

专名反映信息类型		对应村落数量	对应村落名称列举
双类型	规模＋单姓氏	265	大王庄、小王庄、小田家庄、小孙庄
	方位＋单姓氏	137	下郭庄、西于庄、东于庄、南蔡庄、北蔡庄
	时间＋单姓氏	59	蔡新庄、徐新庄、王新庄、侯新庄、陈新庄
	地理环境＋单姓氏	22	李洼庄、堤口张庄、洼里杨庄、洼刘庄
	建筑设施景观＋单姓氏	6	刘寺庄、大树陈庄、龙王李庄、龙王徐庄、萧寺庄、碱场李庄
	愿望＋单姓氏	2	吕受益庄、人和刘庄
	特色产业＋单姓氏	1	李香坊庄
	规模＋多姓氏	7	小刘李庄、高小王庄、大刘唐庄、小刘唐庄、大沙张庄、小王徐庄
	方位＋多姓氏	3	东程林庄、东程赵庄、西程赵庄
	时间＋多姓氏	3	姚杨新庄、任田新庄、徐宋新庄
	建筑设施景观＋多姓氏	2	魏姚王塔寺庄、纪王桥庄
	方位＋姓名	2	后张三庄、前张三庄
	方位＋地理环境	3	山后庄、泊北庄、东堤柳庄
	规模＋地理环境	1	大堤柳庄
	方位＋时间	9	前新庄、后新庄、上新庄、南新庄、东新庄、西新庄
	规模＋时间	5	小新庄、大新庄
	方位＋规模	3	前六十六庄、后六十六庄、东小庄
	方位＋愿望	2	西和乐庄、东和乐庄
	方位＋建筑设施景观	9	仓上庄、塔上庄、寺上庄、寺东庄、大道西庄、东关庄、东仓庄、中仓庄、西仓庄
	时间＋建筑设施景观	1	窑厂新庄

续表

专名反映信息类型		对应村落数量	对应村落名称列举
三类型	地理环境 + 方位 + 单姓氏	4	西柳行张庄、前柳行张庄、后柳行张庄、堤南李庄
	地理环境 + 规模 + 单姓氏	3	大刘津庄、小刘津庄、树深小苏庄
	方位 + 规模 + 单姓氏	2	后大吴庄、前大吴庄
	方位 + 时间 + 单姓氏	3	东孔新庄、西孔新庄、东艾新庄
	规模 + 时间 + 单姓氏	1	小牛新庄
	规模 + 愿望 + 单姓氏	2	大许孝庄、小许孝庄
	方位 + 建筑设施景观 + 单姓氏	2	寺后杨庄、寺后刘庄

资料来源：表内数据源自《重修天津府志》卷二十五《舆地·城乡》，来新夏、郭凤岐：《天津通志·旧志点校卷（上）》，天津：南开大学出版社，2001年，第965—983页。

由表5-3可以看到，专名中包含的信息类型数量不等，每个专名至少包含某一个类型的信息，这样的村落名称也数量最多，有1357个，占总数的82.2%；专名中包含两类信息的有277个，占总数的16.8%，专名中包含三类信息的有17个，占总数的1%。

专名中所包含的信息可以分为十类，其中姓氏一项还可细分成单姓氏与多姓氏两种，这些类型中的任意一个都可以单独作为村落名称中的专名。十类信息中，与人的姓名有关的有三项，即姓氏、姓名和人物，姓氏指的是用姓氏为专名来命名村落名称，并与其他村落相区别，以单个姓氏为主，也有用多个姓氏命名的情况；姓名指的是用某个人的姓名来命名村落，既包括用真名，如"张达庄、李明庄"，也包括用能够指代该人的昵称，如"王木匠庄、刘胖庄"。人物指的是用有一定身份地位的人来作为村落名称中的专名部分，以这些人为村落专名，一般都是用能反映其身份地位的称呼,如"王千户庄、王御史庄、刘进士庄、张兵备庄"。这些人可能是在这里生活或生活过,也可能是曾在此驻扎,还可能是该村落居民租种他的田产等多种情况。似乎这种类型与用姓名来命名的村落类似,仅是人的身份地位差异,实际上区别很明显。黄忠怀曾指出,直接以人名命名的村落,可作为早期村落只有一家一户最有力的证据。① 显然,以人物来命名村落不属于作为上述推断证据的范畴。这三种以姓名有关的类型中,以姓氏为专名的占了多数,这可能是聚族而居的习惯造成的,一个村落就是一个或数个族群的集合,而族群共有的、明显的身份信息就是姓氏。对于用个人姓名作为专名的村落,姓名是区分人与人的标识,普通人的姓名不能代表一个族群,因此才会有用姓名命名村落是村落早期只有一家一户证据的推断。

除了上述三类与姓名有关的类型外,另外七种涉及地理环境、方位、规模、时间、愿望、建筑设施景观、特色产业等方面。地理环境一般指的是村落所在位置或周围的地形地貌等特征。方位指村落的相对方位,一般用方向或距离等词汇来表示。规模指的是村落的相对大小,用字一般也集中于"大""小"。时间是指村落形成的相对早晚,用字也比较简单,如"新庄、又新庄、老庄"等。愿望指的是用村民对生活的期盼和向往的词汇作为专名,如"太平庄、平安庄、和睦庄、和顺庄"等。建筑设施景观指的是用村落所在地周围的标志性建筑、设施或景观来作为专名,如寺庙、楼阁、店铺、仓廒、树林等皆可。特色产业指的是村落本身所生产或销售的特产、手工业制品等,如"酱庄"。

村落名称中的专名部分所反映的信息类型虽然不少,但由于其内涵相对简单,可选择的专名用字范围并不大,如时间类型仅有"新、老",规模仅有"大、小",方位虽有"东、南、西、北、上、下、前、后"等选择,但是其

---

① 黄忠怀:《从聚落到村落:明清华北新兴村落的生长过程》,《河北学刊》2005 年第 1 期。

内涵有对应关系,如"上、下、前、后"与"南、北"有意义上的对应关系,减少了可选范围。地理环境虽然千差万别,但这是针对大范围的地区而言,对于相临近的村落而言,地形地貌往往十分接近,特别是平原地区更是如此。建筑设施景观和特色产业则需要相应的条件相配合。愿望类型看起来好像可选择范围较广,尽管美好愿望的类型会趋同,但形容它的词汇很丰富,但这需要受众有相应的文化水平才能实现。因此,就会出现在专门中包含多类型信息的村落名称,但限于字数,一般包含2—3个类型已是极限。由上文中的统计数据可见,类型越多、字数越多的村落名称越是少见。需要注意的是,姓名、人物类型的信息用于组合成多类型信息村名的情况较为少见,只有双类型中出现了,且只包含两个村落名称。一方面是因为姓名、人物类型专名区分度相对较高,另一方面是使用这两种命名方式的村落也较少,这样在一定范围内出现重合的概率大大减少。

仔细观察专名包含多类型信息的村名可见,各类型之间并非平行关系,存在一定的主次关系。在双类型专名中,包含姓氏类型信息的组合最多,皆以姓氏类型信息为主,再辅以其他类型,如用规模、方位、时间、地理环境、建筑设施景观、愿望等类型对村落做进一步区分。若组合中没有姓氏类型,则以地理环境、建筑设施景观、愿望类型信息为主,辅以规模、方位、时间。以方位、时间、规模三者两两组合,若有时间类型,则以时间类型为主,否则以规模类型为主,方位类型除了单独做专名信息外,在多类型组合专门中经常处于从属地位。对于三种类型专名,都包含姓氏信息,也皆以其为主。

综上,通过对村落名称中通名、专名的用字及其包含信息的梳理和统计分析,可以对村落的命名规律及村落名称分类有较清晰的认识。村落名称可以分为:姓氏人物类、地理环境类、建筑设施景观类、前身起源类、愿望期盼类、方位规模类等。各类名称不仅是区分村落的标志,也包含了不同的村落信息,为村落相关研究提供了材料。

三、村落名称的稳定性及其变化

"地名是历史和社会的产物,或者说,地名是实用性很强的一种社会文化形态。一个人的姓名,通常不过百年就会名存实亡。一个地域的名称,则往往不是如此,它可能与其指代的地域并存几百几千年。"①村落名称作为地名中的一种,也具有这种久存性的特点。正是村落名称的这种稳定性,使其具有了历史性,包含了历史的信息,如某些村落以其选址的地理特点为名,即使是地理特点发生了变化,但由于村落名称保留,也可以对此地过去的地貌特点有所了解。同样,村落名称的变化也传达了其发展的信息,如以姓氏为村名的村落中,在村落名称中加了新的姓氏,则可能是村落中新的姓氏人口增长,也可能是附近两村合并的结果,因此需要分析一下天津府所辖村落的名称的稳定性及其变化。

将光绪《重修天津府志》中村落名称与前志做对比(详见附录8),从中可以看到村落名称的变化特点,同时也反映了村落名称的稳定性。

由附录8可以看到,光绪二十五年(1899)时的天津府村落名称与前志对比有365个村落出现了变化,占总数的11.8%。但只是从村名用字变化层面进行的统计,还没有考虑字义层面的问题。有的村落名称虽然用字发生变化,但实际意义并没有改变,如青县东乡有"东槐村",前志中该村落名为"东槐庄"。此外,还有同音字的使用问题带来的前后地方志中的村落名称用字不一。这些情况都会导致村名用字相异,若将此类非实际变化排除,则实际发生变化的村落名称减少到287个,占总数的9.3%。换言之,天津府九成以上的村落名称保持稳定,为我们从中提取历史信息提供了基础。

---

① 褚亚平、尹钧科、孙冬虎:《地名学基础教程》,北京:中国地图出版社,1994年,第8页。

第二节　村落名称中的历史地理信息

一、从村名中的地理信息看区域地理环境及村落选址

　　村落命名时,为了与其他村落相区别,往往会选择其所在位置地理环境相关用字,尽管这不是必需的,但总会有一些村落选择这种方式。这就在村名中保留了当时的地理环境信息,即使地理环境发生变化,村名很可能还保留不变,从而将历史地理信息通过村名中的用字留存下来。通过梳理分析村落名称中的地理环境相关用字,可以对村落所在区域的地理环境及村落选址有一些认识和了解。为了方便比较,将天津府辖村落中,村名包含地理环境用字的村落(共计354个)的相关用字梳理成表5-4。

表5-4 天津府村落名称地理环境相关用字统计表

村名中地理环境相关用字	天津府辖州县							合计
	天津	静海	青县	沧州	南皮	盐山	庆云	
口	18	10	8	17	6	11	3	73
头	10	10	21	3	4	1	0	49
嘴	10	3	3	0	3	0	0	19
湾	2	0	0	0	1	1	2	6
港	2	2	2	0	0	0	0	6
滩	1	1	0	0	0	1	0	3
洲	0	0	3	0	0	0	0	3
汀	2	0	0	0	0	0	0	2
台	16	4	0	4	2	4	1	31
堤	4	0	1	6	4	2	2	19
圩	0	0	2	0	0	0	0	2
堰	0	0	0	0	1	0	1	2
河	4	7	8	12	0	4	1	36
沽	15	0	0	3	0	0	0	18
淀	1	0	0	2	0	0	2	5
泊	0	2	1	1	0	2	0	6
塘	0	2	0	1	0	1	0	4
洼	4	2	4	2	9	8	3	32
沟	2	1	3	0	0	1	0	7
窝	3	2	1	0	1	5	0	12
山	2	0	0	0	0	1	0	3
邱	0	0	0	0	0	0	6	6
岑	2	0	0	0	0	3	0	5
陶	0	0	0	0	0	2	0	2
坡	0	0	2	1	0	0	0	3
合计	98	46	59	52	31	47	21	354

资料来源:表内数据源自《重修天津府志》卷二十五《舆地·城乡》,来新夏、郭凤岐:《天津通志·旧志点校卷(上)》,天津:南开大学出版社,2001年,第965—983页。

由表5-4可见,天津府辖村落的村名中用到地理环境相关用字共计25个,其中与水有关的用字多达15个,涉及村落151个;表现地势高低的用字有7个,涉及村落62个;表现地形的用字有3个,涉及村落141个。具体到各州县来看,天津县辖村落中村名用到地理环境用字的有17个,涉及村落98个,其中与水有关的用字有10个,涉及村落37个;表现地势高低的用字有4个,涉及村落23个;表现地形的用字有3个,涉及村落38个。静海县辖村落中村名用到地理环境用字的有12个,涉及村落46个,其中与水有关的用字有7个,涉及村落17个;表现地势高低的用字有2个,涉及村落6个;表现地形的用字有3个,涉及村落23个。青县辖村落中村名用到地理环境用字的有12个,涉及村落59个,其中与水有关的用字有8个,涉及村落24个;表现地势高低的用字有2个,涉及村落3个;表现地形的用字有3个,涉及村落32个。沧州辖村落中村名用到地理环境用字的有11个,涉及村落52个,其中与水有关的用字有7个,涉及村落27个;表现地势高低的用字有2个,涉及村落5个;表现地形的用字有2个,涉及村落20个。南皮辖村落中村名用到地理环境用字的有9个,涉及村落31个,其中与水有关的用字有4个,涉及村落15个;表现地势高低的用字有2个,涉及村落3个;表现地形的用字有3个,涉及村落13个。盐山辖村落中村名用到地理环境用字的有15个,涉及村落47个,其中与水有关的用字有8个,涉及村落20个;表现地势高低的用字有5个,涉及村落15个;表现地形的用字有2个,涉及村落12个。庆云辖村落中村名用到地理环境用字的有9个,涉及村落21个,其中与水有关的用字6个,涉及村落11个;表现地势高低的用字有2个,涉及村落7个;表现地形的用字有1个,涉及村落3个。

通过分析村名中地理环境的相关用字情况,可以对天津府辖各州县的自然地理环境有所认识。从各州县村落名称中涉及的地理环境用字个数来看,天津县排在第一位,共涉及 17 个地理环境用字,盐山县位居第二位,涉及 15 个字,静海、青县排在第三位,涉及 12 个字,沧州紧随其后,涉及 11 个字,南皮和庆云并列在最后,只涉及 9 个字。可见,天津县地理环境最为复杂,特别是与水有关的用字多达 10 个,说明天津县水系分布广泛。盐山县地理环境复杂程度排在第二位,主要是村名中反映地势的用字最多,是全府第一位,除了天津与其较接近之外,其余各州县都不足其半数。这说明盐山县在地势变化上较大。静海、青县、沧州三州县地理环境较为接近,从天津府范围来看属于中规中矩。南皮、庆云二县地理环境最为简单,无论是水系分布,还是地势地形都相对简单。

若再考虑各州县反映地理环境信息用字村落的数量,还可以做出进一步推论。天津县共有 98 个村落的名称带有地理环境相关信息用字,占村落总数(354 个)的 27.7% ,远超其他各州县。其余州县带有地理环境相关信息用字村落的数量在 21 至 59 之间,与天津县相差 39 至 77 个不等。天津县带有地理环境相关信息用字村落的数量基本上可以大于其余各州县两两相加之和(除了青县和沧州相加,但也很接近)。这说明天津县不仅地理环境在全府中最为复杂,而且复杂的地理环境分布也较广。虽然村落命名不一定以地理环境信息作为区分用字,但越是广泛分布的复杂地理环境才能为更多的村落选择用地理环境特点来命名提供了可能性。所以可以将各州县带有地理环境相关信息用字村落的数量作为其地理环境分布的广泛性的一个指标。由此可见,地理环境复杂度排在第二位的盐山县的地理环境分布广泛性就远远小于天津县,说明盐山县虽然有较为复杂的地理环境,但分布较为集中。地形最简单的南皮和庆云二县,带有地理环境相关信息用字村落的数量也最少,二者相加才达到与天津县外其他州县的水平,可见南皮和庆云县的地理环境是天津府中最为简单单一的地区。

分析村名中的地理环境相关用字还可以对村落选址倾向有所认识。在带有地理环境相关用字村名的村落中,有 151 个是带有与水相关的用字,占总数的42.7%。这里需要说明的是,带有地势、地形相关用字的村落不一定在水系附近,如带有"口"字的村落,村名中的"口"字既可以指的是道口、山口,也可以是河口。所以上述数据仅是最为保守的估计。从反映地势的村名用字来看,只有"窝"字指的是洼陷的地方,涉及村落仅有12个,其余各字指的均是地势较高之处,涉及村落有50个。综上,村落选址更倾向于近水与地势较高处,两者兼顾,即在水边的高处定居,是最合适的选址。

二、从村名看村落的起源与发展

村落名称用字中不仅包含地理环境信息,其中一些特殊用字也反映了村落的历史,对了解村落的起源和发展有所帮助。

"城、镇、寨、砦、堡、营"这些字都与军事有关。由于战争的需要,各地都有军队驻扎,特别是一些交通要道、关口等处更是如此。军队会带来大量的人口,从而产生大量的生活需求,带动其驻地周围的非军事人口汇集以及商业交换的发展。但是军队的流动性较大,当军队撤出后,先前汇集的人口所形成的聚落会有不同程度的保存,这些聚落的名称往往会带有与军事有关的用字。可以说,这些聚落是因为军事而起源和发展的。这样的村落在天津府各州县都有不同程度的分布(详见表5-5)。

表5-5　天津府村落名称中军事相关用字村落分布统计表

军事相关用字	地区	村落名称
城	天津	军粮城、黑牛城、土城、新城
	静海	东琉璃城、西琉璃城、乌美城、当城
	青县	东空城、西空城

续表

军事相关用字	地区	村落名称
镇	静海	东子牙镇
	青县	大兴镇、李家镇、兴济镇、流河镇
	沧州	捷地镇、小集镇、王寺镇、新县镇
	南皮	路灌镇、泊头镇
	盐山	贾象镇、海丰镇、望树镇、常郭镇
寨	静海	大寨、小寨
砦	沧州	前李砦、后李砦、张家砦、花红砦
	南皮	田家砦、杨福砦、霍家砦
	盐山	东花红砦、张八砦、小李砦、流洼砦、花红砦、卜家砦、西南砦、正南砦、高家砦、杨家砦、张家砦、西花红砦
堡	天津	草堡、郝家堡、前常家堡、后常家堡、徐家堡
	静海	吴家堡、宫家堡、大邀堡、小邀堡、于家堡、第三堡、第七堡、第八堡、第九堡、第六堡、阎张堡
	青县	丰台堡
营	天津	蛮子营
	静海	蛮子营、刘家营、苟家营、王家营
	青县	何老营、侯家营、王家营、金家营、东王营、西王营、李家营、阁家营、蛮子营、赵官营、桃关营、张家营、戴起营、南小营、孟家营、齐家营
	沧州	涂家营、崔家营、崔家营
	南皮	乌马营、偏马营、张家营盘、高家营盘、孙家营盘
	盐山	曾小营、杨小营、李小营、陈小营、豆腐营、张家营、陈家营
	庆云	扳打营

资料来源:表内信息源自《重修天津府志》卷二十五《舆地·城乡》,来新夏、郭凤岐:《天津通志·旧志点校卷(上)》,天津:南开大学出版社,2001 年,第 965—983 页。

"店、集、坊"等村名用字往往与商业相关联,名称中带有相应用字的村落其起源或发展应与商业发展联系紧密,但不容易确认二者的先后关系。既有可能是该地交通便捷逐渐形成了较为固定的商业交换地点,从而吸引人口定居形成村落,也可能是先有村落,而后由于交通便利或位于周围村落的中间位置,方便作为交换地点,从而使商业逐渐发展起来,并带动了村落的发展。这样的村落在天津府也有不同程度的分布(详见表5-6)。

表 5-6　天津府村落名称中商业相关用字村落分布统计表

商业相关用字	地区	村落名称
店	天津	炒米店、屈店、锅铁店
	静海	杨官店、罗家店、木门店、王镇店
	青县	小店子、车店、小店子、杨官店
	沧州	达子店、彭店、窦店、风花店、王家店、杨家店、孔家店、和里店、义和店
	南皮	十王店、兴隆店、后店、前店、半壁店
	盐山	杨砦店、太平店、孟店、新店、张官店、黄店子、李店子
	庆云	于家店、兴隆店、胡家店、撒家店、大店、李家店
集	天津	北马集、南马集
	静海	小集
	青县	新集、马集
	南皮	吴家集、高家集、孙家集
	盐山	杨家集、韩家集、毛家集
	庆云	王家集、解家集
坊	青县	马家坊
	沧州	门家坊、吴家坊
	南皮	白家坊、冯家坊
	盐山	马家坊
	庆云	香坊、杨家油坊

资料来源:表内信息源自《重修天津府志》卷二十五《舆地·城乡》,来新夏、郭凤岐:《天津通志·旧志点校卷(上)》,天津:南开大学出版社,2001 年,第 965—983 页。

天津府所辖村落中,有些村落的名称中带有"屯"字,其中有的还在"屯"之前带有"官"字,即"官屯",这类村落应与屯垦关系密切。将村名中带有"屯"字的村落汇总成表 5 - 7。

表5 - 7　天津府村落名称中有"屯"字的村落分布统计表

地区	村落名称
天津	谢家屯
静海	张官屯、英官屯、陈官屯、高官屯、王官屯、张官屯、吕官屯、张官屯、上刘官屯、下刘官屯、夏官屯、唐官屯、赵官屯、只官屯、邓官屯、靳官屯、梁官屯、陈官屯、曾官屯、戴官屯、小屯、西长屯、小屯、刘世印屯、小屯、宫家屯、西大屯、东大屯、西小屯、中小屯、东小屯、东长屯、顺民屯、长张屯、大张屯、一里屯、王善政屯、王胜武屯、旧张屯
青县	薛官屯、孙官屯、归官屯、王官屯、刘官屯、陈官屯、谭官屯、林官屯、周官屯、冯官屯、罗官屯、宋官屯、南陆官屯、尹官屯、陆官屯、沙官屯、梅官屯、金官屯、赵官屯、张官屯、集贤屯、广昌屯、顺昌屯、李云龙屯、北洋屯、翕和屯、新张屯、北王维屯、赵兴范屯、余庆屯、倪杨屯、权家屯、施家屯、大功屯、野兀屯、前小屯、后小屯
沧州	鞠官屯、徐官屯、吴官屯、赵官屯、姚官屯、褚官屯、高官屯、顾官屯、黄官屯、杨官屯、荣官屯、穆官屯、前王官屯、后王官屯、萧官屯、刘官屯、倪官屯、陈官屯、东贾官屯、西贾官屯、鲍官屯、姜官屯、白官屯、许官屯、王官屯、梁官屯、张官屯、刘节屯、东顺民屯、西顺民屯、南顾屯、感化屯、子来屯、八里屯、邓家屯、刘家屯、宋家屯、刘浩屯、王应会屯、子来屯、张祈屯、孙情屯、南陈屯、季家屯
南皮	翟官屯、刘官屯、尹官屯、康官屯、车官屯、白家屯、刘家屯、贾家屯、白家屯、宋家屯、齐家屯、小王屯、
盐山	王家屯

资料来源:《重修天津府志》卷二十五《舆地·城乡》,来新夏、郭凤岐:《天津通志·旧志点校卷(上)》,天津:南开大学出版社,2001 年,第965—983 页。

由表5 - 7可以看到,除庆云县外,天津府其余各州县皆有村名中带"屯"字的村落分布,但集中趋势明显,主要还是集中在静海县、青县、沧州和南皮县。而且带有"官屯"用字的村落也只出现在上述四州县中。据乾隆《天津县志》所载:"雍正三年改天津卫为州,将卫原辖一百四十三屯就近并入武清、静海、青县、沧州、南皮。"①史料中的记载恰好与现实中的分布相吻合,更加说明这些村落的起源应与明代卫所军屯制度有关。

综上所述,村落名称中的用字所提供的信息,为进一步认识村落的历史地理信息提供了可能性,是在单一、有限的村落材料中挖掘更多信息的途径之一。但不能忽视的是,虽然给村落命名是人类社会生活中的普遍现象,但并无必然的规律,现有命名规则也是在不完整的资料基础上总结而来,并不是在命名中必须要遵守的,特别是在历史时期更是如此,如"堡"字为通名的村落未必与军事驻扎有关,亦可为村落的自卫设施。因此,通过村落名称分析得出的历史地理信息并不是过去的全部,仅是一个方向和指引,为进一步研究提供了线索。

---

① 乾隆《天津县志》卷三《地舆志》,来新夏、郭凤岐:《天津通志·旧志点校卷(中)》,天津:南开大学出版社,2001 年,第 47 页。

第六章
天津府的聚落体系与城市化

第一节　天津府的聚落体系及其发展

前文对天津府的不同类型聚落,即城市、镇、村落,分别作了讨论。然而,聚落并非单一存在,而是一个多层次的体系。任何一个类型的聚落发生变化都会牵动整个体系的变化与发展。

天津府辖六县一州,各州县的治所所在地,即县城,作为城市聚落是天津府聚落体系的核心。以七座城市为中心聚落,搭建起了天津府聚落体系的骨架,而京杭大运河又将这七座城市中的五座联系得更加紧密,从而将这个体系的最上层分为运河城市和非运河城市两个部分,使得同一体系内的两个部分在发展路线上出现分化。在上层中心聚落的带动、影响下,下级聚落的发展趋势也会受到影响,这一点在聚落的分布上表现得最为明显。运河城市及其所属镇、村落的分布都有很明显的集中趋势,沿运河两岸形成了聚落分布带。而非运河城市及其所属镇、村落的集中趋势则相对不明显。无论是镇还是村落的分布更趋于均匀。

由表6-1可以看到乾隆时期至光绪时期天津府各类聚落的数量变化。镇与村落的数量都有所增加,尽管幅度不同,但增长的趋势是一致的。唯独城市的数量保持稳定,从设府到裁府始终是这七座城市。但这只是表面的现象,对于天津府而言,这七座城市也可分为两个层次,其中天津城不仅是县城还是府城,其行政级别使其成为七座城市中的上层。同时,沧州城作为过去的区域中心已经发展多年,设府之前还是直隶州州城,沧州城的地位势必高于其余五座城市。这使得天津府设立之初出现了双中心的局面,位于府境中部的沧州城,占有区域中心的地理优势,且作为传统的区域中心发展多年,运河的兴旺发展也为沧州城的发展带来源源不断的动力。天津城虽然从军事卫所改为行政建制不久,但从明代设卫,特别是迁都北京之后,运河带来的发展动力使其实际上的发展已经不亚于城市,兼有设府后行政级别高的优势,天津城无疑是府境北端的又一个中心。

天津府的双中心还体现在城市以外的聚落发展上。由表 6 – 1 可以看到,虽然镇与村落都有所增加,但变化幅度差异较大。镇从乾隆时期的 24 个增加到光绪时期的 82 个,涨幅达到 241.7% ,而村落从乾隆时期的 2640 个增加到光绪时期的 3107 个,涨幅仅为 17.7% 。村落作为基础的聚落类型,其发展与人口的增殖关系密切,在没有大规模移民的情况下,其发展势必相对缓慢、稳定。而作为高一级的聚落,镇的发展则需要军事、商业、交通等多方面条件的促进。天津府聚落体系的变化则更多体现在高级聚落的发展上,镇的增长幅度就说明了这一问题。作为区域次一级中心的镇可以弥补城市中心聚落辐射范围的限制,构成了更加合理的聚落网状体系。天津府镇的大幅度发展就是在城市数量不增加的情况下,将聚落体系构成打造得更加合理。反之,从镇的发展,也能看到城市的中心作用的体现程度。从乾隆时期到光绪时期,天津县与沧州所辖镇的增加幅度一致,而且也是全府六县一州中最多的。也就是说,天津城与沧州城在同等规模的次一级中心聚落的辅助下,将其中心聚落的辐射圈和聚落体系打造得更加完美。

然而,天津府双中心的格局并非一成不变。随着时间的推移,时代的发展,沧州城的地位逐渐下降,天津城则不断提高。特别是在开埠之后,被迫走上近代化道路的天津城,发生了跃迁式的变化,城市空间大幅度扩大,城市边界的扩展将近城的镇与村落直接纳入城市版图,虽然镇与村落的数量减少了,但城市有了质的变化,不仅是天津府的中心,更一举成为直隶地区的中心。

天津府存在的时期跨越了两个时代,在传统发展时期,城市数量稳定,发展相对缓慢,其中心辐射作用,通过次一级中心聚落,如镇的设立和发展来延伸,聚落体系的构建依赖于传统的交通模式,河流往往是构建这一体系的重要倚仗。进入近代以来,聚落体系的格局被打破,城市空间扩大,现代交通方式将中心聚落的辐射作用传递得更快更远,城市与城市之间的联系更加紧密,聚落体系的构成模式也在逐渐近代化。

表6-1　乾隆至光绪时期天津府各类聚落数量变化统计表

州县	乾隆时期			光绪时期			前后数量变化		
	城市	镇	村落	城市	镇	村落	城市	镇	村落
天津县	1	0	315	1	15	373	0	+15	+58
静海县	1	2	307	1	8	388	0	+6	+81
青县	1	7	398	1	9	440	0	+2	+42
沧州	1	2	509	1	17	551	0	+15	+42
南皮县	1	2	368	1	7	396	0	+5	+28
盐山县	1	9	410	1	22	604	0	+13	+194
庆云县	1	2	333	1	4	355	0	+2	+22
合计	7	24	2640	7	82	3107	0	58	467

资料来源:表内数据根据前文相关表格汇总而成。

第二节　天津县的聚落类型与中国传统时期的城市化

　　聚落类型的划分是聚落地理学、城市史学等相关领域研究中无法回避的重要问题,现今被广泛采用的是"二分法",即将聚落分为农村型聚落和城市型聚落。① 陈桥驿曾指出,对于城市的界定,现代各国都有明确的指标,且基本上都是计量的,但中国历史聚落大多缺少如人口等计量数据,因此往往采用的办法是将凡是历史上曾经作为县级及其以上级别政府驻地的聚落认定为城市,这种不得已的标准存在着不小的偏差,但在缺乏统计资料的历史时期,要从庞大的聚落中区分城市和村落是非常困难的。②

　　本节主要依据的《津门保甲图说》(后简称《图说》)即属此类包含计量数据的稀有文献。《图说》成书于清道光二十六年(1846),共计两函十二册。从总体上看,是一本官刻的关于天津海口民防事务的图书,反映了清末天津县的海防情况。细分来看,全书分为两部分,一部分是与保甲有关的各类公文,另一部分为地理图形及其说明,共计181幅图(含总图、分

---

　　①　罗澍伟:《城市、城市理论与城市史》,《城市史研究》第17、18辑,天津:天津社会科学院出版社,2000年,第124页。

　　②　马正林:《中国城市历史地理》,济南:山东教育出版社,1998年,序言。

图）。图以形象化的手法,将天津县境内的地形、河渠、建筑(主要是城池、庙宇、房舍等)、道路等描绘出来。每幅图前以简要文字说明其历史沿革、自然环境,更为可贵的是列出了每幅图中聚落、庙宇的数量和名称,还附有人口统计信息,包含总人数(区分大小口)、总户数,并以户为单位进行了职业的划分统计。依据这些数据可以对天津县所辖聚落的类型进行定量分析,由于其他各州县没有类似文献,所以仅以天津县为例。同时,聚落量变的过程即是城市化过程的一种体现,通过分析天津县聚落的量变过程可以对传统时期的城市化过程有所认识。

一、天津县的聚落数量及空间分布

《图说》共计 181 幅图,除去《引河图说》和《津门保甲图总说》两幅图之外,根据其余各分图中的标注及说明中的信息,可以对聚落的数量有所了解,但在统计过程中,有三点需要特别注意:第一是多幅图描绘一个聚落的情况。《县城内图说第一》描绘了天津县(府)城内的情况,图的范围止于城墙,但不能将城墙简单地看作聚落的边界,由后续各图,即描绘东、西、南、北门外和东北、西北城角各图,可以看到,天津县(府)城的范围已经扩展到了城墙之外。其中,描绘东、西、北门外的图所展现的景观很明显是跨过城墙后城区的延伸,而描绘东北、西北城角的图中既包含了这两个方位城区的延伸景观,亦各有一二处独立聚落,仅描绘南门外的图显示在出南门后地势闲旷,分散着十一处独立聚落。类似的多幅图表现单独聚落的情况还有《西南一带图说第二十一、二十二、二十三》《东南一带图说第四十四、四十五、四十六》以及《东南一带图说第六十六、六十七》,依次表现的是杨柳青、咸水沽和大沽三个聚落的情况。第二是在统计中需要注意图中未出现聚落的情况。这些图有《北面并东北一带图说第七》《西南一带图说第十一》和《东南一带图说第四十七、七十一、七十二》。

这五幅图中,除了《北面并东北一带图说第七》一图仅是对自然地理景观的描绘之外,其余四幅图中皆有类似房屋的景观出现,但结合随图说明可知其并非聚落。第三是需要注意图中所绘聚落数量与随图说明不一致的情况。涉及的图是《西北一带村庄图说第三、十四》和《东南一带村庄图说第三十七、六十八》。不一致的数据会给后续统计带来问题,必须制定一个标准,有所取舍。笔者认为,随图说明中出现记录错误的概率要大于在图画中绘制村落图形,所以本书对这种不一致的情况采用以图为准的标准进行统计。

在考虑到上述三点注意事项的基础上,对《图说》中179幅分图进行统计,共计406个聚落(含天津县城)。根据《图说》的区域划分标准,天津县被分为8个区域,即城厢区、北面及东北、西北区、西区、西南区、东区、东南区、南区(参见图6−1)。依据《图说》中的信息,对于每个区域的聚落数量及相关数据可做出统计与计算(见表6−2)。

表6−2 天津县聚落数量统计表

区域	图数	聚落数量	平均数	标准差	众数
城厢区	7	15	2.14	3.98	无
北面及东北区	14	25	1.78	0.89	2
西北区	18	57	3.17	1.47	4
西区	4	12	3	1.41	4
西南区	26	48	1.85	0.92	2
东区	8	24	3	1.41	3
东南区	72	149	2.07	1.17	2
南区	30	76	2.53	1.01	2
天津县	179	406	2.27	1.39	2

资料来源:表内数据源自《津门保甲图说》,来新夏、郭凤岐:《天津通志·旧志点校卷(下)》,天津:南开大学出版社,2001年,第435—613页。

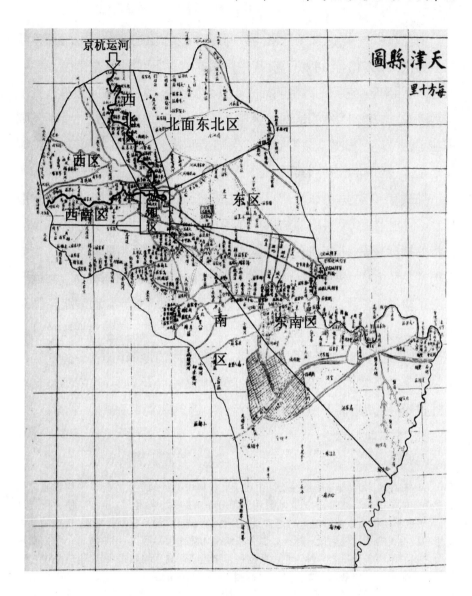

图 6-1 天津县分区示意图

图片来源:此图以(光绪)《畿辅通志》中《天津县图》(见天津市规划局编著:
《天津城市历史地图选编》,天津:天津古籍出版社,2004,第 71 页。)为底图加工绘
制而成。

由表6-2中各区聚落数量的数据可以看到,上述8个区域的聚落数量差异很大,从12至149不等,其中数量排在前四位的是东南区、南区、西北区、西南区,它们的数量明显大于其余四个区域。从各区聚落数量平均数来看,排在前四位的是西北区第一、西区与东区并列第二位、南区则排在第四位。而根据众数得到的结果则是西北区与西区并列第一位、接着是东区、其余各区并列其后,而城厢区无法计算众数,需另作讨论。

从表6-2数据可以看出,同样是描述天津县各区域聚落数量的指标,但不同指标所反映出的结果存在不小的差异。如果单从各区域聚落数量的指标来看,排在前四位的是东南区、南区、西北区、西南区。这个结果很容易使人想到聚落数量较多的四个区域恰好是海河、南运河、北运河这三条交通运输干线所流经的区域,进而推论出河道等交通线路会推动聚落发展的结论。然而,结合各区域的图数就会发现,图数与聚落数量成正比,换言之,较多的聚落数量往往对应着更大的地域范围,那么单凭各区域聚落数量并不能说明各区域的聚落发展程度及差异,也就不能支撑上述推论,所以还需要更多的统计指标。因此我们又采用了平均数、众数、标准差三项指标。①

----

① 平均数、众数都是描述性统计中用于反映集中趋势的统计指标。平均数通常是最常用到的集中趋势测量,因为平均数用到了分布中的每个数值(这个特点使它反应灵敏,同时也易受极端数值影响),它通常具有很好的代表性,而且它与标准差(标准差是最常用和最重要的变异性测量。标准差以分布的平均数作为参照点,用考虑每个数据和平均数之间的距离来测量变异性。它由数据是否接近或远离平均数来决定,也就是说它考虑数据是聚集还是离散。)等常见的变异性测量有较紧密的关系(所以表6-2中也给出了标准差的值,以便于衡量平均数是否具有较好的代表性),这种关系使得平均数成为使用推论统计时的一个很有价值的测量。但也存在一些特殊情况,平均数并不是特别具有代表性。如本书中对聚落数量的描述虽然也是数字值,但计算出的平均数不可能存在小数值,聚落用整数值来描述更加贴切。对于这类只存在整数值的离散变量使用众数来描述其集中趋势显得更加适合。众数指在一个频数分布中,具有最大频率的值,也就是出现次数最多的那个数或类目。它直观、易理解,不受极端值影响,在分布范围不大,数据分布比较集中的时候具有较好的代表性。但不可以进行进一步的代数运算,因而不如平均数应用多。同时,当数据分布没有明显的中心的时候,众数就没有意义。

依据平均数与依据聚落数量得出的结果差异较大。具体来说,西北区由第三位升至第一位,南区则下降到第四位,原先排在后面的西区与东区则并列排到第二位,而第一位的东南区与第四位的西南区退出了前四的行列。然而,将平均数和标准差两个指标相结合来看,发现各区的标准差较大,这说明由每幅图中聚落数量构成的数据分布比较离散,特别是城厢区的离散程度最高。这主要是由于表现这一区域的七幅图中大多是表现天津县(府)城的,只有《东北、西北城角图说》在描绘天津县(府)城的同时,分别有一二处聚落,此外,《南门外图说》包含11处聚落,数值分布从1至11不等,且含有极端数值,极易对平均数造成影响。其余各区数据分布虽较城厢区更集中,但总体来说还是影响了平均数对总体的代表性。再加上聚落数量本身属于离散型变量①,因此考虑使用众数较为适合。

依据众数与依据平均数得出的结果较一致,西北区仍居第一位,西区上升与西北区并列,东区排在之后,而原先较其他区域略有优势的南区则不再突出,与除城厢区外的其他区域并列在后面。城厢区的数据分布没有一个明显中心,无法用众数来表示。城厢区体现在数据分布上的特殊性可能正是其作为城市聚落与其他各区的乡村聚落之间有了质的变化造成的,因此无法放在一个层次上去比较。毕竟城市较乡村而言已经不是用单位区域数量可以衡量的,而是更多地体现在规模、产业性质等更为复杂的方面。

对于除城厢区外的七个区域,我们通过各区众数的数值可以发现,原先根据各区聚落绝对数量排在前四位的区域中有三个,即东南区、南区、

---

① 离散型变量是由分离的、不可分割的范畴组成,在邻近范畴之间没有值存在。如聚落可以有1个、2个,而不可能出现1.5个。与离散型变量对应的是连续型变量,在任何两个观测值之间都存在无限多个可能值,它可以分割成无限多个组成部分。同时需要注意的是离散型变量和连续型变量并非截然分开,有时当离散型变量取值空间大、取值点密集时,也可以视为连续型变量。反之为了研究方便,也可将连续型变量分组,以转化为离散型变量处理。

西南区,仅与天津县的整体水平相当,而原本并不突出的西区、东区反而超过了天津县的整体水平,再加上原先的西北区,这三个区成为高于天津县整体聚落发展水平的区域。

在利用统计指标的基础上,结合天津县地图(见图6-1),可以有一个更加清晰的认识。由图可以看出,天津县(府)城并不是位于天津县的几何中心位置。天津县呈西北向东南纵向狭长的形状,天津县城位于偏西北的方向。因此,以天津县(府)城为中心划分的区域,大小差异明显,在自然地理等条件允许的情况下,区域大小与聚落多少成正比是显而易见的,要衡量某一区域的聚落数量发展水平,还需要看单位区域内的聚落数量与总体水平的对比。我们已经通过表6-2的数据发现了相应的区域,即西北区、西区、东区。这三个区域有着类似的特点,第一是区域内水系发达,《图说》中分别描绘为:"津邑西北为南北交流之所。村皆附河而大道出其间,水陆扼要处也"[1]"津邑西面其偏南北者已各为图而大清、子牙两河所经,间附村镇,虽去大道较远,亦不容略"[2]"津邑东面多水乡,与塌河淀相近,每苦泛溢,而人烟稠密,村落纷如"[3];第二是距离天津县(府)城距离不远且范围相对不大。换句话说,正是位于航运干线流域所带来的交通优势,以及处在中心聚落的辐射范围内双重因素的作用,使得这三个区域的聚落数量发展水平高于天津县的整体水平。

---

① 道光《津门保甲图说》,《西北一带村庄图说》,来新夏、郭凤岐:《天津通志·旧志点校卷(下)》,天津:南开大学出版社,2001年,第456页。

② 道光《津门保甲图说》,《西面一带村庄图说》,来新夏、郭凤岐:《天津通志·旧志点校卷(下)》,天津:南开大学出版社,2001年,第474页。

③ 道光《津门保甲图说》,《东面一带村庄图说》,来新夏、郭凤岐:《天津通志·旧志点校卷(下)》,天津:南开大学出版社,2001年,第504页。

二、天津县所辖聚落的人口规模及区域分布

《图说》中的每幅分图皆随图附有文字说明,其中就包含了关于人口的数量信息,并区分了大、小口。笔者仍根据《图说》的区域划分标准,将天津县分成 8 个区域统计其人口数量并计算相关数据。(见表 6－3)

表 6－3　天津县分区人口数量统计表

图名	图数	聚落数量	人口数量	平均数（人/聚落）	平均数（人/图）	标准差	中数（人/图）
城厢区	7	15	198715	13248	28388	29337.03	13208
北面及东北区	14	25	15478	619	1106	558.02	1067
西北区	18	57	44204	776	2456	1840.06	2353
西区	4	12	8732	728	2183	1652.55	1908
西南区	26	48	39750	828	1529	3501.41	620
东区	8	24	16582	691	2073	1427.06	1975
东南区	72	149	101174	679	1405	1760.83	850
南区	30	76	17702	233	590	361.81	495
天津县	179	406	442337	1090	2471	8051.36	868

资料来源:表 6－3 中给出了两个平均数,聚落人口的平均数和分图聚落人口的平均数。《图说》各分图说明中提供的是每幅图中的人口数量,据此得到的分图聚落人口平均数是对单位区域内人口数量分布的集中趋势的统计学描述,并附有标准差以描述分布的离散程度。而每幅图中包含的聚落数量不一、人口数量不等,无法得知每个聚落的人口数据,因此聚落人口平均数是用各区域聚落人口总数除以相应区域所包含的聚落数量得到的,因此无法计算标准差。此外,人口也属于离散型变量,使用平均数并不适合,但由聚落人口数量构成的数据分布范围较大且较为分散,也无法使用前文用到的众数。同时也可以看到,与分图聚落人口的平均数相对应的标准差很大,甚至超过平均值数量数倍,这说明数据离散程度很大。再观察原始数据也可以看到,其中包含不少极端数值,如《县城内图说第一》中人口数量为 95351、《西南一带村庄图说第十二》中仅有 18 人。这些极端数值出现在分布中,会对平均数的代表性产生影响。因为平均数平等地使用了所有数值,极端数值会发挥很大的影响力,使得平均数产生位移,那么平均数就不能很好地代表

分布的集中趋势,进而给解读统计结果带来影响。因此,又增加了中位数这项指标,它是恰好将一个分布一分为二的数值,且不容易被极端数值所影响。表内数据源自道光《津门保甲图说》,来新夏、郭凤岐:《天津通志·旧志点校卷(下)》,天津:南开大学出版社,2001年,第435—613页。

由表6-3中各区域总人口数量可以看到,天津县共计442337人,8个区域依据人口数量可以分成四个层级,第一层级是城厢区和东南区,人口达到10万以上的规模;第二个层级是西北区、西南区,人口达到4万左右的规模;第三个层级是北面及东北区、东区和南区达到1.5万左右的规模;第四层级是西区,人口尚不足万。(各区人口的所占比例可参见图6-2)

由表6-3中各分图聚落人口的平均数来看,除了城厢区数值远大于其他区域外,其余七个区域中,西北、西、东三区的数量排在前三,人口达到单位区域2000人以上,与另外四区差异较明显,但引人注意的是,除了城厢区单位地域人口数量远大于全县平均水平外,其余各区最高仅与平均水平相当,更多的是远小于平均水平。这是不是反映出,天津县人口大多聚集在城区及其附近,周围四乡皆是地广人稀的面貌呢?

再结合标准差来看,数据的分布较为离散,且原始数据中有极端数值出现,平均数会在分布中出现位移,这会造成其不能很好地代表集中趋势的情况出现。因此,需要再利用不容易受极端数值影响的中位数作为参照。据此可以观测到,城厢区仍远大于其余各区,但超出程度有所下降,西北、西、东三区依旧排在前三位,数值也在2000左右,不过由于其余各区数量均有所下降,使得这三区与其余四区的差异变得更加明显。这几项与使用平均数为指标时的趋势一致,仅仅是程度的变化。最大的变化来自各区单位区域人口与全县单位区域人口总体水平的对比,其结果产生了逆转。使用中位数指标后,全县单位区域人口总体水平显著下降,大多数区的单位区域人口都超过了天津县总体水平。看来极端数值使得平均数发生了正向的位移,抬高了总体水平,险些使我们产生了错误的推断。实际上,天津县四乡也容纳了大量人口,其中尤以西北、西、东三区为众,也恰好与前文讨论的各区聚落发展水平的排序结果相一致。

　　表6-3中的聚落人口平均数一定程度上反映了天津县所辖聚落的规模,城厢区远超其他区域。其余七个区域中,南区以外的六区规模相近,而南区仅是它们的三分之一。

　　综合上述统计指标来看,天津县境各区域人口分布与各区域面积和聚落数量基本成正比,唯独城厢区和南区比较特殊,前者是天津县(府)治所在地,汇聚了天津县内近半数的人口,且密度很大,呈现出地狭人多的态势,这是符合常理的;后者区域面积、聚落数量在天津县内皆属中上,但无论人口数量、单位区域人口、聚落人口规模都排在最后,这可能是因为南区一方面与中心聚落(即县城)距离较远,另一方面又不处于像南、北运河之类的交通干线附近,正如《图说》中对南区的描述:"津邑南乡,地多洼下,亦无经行大道,惟由西南折赴东南。"①

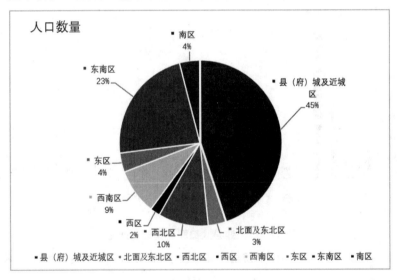

图6-2　天津县境分区人口比例图

图片来源:根据表6-3中数据绘制。

<hr />

　　①　道光《津门保甲图说》,《南面一带村庄图说》,来新夏、郭凤岐:《天津通志·旧志点校卷(下)》,天津:南开大学出版社,2001年,第584页。

三、天津县所辖聚落的人口职业构成

若要讨论聚落类型,仅了解聚落人口规模尚显不足,《图说》各分图的文字说明中还提供了聚落成员的职业信息,通过分类统计,可以进一步对聚落的人口职业构成进行分析。《图说》以户为单位,将天津县辖聚落人口的职业分为23种,即绅衿、盐商、铺户、烟户、土住、应役、佣作、负贩、船户、医卜、乞丐、僧道、捕鱼、寡居、税局、生意、船伙、窑户、商人、种园、打草、当兵、店户(各职业的数量分布情况见图6-3),其中前14种在各区域都有不同程度分布,后9种往往集中在某一两个区域且数量相对较少。

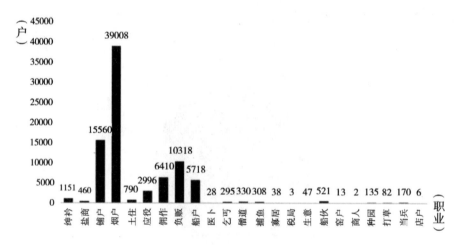

图6-3 天津县人口职业构成统计图

图片来源:道光《津门保甲图说》,来新夏、郭凤岐:《天津通志·旧志点校卷(下)》,天津:南开大学出版社,2001年,第435—613页。

聚落人口职业构成复杂化是城市形成的重要标准,本书讨论人口职业构成主要是为了区分聚落类型,因此对《图说》中列出的人口职业构成信息作了进一步整理。从职业角度,城市聚集了各类非农业或非生产性人口,本书按照是否为从事第一产业即农林牧渔业来划分。在23种职业类型中:绅衿、盐商、铺户、应役、佣作、负贩、船户、医卜、乞丐、僧道、税局、生意、船伙、窑户、商人、当兵、店户这17种属于非农牧渔猎人口;捕鱼、种园、打草3种属于农牧渔猎人口;烟户、土住、寡居3种仅能确定属于普通居民,职业不详,可以推测其中应包含大量农业人口,但也不能排除其中有从事非农林牧渔的情况,后文计算中将这一部分全部算作农林牧渔人口,作保守估计。结合上述指标,本书对《图说》各区域的人口职业构成进行统计汇总(见表6-4)。

表6-4　天津县人口职业构成比例统计表

图名	非农林牧渔业人口		农林牧渔业人口		总数
	户数	百分比	户数	百分比	
城厢区	21909	67.14%	10723	32.86%	32632
北面及东北区	1565	41.73%	2185	58.27%	3750
西北区	4813	54.48%	4021	45.52%	8834
西区	862	49.68%	873	50.32%	1735
西南区	3286	40.63%	4802	59.37%	8088
东区	945	24.23%	2955	75.77%	3900
东南区	9866	46.28%	11454	53.72%	21320
南区	782	18.93%	3348	81.07%	4130
天津县	44028	52.17%	40361	47.83%	84389

资料来源:表内数据源自道光《津门保甲图说》,来新夏、郭凤岐:《天津通志·旧志点校卷(下)》,天津:南开大学出版社,2001年,第435—613页。

据表6-4显示,在天津县整体人口职业构成中,从事非农林牧渔业人口的比例已经超过半数,达到52.17%,城厢区更是接近70%,西北、西、东南区超过或接近50%,北面及东北区、西南区紧随其后也超过40%,东区和南区排在后面且差距较大。

上述数据说明,天津县辖区内除了城厢区聚集大量从事非农牧渔业人口外,其他各区中以非农林牧渔为业的人口比例也很高,这些区域往往是河、海运输干线经过的地方,大批漕船、商船聚集,汇聚大量人口。据有关学者推算,清代漕船船丁就有 10 万～12 万人。[1] 这些人口的消费需求不仅刺激了商业发展,也提供了大量的就业机会,使得附近居民有了更多的就业选择。天津民间流传着这样的歌谣:"天津卫、好地方,繁华热闹胜两江,河路码头买卖广……不种田、不筑厂,赤手空拳即可把钱想。"[2]歌谣的内容不仅反映了天津作为漕运枢纽的繁荣和商业的发展,还生动展现了当地居民的生活来源已经不局限于传统的农业生产,而且这种生活方式已经得到了广泛认同。在这种情况下,分布在运河沿岸聚落中的居民,出现大量以非农林牧渔为业的情况是合情合理的。

四、天津县的聚落类型分析

前文通过《图说》中的计量信息,对天津县的单位区域内聚落数量、人口数量、人口职业构成等进行了量化统计,并通过数量对比、分析对其整体形势有了一定认识,但还缺少相应的标准来对量化数据进行定性。用现代的标准来定性显然不合适,因此,需要建立一个适合当时发展水平的指标体系。

《图说》各分图文字说明中包含了一些对图中聚落进行定性描述的文字,如"村落颇巨""道侧巨镇""近河大聚落""村不甚大""小聚落"等。本书尝试用包含此类文字描述的分图与其对应数据进行匹配,初步建立一个量化数据与主观等级定性的对照体系。

---

① 胡光明:《开埠前天津城市化过程及内贸型商业市场的形成》,《天津社会科学》1987 年第 2 期。

② 张焘:《津门杂记》,沈云龙:《近代中国史料丛刊》第五十七辑,台北:文海出版社有限公司,1970 年,第 221—222 页。

通过筛选,共找到带有相关描述的分图 26 幅①,但其中有的图包含数个聚落,无法通过相关文字信息析出所需聚落的数据,还有如《东南面一带村庄图说第十二》中,将图内三个坐落于清代皇帝巡幸驻跸的行宫附近的小村描绘成大村,实际上,根据随图数据显示,三村合计仅有 64 户。经过二次筛选剔除上述特殊情况分图,得到有效分图 16 幅,含 13 个②聚落的量化数据与主观等级定性描述的对应信息。《图说》对聚落的描述主要分为"巨""大""不大""小"四种,但实际上还有一些是远超同类的聚落,在《图说》中往往需要多幅图才能描绘,其随图说明的信息更加丰富,反映出该聚落的出众之处,对于此类笔者将其列为"超巨"以便比较。(见表 6－5)

表 6－5　聚落定性描述与量化数据对应表

主观等级	聚落名称	户数	人口	非农林牧渔业人口			农林牧渔业人口	
				户	百分比	职业类型	户	百分比
超巨	杨柳青	4832	25073	2076	42.96%	10	2756	57.04%
	咸水沽	1082	5254	752	69.50%	9	330	30.50%
	大沽	2621	14460	1577	60.17%	9	1044	39.83%
	葛沽	2241	11088	1433	63.94%	8	808	36.06%
巨	后新庄	347	1630	184	53.03%	5	163	46.97%
	蒲口	238	1930	155	65.13%	7	83	34.87%

---

①　西南一带村庄图说第六、第二十一、第二十二、第二十三,东南一带村庄图说第十二、第十七、第四十四、第四十五、第四十六、第五十四、第五十七、第六十六、第六十七,北面东北一带村庄图说第三、第八,西北一带村庄图说第九、第十五、第十六,东南一带村庄图说第二十一、第三十九、第四十三,南面一带村庄图说第一、第二十三、第二十七、第三十,西面一带村庄图说第三。

②　有多幅图描绘一个聚落的情况,所以聚落数量少于图数。

续表

主观等级	聚落名称	户数	人口	非农林牧渔业人口			农林牧渔业人口	
				户	百分比	职业类型	户	百分比
大	前三合庄①	121	505	23	19.01%	5	98	80.99%
	后三合庄	121	505	23	19.01%	5	98	80.99%
	宣家楼	81	371	20	24.69%	1	61	75.31%
不大	苏家圈村	42	159	0	0.00%	0	42	100.00%
	周李吴庄	48	307	16	33.33%	2	32	66.67%
小	贺家庄②	91	266	30	32.97%	4	61	67.03%
	孟家庄	91	266	30	32.97%	4	61	67.03%

资料来源:道光《津门保甲图说》,来新夏、郭凤岐:《天津通志·旧志点校卷(下)》,天津:南开大学出版社,2001年,第435—613页。

①前三合庄与后三合庄同属一幅分图中,图中文字说明形容两聚落为隔河相望的两个大聚落,因此将随图附的数据均分给两个聚落。

②贺家庄与孟家庄同属一幅分图中,图中文字说明形容两聚落为形势略同的小聚落,因此将随图附的数据均分给两个聚落。

　　表6-5将5个主观等级和13个聚落的人口数量、人口职业构成比例、非农林牧渔业人口职业类型数量等信息分别列出,这些指标均可不同程度反映聚落的发展水平,是对聚落类型划分的重要参照。总体上,这些指标均与聚落主观等级成正比,越是往高主观等级发展,相邻两级之间的差异越是明显。主观等级较低的"小""不大"两类差异较小,甚至出现互相交叉,实可归为一种,从这两类的聚落信息上来看,属于这两类的聚落是比较典型的村落,如苏家圈村、周李吴庄、贺家庄等。由此往上到"大"这一主观等级时,人口数量有了一些差异,但从事非农林牧渔业人口比例却出现了下降,这可能是基于传统农业社会的聚落人口发展是以第一产业为优先的。再上升至"巨"这一主观等级时,人口数量和从事非农林牧渔业人口比例、职业种类都有了明显的提高。这可能是随着聚落第一产业人口优先增长到一定程度后,逐渐丰富的需求带动了从事非农林牧渔业人口数量和种类的增加。最后再和"超巨"等级相比,又出现了类似的

情况,即人口数量增加,从事非农林牧渔业的职业类型更丰富,但从事非农林牧渔业人口的比例还处在同一水平(即使是天津县城从事非农林牧渔业人口的比例也没有超过这一水平,而人口数量却再次有了显著提高)。这可能是如前所述的传统农业社会聚落人口第一产业优先原则带来的。同时,也可能是以农业为本的传统社会,在聚落人口构成中,从事农林牧渔业人口比例存在下限。换言之,以农业为本的传统社会,从事非农林牧渔业人口的比例不会一直增长,达到一定水平后则趋于平稳,甚至出现回归趋势。

表6-5不仅展示了聚落发展过程中,人口数量、人口职业构成比例等要素交替发展的面貌,也为我们能用当时的标准认识各等级聚落提供了参照系。由表6-3的数据可以知道,天津县境内除城厢区外,其余7区中聚落人口平均水平大多达到表6-5中"大"这一等级,只有南区尚在"小"或"不大"这一水平。再看表6-4中的人口构成,城厢区之外的各区中,南区、东区的非农林牧渔业人口比例较低,其余都已经接近表6-5中"巨"这一等级。可见,天津县境内所辖聚落的整体发展已经脱离了以农林牧渔为业的典型乡村模式,无论人口规模、非农林牧渔业人口比例都有了不同程度的发展,其中佼佼者如杨柳青、咸水沽、大沽、葛沽等,人口数量已经远超一般村落,非农林牧渔业人口比例更是接近或达到与天津县(府)城相当的水平。这些大型聚落中有一部分属于当时的镇,但并非全部。据光绪《重修天津府志》记载,天津县下辖15个镇,即新农镇(即小站)、白塘口镇、咸水沽镇、葛沽镇、新城镇、双港镇、灰堆镇、杨柳青镇、西沽镇、丁字沽镇、北仓镇、蒲口镇、旱沟镇、三河镇、桃花口镇。[①] 其中新农镇、旱沟镇、三河镇在《图说》中没有对应信息,其余各镇依据《图说》中的计量信息,处在"巨"和"超巨"的等级,说明这些镇的城市化程度

---

① 沈家本等修纂:《重修天津府志》,来新夏、郭凤岐:《天津通志·旧志点校卷》(上),天津:南开大学出版社,2001,第966—968页。

较高。而镇以外的大量类似聚落归入城市聚落明显不足,但归于村落也不恰当,且这种情况并非少数。这些现象和数据都说明在天津开埠前夕,在尚无强力外来因素作用下,处于中国传统时期的自身聚落发展环境下的天津,其所辖聚落已经开始了较大规模的不同程度的城市化进程,而当时的镇则是城市化程度较高聚落的代表。

以此类推,天津府各州县所辖的聚落应与天津县类似,都有不同程度的城市化。尽管各地区的特点可能不同,发展速度也有差距,但城市化进程在中国传统时期并非不存在,而是以其自身的节奏和方式在悄然进行中。

结　语

聚落是建立在人类群居习性的基础上,伴随人类文明孕育和发展的产物。它的发展一直与社会演进的步伐相一致。从人类文明的起源开始,聚落的兴起、发展、演变就与之相伴随,并受到自然、经济、军事、交通等多方面的影响。聚落本身也在各方面的作用下发生着变化,分化出不同的类型,如村落、城市以及二者之间的过渡形态,或可称之为"似城聚落"①。所以聚落不仅在数量上构成横向的群体,也在纵向上由不同等级的聚落构成体系。同时,不同类型的聚落也在相互转化,从村落逐渐演化为城市,呈现出一种复杂的动态过程,即城市化。当然,亦有直接兴建而非由其他聚落发展而来的城市,这往往与一定的社会条件、需求相联系。

本书着眼于聚落体系和城市化问题,以清代天津府这一时空为问题空间,将天津府辖城市、镇、村落为研究对象。通过梳理分析得出以下几方面成果:

第一,通过对雍正时期政区调整的梳理发现,天津在雍正时期由卫改散州,散州升直隶州,直隶州升府的快速、频繁区划调整是在全国调整的

---

① 毛曦:《"似城聚落"及其在历史研究中的理论意义》,《史林》2016 年第 5 期。

大背景下完成的,其调整过程也与当时总的趋势相符合,并非特例。

第二,从天津府的设置过程入手,在理清其所辖区域的同时,还归纳了天津府的设立原因。一是为了解决明代天津设卫以来,经过长期的发展后所遗留的大量积弊;二是为了应对天津作为交通枢纽、漕运节点、鱼盐产地所带来的货物、商品、人口的聚集流动过程中所产生的一系列问题;三是理顺天津行政管理从属关系,巩固天津作为京畿门户的地位。

第三,通过分别对天津府辖城市、镇、村落的数量、分布、选址、外形等方面进行梳理、对比和分析,可以看到天津府辖城市的选址基本上是优先考虑自然因素,尽管平原地区土地资源较为丰富,地势平坦,选择余地较大,但还要兼顾邻近河流以获得水源、方便交通、军事屏障等方面的考虑,之后才能顾及是否接近其政区的几何中心,而城市外形则以“方”为首选;镇与城市类似,大多分布在河流、道路沿线,作为县一级地区中心的县城与次一级地区中心的镇较为均匀地分布在该地区的界域内,其辐射面基本涵盖整个辖境,并由河流、道路相连接,构成了城、镇二级中心聚落分布网;村落分布最典型的特点是向河流两岸集中,其次是向地区中心聚落,即县城周围集中。实际上,村落选址是形成村落分布现象的主因。天津府地处华北平原,属温带季风气候,土地资源较为丰富,村落选址余地较大。因此,选址更主要是要考虑水源、交通等问题。天津府七个州县中的五个在京杭运河沿岸,这五个州县的村落都有向运河两岸集中的趋势,而运河除了水源、交通便利之外,还能带来更大的经济利益,提供更丰富的商品和就业机会。即使是其他河流,也可同时解决水源和交通问题。在水资源分布较为丰富的天津县、静海县、青县等地,村落分布基本上是沿河形成带状聚落群,将村落选址偏向河流两岸的特点展现得淋漓尽致。由于天津府水系多集中在西部和北部地区,所以形成了西部村落分布密集、东部较为稀疏的空间分布特点。

第四,选取有代表性的城市和镇进行对比。前者通过天津城与沧州城的对比,揭示两座城市于不同历史时期,在空间扩展、城市地位等方面的特点与变化,特别是近代以来,天津开埠使其走上了近代化城市发展道路,无论是城市空间扩展还是城市地位提升都体现了近代化对城市发展的影响。后者通过对杨柳青镇和新农镇进行对比,发现两镇都是从军事戍守之地为始,杨柳青依托交通、运河漕运、地方特色手工业,逐渐由打鱼耕田的传统村落转变了商业市镇。新农镇则与之相反,在不毛之地上,通过人为的系统规划,以屯垦兴农为起点,汇集人口,创造特色资源,逐渐发展成为以特色资源为依托的市镇。可见,聚落的兴起和发展是综合因素的结果,其发展的动力是多元的,既可以是天然优势的发挥,也可以是人为规划的结果。但无论是哪一种条件起作用,都需要顺应当时社会发展的趋势,才能顺势而起,事半功倍。

第五,尝试从地名学的角度来提取、分析村落名称中所包含历史地理信息。通过探讨村名的构成、分类,总结村名用字的规律,并从村名用字所反映的信息来看村落周围的地理环境、村落选址以及村落的起源和发展。可见,村落名称中的用字所提供的信息,为进一步认识村落的历史地理信息提供了可能性,是在单一、有限的村落材料中挖掘更多信息的途径之一。但不能忽视的是,虽然给村落命名是人类社会生活中的普遍现象,但并无必然的规律,现有命名规则也是在不完整的资料基础上总结而来,并不是在命名中必须要遵守的,特别是在历史时期更是如此。因此,通过村落名称分析得出的历史地理信息并不是过去的全部,仅是一个方向和指引,为进一步研究提供线索。

第六,通过对天津府聚落体系进行分析,发现天津府从设立之初的双中心发展趋势逐渐向单中心转变,特别是近代开埠之后,被迫走上近代化道路的天津城市,发生了跃迁式的变化。城市空间大幅度扩大,城市边界的扩展将近城的镇与村落直接纳入城市版图,虽然镇与村落的数量减少了,但城市有了质的变化,天津城不仅是天津府的中心,更一举成为直隶地区的中心。

第七,本书还利用《津门保甲图说》中所载数据,对天津县的聚落、人口的数量和分布以及人口职业构成等作了计量统计,并初步构建了一个量化数据与聚落主观等级定性对照的体系。在此基础上,以天津县所辖聚落的人口数量、人口职业构成为指标,与前文所构建的对照体系相比较,对聚落的类型进行分析,发现天津县城厢区城市化程度很高,属于城市型聚落显而易见,但天津县(府)城以外区域的聚落也出现了不同程度的城市化现象且不在少数,已经不能简单地划作农村型聚落。这些处于过渡形态的聚落在类型划分时处于尴尬境地。即使将其中的镇单独划分出来,也仅是解决了有限的小部分过渡型聚落的归属,况且关于中国"镇"的性质,学界还存在争议。这不由使人想到,即使我们能够获得历史时期聚落的统计资料进行量化分析,但最终理论上仍受制于现今被广泛采用的"城市—农村"聚落类型二分法,在进一步的讨论中形成掣肘。事实上,已有学者进行过聚落类型二分法以外的探索,如德国地理学家施瓦茨于 20 世纪 50 年代末,在其著作《聚落地理学通论》中就提出过三分法的主张,将聚落分为城市、乡村和似城聚落。1974 年,中国台湾学者沙学浚在其编著的《城市与似城聚落》一书中对施瓦茨的三分法做了介绍;1992 年,王妙发通过《略论似城聚落》一文首次在中国大陆地区引入该理论;2016 年,毛曦撰文探讨"似城聚落"在历史研究中的理论意义。① 类似的理论探索并非绝无仅有,史学理论需要基于历史事实的概括与提升,而历史研究同样需要史学理论的指导,以新的聚落类型理论为参照,对于历史时期聚落问题研究的深化无疑具有积极作用。

第八,本书在挖掘利用《津门保甲图说》所附计量数据的过程中,尝试采用更多的统计指标,如利用众数、中位数描述集中趋势,通过表现离散程度的标准差来检验平均数的代表性等。使用这些统计指标是否合适尚有待检验,所得出的结论仅是天津一县的情况,在区域上具有多大程度的代表性尚需更多相关研究的支持。同时,使用统计学方法时也要注意,

① 毛曦:《"似城聚落"及其在历史研究中的理论意义》,《史林》2016 年第 5 期。

虽然计算出的数据是客观的,但对于数据的解读仍是相对主观的,还需要结合不同类型的资料作为补充。

参考文献

一、史料文献

［1］ （西汉）司马迁著：《史记》，北京：中华书局，1959 年。

［2］ （北齐）魏收撰：《魏书》，北京：中华书局，1977 年。

［3］ （元）脱脱：《宋史》，北京：中华书局，1977 年。

［4］ （元）脱脱：《金史》，北京：中华书局，1975 年。

［5］ （明）宋濂：《元史》，北京：中华书局，1976 年。

［6］ （清）张廷玉：《明史》，北京：中华书局，1976 年。

［7］ 赵尔巽等撰：《清史稿》，北京：中华书局，1977 年。

［8］ 《清实录》，北京：中华书局 1985 年影印本。

［9］ 《明实录》，台湾"中史研究院"历史语言研究所 1962 年影印本。

［10］ （清）昆冈等修：《钦定大清会典事例》，清光绪十二年钞本。

［11］ （清）王先谦：《正续东华录》，撷华书局，清光绪十三年。

［12］ （清）顾祖禹：《读史方舆纪要》，北京：中华书局，2005 年。

［13］　乾隆《钦定大清一统志》,乾隆二十九年四库全书本。

［14］　《乾隆府厅州县图志》,新化三味书室,光绪二十三年授经堂校刊本。

［15］　雍正《畿辅通志》,乾隆四十三年四库全书本。

［16］　(清)方观承:《畿辅义仓图》,台北:成文出版社,1970 年,影印本。

［17］　嘉靖《河间府志》,宁波:天一阁藏明代方志选刊本。

［18］　乾隆《天津府志》卷十六《河渠志(上)》,来新夏、郭凤岐:《天津通志·旧志点校卷(上)》,天津:南开大学出版社,2001 年。

［19］　光绪《重修天津府志》,来新夏、郭凤岐:《天津通志·旧志点校卷(上)》,天津:南开大学出版社,2001 年。

［20］　康熙《天津卫志》,来新夏、郭凤岐:《天津通志·旧志点校卷(上)》,天津:南开大学出版社,2001 年。

［21］　乾隆《天津县志》,来新夏、郭凤岐:《天津通志·旧志点校卷(中)》,天津:南开大学出版社,2001 年。

［22］　同治《续天津县志》,来新夏、郭凤岐:《天津通志·旧志点校卷(中)》,天津:南开大学出版社,2001 年。

［23］　民国《天津政俗沿革记》,来新夏、郭凤岐:《天津通志·旧志点校卷(下)》,天津:南开大学出版社,2001 年。

［24］　民国《杨柳青小志》,来新夏、郭凤岐:《天津通志·旧志点校卷(下)》,天津:南开大学出版社,2001 年。

［25］　道光《津门保甲图说》,来新夏、郭凤岐:《天津通志·旧志点校卷(下)》,天津:南开大学出版社,2001 年。

［26］　(清)徐时作:《沧州志》,乾隆八年刻本。

［27］　张坪:《沧县志》,台北:成文出版社,1966 年。

［28］　康熙《青县志》,《中国地方志集成·河北府县志辑46》,上海:上海书店出版社,2006 年。

［29］ （清）沈联芳：《青县志》，光绪三十一年刻本。

［30］ 同治《静海县志》，《天津区县旧志点校·同治静海县志》，天津：天津社会科学院出版社，2008 年。

［31］ （清）王福谦：《盐山县志》，清同治七年刻本。

［32］ 孙毓琇：《盐山新志》，台北：成文出版社，1976 年。

［33］ （清）潘国诏：《庆云县志》，清嘉庆十四年刻本。

［34］ （清）陈琮：《永定河志》，乾隆五十四年钞本。

［35］ （元）揭傒斯：《文安集》，《钦定四库全书会要·集部》，摛藻堂钞本。

［36］ （清）羊城旧客：《津门纪略》，清光绪二十四年石印本。

［37］ （清）张熹：《津门杂记》，清光绪十年刻本。

二、著作

［1］ 徐士銮：《敬乡笔述》，天津：天津徐氏濠园，1932 年。

［2］ 戴愚庵：《沽水旧闻》，天津《益世报》出版，1934 年。

［3］ 周馥编：《天津港史》1938 年石印本。

［4］ 刘炎臣：《津门杂谈》，三友美术社。1943 年。

［5］ 侯仁之：《天津聚落之起源》，天津：天津工商学院，1945 年。

［6］ 沙学浚：《城市与似城聚落》，台北：台湾"国立"编译馆，1947 年。

［7］ 鲍觉民：《塘沽新港》，上海：新知识出版社，1954 年。

［8］ 张恒秀：《北宋时代的天津聚落》，天津：天津史编纂室，1957 年。

［9］ ［日］中国农村惯行调查刊行会：《中国农村惯行调查》，岩波书店，1958 年。

［10］ 张焘编：《津门杂记》，沈云龙：《近代中国史料丛刊》第五十七辑，台北：文海出版社，1970 年。

［11］　胡振洲：《聚落地理学》，台北：三民书局，1975 年。

［12］　天津文物管理处：《津门考古》，天津：天津人民出版社，1982 年。

［13］　［苏联］В. А. ЖУЧКЕВИЧ：《普通地名学》，崔志升译，北京：高等教育出版社，1983 年。

［14］　陈正祥编：《中国文化地理》，上海：上海三联书店，1983 年。

［15］　河北省沧州市地名办公室：《沧州市地名资料汇编》，内部发行，1983 年。

［16］　陈芳惠：《村落地理学》，台北：五南图书出版公司，1984 年。

［17］　南炳文：《天津史话》，北京：中华书局，1984 年。

［18］　傅崇兰：《中国运河城市发展史》，成都：四川人民出版社，1985 年。

［19］　冯骥才：《话说天津卫》，天津：百花文艺出版社，1986 年。

［20］　李华彬：《天津港史》，北京：人民交通出版社，1986 年。

［21］　万新平、濮文起：《天津史话》，上海：上海人民出版社，1986 年。

［22］　中国科学院北京天文台：《中国地方志联合目录》，北京：中华书局，1986 年。

［23］　李林山：《天津概观》，北京：海洋出版社，1987 年。

［24］　来新夏：《天津近代史》，天津：南开大学出版社，1987 年。

［25］　天津社会科学院历史研究所《天津简史》编写组：《天津简史》，天津：天津人民出版社，1987 年。

［26］　谭其骧：《中国历史地图集》，北京：中国地图出版社，1987 年。

［27］　金其铭：《农村聚落地理》，北京：科学出版社，1988 年。

［28］　李克简、孔昭慈：《天津自然地理》，天津：天津市地方史志编修委员会总编辑室出版，1988 年。

［29］　［荷］包乐史：《荷使初访中国记研究》，庄国土译，厦门：厦门大学出版社，1989 年。

［30］　郭蕴静:《天津古代城市发展史》,天津:天津古籍出版社,1989 年。

［31］　谢国祥:《天津古代建筑》,天津:天津科学技术出版社,1989 年。

［32］　高仲林:《天津近代建筑》,天津:天津科学技术出版社,1990 年。

［33］　李竞能:《天津人口史》,天津:南开大学出版社,1990 年。

［34］　王华棠:《天津——一个城市的崛起》,天津:天津人民出版社,1990 年。

［35］　杨大辛:《近代天津图志》,天津:天津古籍出版社,1992 年。

［36］　罗澍伟:《近代天津城市史》,北京:中国社会科学出版社,1993 年。

［37］　小站镇志编修委员会:《小站镇志》,小站镇志编修委员会编印,1993 年。

［38］　乔虹:《天津城市建设志略》,北京:中国科学技术出版社,1994 年。

［39］　张龙斌:《天津市城市规划志》,天津:天津科学技术出版社,1994 年。

［40］　褚亚平、尹钧科、孙冬虎:《地名学基础教程》,北京:中国地图出版社,1994 年。

［41］　从翰香:《近代冀鲁豫乡村》,北京:中国社会科学出版社,1995 年。

［42］　［美］杜赞奇:《文化、权利与国家——1900—1942 年的华北农村》,王福明译,南京:江苏人民出版社,1996 年。

［43］　祝尔娟、蒋耀福:《北方银都再兴——天津金融中心的历史、现状与发展》,天津:天津人民出版社,1996 年。

［44］　中国人民政治协商会议天津市委员会:《天津老城忆旧》,天

津:天津人民出版社,1997 年。

[45] 曹洪涛、刘金声:《中国近现代城市的发展》,北京:中国城市出版社,1998 年。

[46] 荆其敏、张丽安、邱上嘉:《天津的建筑文化》,天津:天津大学出版社,1998 年。

[47] 马正林:《中国城市历史地理》,济南:山东教育出版社,1998 年。

[48] 张树明:《天津土地开发历史图说》,天津:天津人民出版社,1998 年。

[49] 郭长久:《追寻大直沽》,天津:百花文艺出版社,2000 年。

[50] [美]施坚雅等:《中华帝国晚期的城市》,叶光庭等译,北京:中华书局,2000 年。

[51] 高艳林:《天津人口研究(1904—1949)》,天津:天津人民出版社,2002 年。

[52] 张惯文:《百年沧桑——天津名街名镇》,天津:天津社会科学院出版社,2002 年。

[53] 刘海岩:《空间与社会——近代天津城市的演变》,天津:天津社会科学院出版社,2003 年。

[54] 张利民:《解读天津六百年》,天津:天津社科出版社,2003 年。

[55] 陈卫民:《天津的人口变迁》,天津:天津古籍出版社,2004 年。

[56] 郭凤岐:《天津的城市发展》,天津:天津古籍出版社,2004 年。

[57] 贾长华:《宝地三岔河口》,天津:天津古籍出版社,2004 年。

[58] 贾长华:《六百岁的天津》,天津:天津教育出版社,2004 年。

[59] 来新夏:《天津建卫六百周年丛书——天津的人口变迁》,天津:天津古籍出版社,2004 年。

[60] 天津市规划局:《天津城市历史地图选编》,天津:天津古籍出版社,2004 年。

［61］　杨大辛：《天津的九国租界》，天津：天津古籍出版社，2004 年。

［62］　章用秀：《天津的园林古迹》，天津：天津古籍出版社，2004 年。

［63］　［美］刘易斯·芒福德：《城市发展史——起源、演变和前景》，宋俊岭，倪文彦译，北京：中国建筑工业出版社，2005 年。

［64］　罗澍伟：《引领近代文明：百年中国看天津》，天津：天津人民出版社，2005 年。

［65］　韩嘉谷：《天津古史寻绎》，天津：天津古籍出版社，2006 年。

［66］　陈卓编：《正史津门史料钩沈》，北京：学苑出版社，2008 年。

［67］　尚克强：《九国租界与近代天津》，天津：天津教育出版社，2008 年。

［68］　唐晓峰：《从混沌到秩序——中国上古地理思想史述论》，北京：中华书局，2010 年。

［69］　周振鹤：《中华文化通志·地方行政制度志》，上海：上海人民出版社，2010 年。

［70］　李俊丽：《天津漕运研究（1368—1840）》，天津：天津古籍出版社，2012 年。

［71］　张毅：《明清天津盐业研究（1368—1840）》，天津：天津古籍出版社，2012 年。

三、期刊论文

［1］　鲍觉民：《天津都市聚落的兴起和发展》，《南开大学学报》1956 年第 1 期。

［2］　卞僧慧：《略谈天津名称的由来》，《地名工作》1982 年第 7 期。

［3］　卞僧慧：《从天津开埠前后的变化看近代天津的起点》，《天津史研究》1985 年第 2 期。

［4］　卜僧慧:《天津市地理沿革易知初稿》,《天津史志研究文集》,天津:天津古籍出版社,2011年。

［5］　卜僧慧:《天津史地识小录》,《天津史志研究文集》,天津:天津古籍出版社,2011年。

［6］　陈桥驿:《地理学与地方志》,《中国地方志》1989第2期。

［7］　陈雍:《明清天津城市结构的初步考察》,《城市史研究》第10辑,天津:天津古籍出版社1995年。

［8］　陈国生等:《我国方志的源流及其在历史地理研究中的利用》,《贵州师范大学学报》1997年第2期。

［9］　陈新海:《清代直隶地区城镇分布的地域特征》,《廊坊师范学院学报》2004年第2期。

［10］　陈洁:《明代天津巡抚设置初探》,《黑龙江史志》2009年第18期。

［11］　陈克:《长芦盐路与天津城市早期商业网络的形成》,《盐业史研究》2012年第3期。

［12］　陈喜波、王亚男:《京津地区区域城市发展过程及空间结构演变》,《城市发展研究》2015年第9期。

［13］　杜希英:《交通变革与天津城市近代化》,《中国城市经济》2011年第5期。

［14］　丁鹤年:《天津卫考初稿》,《河北学刊》1934年第3、4期。

［15］　方兆麟:《小站练兵的由来》,《文史精华》2004年第9期。

［16］　樊如森:《近代北方城镇格局的变迁》,《城市史研究》第25辑,天津:天津社会科学出版社,2009年。

［17］　樊如森、徐智:《从沪津经济关系看近代沿海口岸城市的发展轨迹》,《城市史研究》第26辑,天津:天津社会科学院出版社,2010年。

［18］　顾诚:《卫所制度在清代的变革》,《北京师范大学学报》1988年第2期。

［19］ 顾土:《京师政治生活的后花园——重读天津的历史地位》,《书屋》2010 年第 5 期。

［20］ 耿波:《曲艺艺术与明清京、津城市形态的推移》,《江西社会科学》2009 年第 8 期。

［21］ 高艳林:《明代天津人口与城市性质的变化》,《南开学报(哲学社会科学版)》2002 年第 1 期。

［22］ 高福美:《租界与天津城市现代化进程关系探析》,《城市》2008 年第 12 期。

［23］ 郭蕴静:《清代天津商业城市的形成初探》,《天津社会科学》1987 年第 4 期。

［24］ 郭鸿林:《清代周盛传小站屯垦述略》,《古今农业》1991 年第 3 期。

［25］ 郭锦超、杨秋平:《浅析近代天津经济中心地位的形成》,《辽宁工学院学报(社会科学版)》2006 年第 2 期。

［26］ 郭凤岐:《津沽历史最久的商业街——估衣街》,《天津经济》2003 年 12 月。

［27］ 郭凤岐:《天津建城六百年由来》,《天津经济》2004 年第 1 期。

［28］ 郭凤岐:《从"卫"到"市"——天津城市建置体制的演变》,《天津经济》2004 年第 3 期。

［29］ 韩嘉谷:《天津平原的西汉县治和相关历史》,《天津社会科学》1983 年第 4 期。

［30］ 韩嘉谷:《〈水经注〉和天津地理》,《历史地理》第 21 辑,上海:上海人民出版社,2006 年。

［31］ 韩俊兴:《近代天津行政区划沿革》,《天津史志》1986 年第 3 期。

［32］ 韩帅:《明代天津兵备道》,《山东行政学院学报》2011 年第

1 期。

[33] 胡光明:《开埠前天津城市化过程及内贸型商业市场的形成》,《天津社会科学》1987 年第 2 期。

[34] 胡光明:《被迫开放与天津城市近代化》,《天津社会科学》1989 年第 5 期。

[35] 华国樑:《论雍正年间的政区变动》,《苏州大学学报(哲学社会科学版)》1991 年第 3 期。

[36] 侯福志:《"七十二沽"今不在悠悠水韵话沧桑》,《天津科技》2006 年第 2 期。

[37] 侯亚伟:《鸦片战争前后天津庙宇的空间分布——以〈津门保甲图说〉为中心》,《世界宗教研究》2012 年第 5 期。

[38] 黄定福:《宁波与天津汉口杭州近代城市及建筑发展之比较》,《三江论坛》2010 年第 5 期。

[39] 黄忠怀:《从聚落到村落:明清华北新兴村落的生长过程》,《河北学刊》2005 年第 1 期。

[40] 黄忠怀:《人口的增殖流动与明清华北平原的村落发展》,《中国历史地理论丛》2005 年第 2 辑。

[41] 黄忠怀:《庙宇与华北平原明清村落社区的发展》,《历史地理》第 21 辑,上海:上海人民出版社,2006 年。

[42] 黄忠怀:《清初直隶方志中的村落数据问题与农村基层管理》,《史学月刊》2010 年第 10 期,第 45 页。

[43] 黄忠怀:《从土地到城隍:明清华北村落社区演变中的庙宇与空间》,《清史研究》2011 年第 4 期。

[44] 吉石羽:《传统期之天津城居人口探析》,《城市史研究》第 2 辑,天津:天津教育出版社,1990 年。

[45] 蒋超:《明清时期天津的水利营田》,《农业考古》1991 年第 3 期。

［46］　蒋超:《明清时期天津的水利营田(续)》,《农业考古》1992 年第 1 期。

［47］　靳润成:《明朝的天津巡抚及其辖区》,《历史教学》1996 年第 8 期。

［48］　靳润成、刘露:《明代以来天津城市空间结构演化的主要特点》,《天津师范大学学报(社会科学版)》2010 年第 1 期。

［49］　兰旭:《天津市街道的演变与发展》,《中国轻工教育》2014 年第 3 期。

［50］　李映发:《清代州县下社会基层组着考察》,《四川大学学报(哲学社会科学版)》1997 年第 2 期。

［51］　李百浩、吕婧:《天津近代城市规划历史研究(1860—1949)》,《城市规划学刊》2005 年第 5 期。

［52］　李琛:《京杭大运河沿岸聚落分布规律分析》,《华中建筑》2007 年第 6 期。

［53］　李俊丽:《明清漕运对运河沿岸城市的影响——以天津地区为例》,《中州学刊》2011 年第 3 期。

［54］　李俊丽:《清代漕运对天津的影响》,《中国地方志》2013 年第 7 期。

［55］　李进超:《城市空间与国家身份认同——从天津租界说起》,《理论与现代化》2014 年第 3 期。

［56］　李里:《天堑与通途:清末民初铁路与天津城市空间探析》,《中国历史地理论丛》2015 年第 2 期。

［57］　李森:《天津开埠前城市规划初探》,《城市史研究》第 1 辑,天津:天津教育出版社,1989 年。

［58］　李森:《近代天津城市规划布局的演变》第 11、12 辑,《城市史研究》,天津:天津古籍出版社,1996 年。

［59］　林纯业:《明代漕运与天津商业城市的兴起》,《天津社会科

学》1984 年第 5 期。

［60］　林耕、刘辉:《天津老城传统民居》,《城市》2003 年第 3 期。

［61］　林姿呈:《英美近代天津城市研究综述》,《史林》2012 年第 1 期。

［62］　罗海江:《20 世纪上半叶北京和天津城市土地利用扩展的对比研究》,《人文地理》2000 年第 4 期。

［63］　罗澍伟:《近代天津上海两城市发展之比较》,《档案与历史》1987 年第 1 期。

［64］　罗澍伟:《中国城市的历史发展与天津在中国城市史上的地位》,《天津社会科学》1989 年第 6 期。

［65］　罗澍伟:《一座筑有城垣的无城垣城市——天津城市成长的历史透视》,《城市史研究》第 1 辑,天津:天津教育出版社,1989 年。

［66］　罗澍伟:《近代天津城市史散论》,《近代史研究》1991 年第 4 期。

［67］　罗澍伟:《试论近代华北的区域城市系统》,《天津社会科学》1992 年第 6 期。

［68］　罗澍伟:《城市、城市理论与城市史》,《城市史研究》第 17、18 辑,天津:天津社会科学院出版社,2000 年。

［69］　罗澍伟:《一个临河滨海城市的历史发展与文化底蕴——为天津设卫城 600 周年而作》,《天津成人高等学校联合学报》2004 年 11 月。

［70］　刘幼铮:《春秋战国时期天津地区沿革考》,《天津社会科学》1983 年第 2 期。

［71］　刘致勤:《古代天津港的形成与变迁》,《天津社会科学》1986 年第 4 期。

［72］　刘志琴:《近代区域政治中心的移转与城市功能的衍变——以清末民初的保定、天津为个案》,《河北大学学报(哲学社会科学版)》

2013 年第 6 期。

　　[73]　刘文智:《漕运与古代天津的兴起》,《天津经济》2003 年第 2 期。

　　[74]　刘立钧:《沧州城市空间发展研究》,《城市》2016 年第 9 期。

　　[75]　刘金明:《浅析北方民族与天津城市兴起与发展的关系》,《满族研究》2013 年第 4 期。

　　[76]　刘金明:《女真人与天津城市称谓》,《黑龙江社会科学》2015 年第 2 期。

　　[77]　刘海岩、周俊旗:《近代天津工业结构的演变与城市发展》,《城市史研究》第 4 辑,天津:天津教育出版社,1991 年。

　　[78]　刘海岩:《租界与天津城市空间的演变》,《城市史研究》第 13、14 辑,天津:天津古籍出版社,1997 年。

　　[79]　刘海岩:《生态环境与天津城市的历史变迁》,《城市》2002 年第 4 期。

　　[80]　刘海岩:《海河孕育天津城》,《经济史话》2003 年第 1 期。

　　[81]　刘海岩:《天津滨海地区的早期开发及其现代发展》,《城市》2006 年第 5 期。

　　[82]　刘海岩:《租界、社会变革与近代天津城市空间的演变》,《天津师范大学学报(社会科学版)》2006 年第 3 期。

　　[83]　刘海岩:《电车、公共交通与近代天津城市发展》,《史林》2006 年第 3 期。

　　[84]　刘海岩:《近代天津城市边缘区的形成及其结构特征》,《天津师范大学学报(社会科学版)》2007 年第 4 期。

　　[85]　孟庆斌:《长芦盐业史述略》,《河北学刊》1992 年第 4 期。

　　[86]　马村杨等:《浅谈方志的地理学价值》,《齐齐哈尔师范学院学报》1994 年第 1 期。

　　[87]　满维钧:《天津港口兴起与城市发展溯源》,《港口经济》2004

年第 2 期。

［88］ 毛曦:《"似城聚落"及其在历史研究中的理论意义》,《史林》2016 年第 5 期。

［89］ 毛曦、董振华:《城市化进程中系统开展村志编纂的意义与建议》,《中国地方志》2016 年第 6 期。

［90］ 南炳文:《解开天津右卫创建史上的两个谜团》,《中国地方志》2005 年第 4 期。

［91］ 聂兰生:《卫城沧桑——天津旧城的去留》,《建筑学报》1998 年第 10 期。

［92］ 聂兰生、孙石村:《卫城沧桑——天津卫的由来》,《小城镇建设》2011 年第 2 期。

［93］ 乔虹:《天津的建置及区划变迁》,《天津史志》1985 年第 1 期。

［94］ 渠涛:《不同历史时期特殊事件影响下的城市空间结构演变研究——以天津市为例》,《地理科学》2014 年第 6 期。

［95］ 芮和林:《长芦盐区的由来及其演变》,《天津史志》1995 年第 3 期。

［96］ ［美］芮沃寿:《中国城市的宇宙论》,［美］施坚雅:《中华帝国晚期的城市》,北京:中华书局,2000 年。

［97］ 任云兰:《从单核增长到城镇同步发展——天津城市化模式》,《城市史研究》第 8 辑,天津:天津教育出版社,1993 年。

［98］ 任云兰:《600 年天津:历史上的城市规划》,《北京规划建设》2005 年第 5 期。

［99］ 任吉东:《近代城市化进程下的华北城乡变局——以天津、保定、唐山、石家庄为例》,《兰州学刊》2012 年第 7 期。

［100］ 任吉东:《近代"环津圈"村镇空间衍化初探》,《理论与现代化》2013 年第 5 期。

[101]　任吉东:《从乡村到城镇:近代天津城乡体系探析》,《求索》2014 年第 11 期。

[102]　史念海:《论历史地理学和方志学》,《中国地方志》1981 年第 5 期。

[103]　史习芳:《解放前天津行政区划沿革》,《天津社会科学》1982 年第 2 期。

[104]　宋美云:《天津近代工业化对城市化进程的影响》,《天津经济》2006 年第 8 期。

[105]　沈旸:《明清时期天津的会馆与天津城》,《华中建筑》2006 年第 11 期。

[106]　天津师院地理系"天津史话"组:《天津城市的形成和发展》,《天津师院学报》1977 年第 2 期。

[107]　田涛、张晓晗:《明清以来小城镇的历史变迁——以天津地区为例》,《经济社会史评论》2014 年第 1 期。

[108]　谭汝为:《天津胡同命名理据》,《天津师范大学学报(社会科学版)》2005 年第 2 期。

[109]　谭汝为:《天津亲水地名考》,《浙江树人大学学报》2014 年第 1 期。

[110]　谭汝为:《天津地名的历史演进》,《中国地名》2015 年第 12 期。

[111]　唐茂华:《区域视角下天津发展的历史变迁与现实启示》,《求知》2014 年第 11、12 期。

[112]　万新平:《近年来天津地方史研究概括》,《中国史研究动态》1988 年第 8 期。

[113]　王玲:《北京地位变迁与天津历史发展》,《天津社会科学》1986 年第 1、2 期。

[114]　王栻、于以舜、翟乾祥:《天津历代种稻概述》,《古今农业》

1989 年第 2 期。

[115] 王建革:《华北平原内聚性村落形成中的地理和社会影响因素》,《历史地理》第 16 辑,上海:上海人民出版社,2000 年。

[116] 王兆祥:《明清繁荣商业城市的形成》,《天津经济》2003 年第 3 期。

[117] 王瑞成:《运河和中国古代城市的发展》,《西南交通大学学报(社会科学版)》2003 年第 1 期。

[118] 王岩、张颀:《天津老城厢地区历史文化及拆迁前保留建筑现状记述》,《天津大学学报(社会科学版)》2008 年第 3 期。

[119] 王明德:《大运河与中国古代运河城市的双向互动》,《求索》2009 年第 2 期。

[120] 王静:《近代天津城市商业空间探析》,《消费导刊》2010 年第 6 期。

[121] 王迎、侯静:《近现代交通系统变革下天津城市空间形态演变》,《天津城市建设学院学报》2013 年第 3 期。

[122] 王列辉:《外港与城市发展研究——以上海、天津为中心》,《地域研究与开发》2013 年 12 月。

[123] 王伟凯:《明代天津卫城城区建设考略》,《城市史研究》第 22 辑,天津:天津社会科学院出版社,2004 年。

[124] 王伟凯:《论雍正三年天津修城及其法律意义》,《城市史研究》第 23 辑,天津:天津社会科学院出版社,2005 年。

[125] 王庆成:《晚清华北村落》,《近代史研究》2002 年第 3 期。

[126] 王庆成:《晚清华北村镇人口》,《历史研究》2002 年第 6 期。

[127] 王庆成:《晚清华北的集市和集市圈》,《近代史研究》2004 年第 4 期。

[128] 王庆成:《晚清华北定期集市数的增长及对其意义之一解》,《近代史研究》2005 年第 6 期。

［129］　王庆成:《晚清华北乡村:历史与规模》,《历史研究》2007 年第 2 期。

［130］　王培利:《话说明代天津卫》,《经济史话》2003 年第 4 期。

［131］　王培利:《略论天津开埠前的地域型政区》,《城市史研究》第 24 辑,天津:天津社会科学院出版社,2006 年。

［132］　王培利:《天津先有"区"后有"市"的形成及其原因》,《历史教学》2011 年第 6 期。

［133］　徐凤琪:《说古道今杨柳青》,《求知》1996 年第 9 期。

［134］　徐凤琪:《从三岔口到天津港》,《求知》1997 年第 2 期。

［135］　许檀:《清代前期的沿海贸易与天津城市的崛起》,《城市史研究》第 13、14 辑,天津:天津古籍出版社,1997 年。

［136］　解俊兰:《天津老城佛教建筑分析》,《天津城市建设学院学报》2000 年第 3 期。

［137］　薛春汀:《7000 年来渤海西岸、南岸海岸线变迁》,《地理科学》2009 年第 2 期。

［138］　肖立军、王锡超:《明代天津筑城置卫若干问题考辨》,《天津师范大学学报(社会科学版)》2010 年第 5 期。

［139］　肖秀杰:《运河对回族在沧州聚居点形成与发展的影响》,《才智》2016 年第 7 期。

［140］　邢承荣、路秀霞:《古代沧州的建置沿革及沧州古城的历史变迁》,《渤海学刊》1998 年第 1 期。

［141］　熊亚平、安宝:《近代天津城市兴起与区域经济发展——天津城市与周边集市(镇)经济关系为例(1860—1937)》,《天津社会科学》2011 年第 2 期。

［142］　熊亚平、任金帅:《略论近代天津城市与周边集市(镇)之间交通方式的演变(1860—1937)》,《城市史研究》第 28 辑,天津:天津社会科学出版社,2012 年。

［143］ 熊亚平:《铁路与华北市镇经济近代化之间关系的再审视——以杨柳青镇为例》,《理论与现代化》2013年第5期。

［144］ 阎泽:《"中华帝国晚期近代化"语境下的天津早期城市化属性分析》,《天津成人高等学校联合学报》2004年第4期。

［145］ 由俊生、任吉东:《近代城镇化进程下的"环城圈"村镇衍变——以天津地区为例》,《史林》2014年第5期。

［146］ 杨平:《从地名看天津史地特点》,《天津师范大学学报》1982年第5期。

［147］ 杨生祥:《天津租界简论》,《天津党校学刊》1994年第1期。

［148］ 杨生祥:《略论近代天津商埠的形成与发展》,《天津党校学刊》1995年第1期。

［149］ 杨昌鸣、张威、丁炜:《宏伟的蓝图　失控的时空——反思近年来天津的城市建设》,《城市建筑》2008年第12期。

［150］ 杨佳:《刍议天津城市空间布局的历史演进》,《城市》2012年第3期。

［151］ 杨大辛:《天津外国租界的历史沿革》,《天津史志》1985年第1期。

［152］ 杨大辛:《话说大小直沽》,《天津人大》2016年第5期。

［153］ 杨大辛:《七十二沽猜想》,《天津人大》2016年第6期。

［154］ 于秀萍:《明初移民对沧州的再开发》,《沧州师范专科学校学报》2006年第1期。

［155］ 于秀萍:《明初沧州移民的到来及移民聚落的形成》,《沧州师范专科学校学报》2007年第1期。

［156］ 章生道:《城治的形态与结构研究》,［美］施坚雅:《中华帝国晚期的城市》,北京:中华书局,2000年。

［157］ 展龙:《明清以来天津古代史研究回顾与展望》,《城市史研究》第24辑,天津:天津社会科学院出版社,2006年。

［158］　钟翀:《〈天津城厢形势全图〉与近代早期的天津地图》,《历史地理》第 27 辑,上海:上海人民出版社,2013 年。

［159］　周庆熙:《天津地区涉水地名语言文化解析》,《文学教育》2012 年第 3 期。

［160］　周庆熙:《天津老城里地名调查分析》,《群文天地》2012 年第 2 期(下)。

［161］　周建:《元代以前杨柳青形成和发展初探》,《科技风》2014 年第 18 期。

［162］　支建刚:《天津地理通名用字琐议》,《兰台世界》2015 年第 21 期。

［163］　赵津:《租界与天津城市近代化》,《天津社会科学》1987 年第 5 期。

［164］　赵春容:《古运河城市发展特征分析》,《四川建筑》2010 年第 6 期。

［165］　赵冰:《海河流域:天津城市空间营造》,《华中建筑》2014 年第 8 期。

［166］　郑微微:《地貌与村落扩展:1753—1982 年河北南部村落研究》,《中国历史地理论丛》2010 年第 3 辑。

［167］　郑民德:《明清运河城市的历史变迁——以河北沧州为中心的历史考察》,《河北工业大学学报(社会科学版)》2012 年第 2 期。

［168］　郑民德,刘杨:《京杭大运河与城镇变迁——以清代天津杨柳青为视角的历史考察》,《聊城大学学报(社会科学版)》2014 年第 4 期。

［169］　郑民德:《天津运河水次仓研究》,《中国名城》2012 年第 6 期。

［170］　张仲:《天津市区的历史变迁》,《天津师范大学学报(社会科学版)》1979 年第 2 期。

［171］　张孝存:《关于天津市城市性质问题的商榷》,《经济地理》1982 年第 3 期。

［172］　张云风:《天津历史变迁与地名的关系》,《中国地名》1997 年第 4 期。

［173］　张慧芝:《地缘结构变化对清代直隶地区城市布局的影响》,《西南民族大学学报(人文社科版)》2009 年第 11 期。

［174］　张利民:《论近代天津城市人口的发展》,《城市史研究》第 4 辑,天津:天津教育出版社,1991 年。

［175］　张利民:《近代华北城市人口发展及其不平衡性》,《近代史研究》1998 年第 1 期。

［176］　张利民:《天津城市人口的形成和发展》,《天津经济》2004 年第 2 期。

［177］　张利民、任吉东:《近代天津城市史研究综述》,《史林》2001 年第 2 期。

［178］　张利民:《从军事卫所到经济中心——天津城市主要功能的演变》,《城市史研究》2004 年。

［179］　张利民:《长芦盐业与天津的政治地位提升和经济发展》,《盐业史研究》2012 年第 3 期。

［180］　张利民:《近代中国的殖民城市》,《江西社会科学》2012 年第 10 期。

［181］　张振国:《论清代“冲繁疲难”制度之调整》,《安徽史学》2014 年第 3 期。

［182］　张秀芹、洪再生:《近代天津城市空间形态的演变》,《城市规划学刊》2009 年第 6 期。

［183］　张秀芹、于伟:《天津城市发展历程及城市规划的阶段划分》,《天津城建大学学报》2014 年第 4 期。

［184］　张绍组:《先有大直沽后有天津卫》,《城市》1994 年第 3 期。

［185］ 张绍组:《三岔口——天津城市的摇篮》,《城市》1995 年第 2 期;

［186］ 张绍组:《天津城垣沿革记》,《天津成人高等学校联合学报》2004 年 1 月。

［187］ 曾新:《旧志古城图在复原古代城市历史面貌中的作用——以古代广州城地图为例》,《中国地方志》2005 年第 8 期。

［188］ 曾新:《浅谈方志的学术性——以与地理相关门类的记述为例》,《中国地方志》2014 年第 3 期。

［189］ 夏春涛:《从〈青县村图〉看晚清时期的华北村落》,《华北乡村史学术研讨会论文集》,华北乡村史学术研讨会,2001 年。

［190］ 华林甫:《天津直辖市地域的清代地理沿革——新修〈清史·地理志〉天津相关部分》,《走向世界的中国历史地理学——2012 年中国历史地理国际学术研讨会论文集》,北京:中国社会科学出版社,2014 年。

［191］ 蒋超:《水运在天津城市发展过程中的作用》,《中国大运河水利遗产保护与利用战略论坛论文集》,中国水利学会水利史研究会学术年会,2013 年。

［192］ 李兆江:《天津聚落的演变及城镇体系的形成》,《走向世界的中国历史地理学——2012 年中国历史地理国际学术研讨会论文集》,北京:中国社会科学出版社,2014 年。

［193］ 刘石吉:《从筑城到拆城:近世中国口岸城市成长扩张的模式》,《走向世界的中国历史地理学——2012 年中国历史地理国际学术研讨会论文集》,北京:中国社会科学出版社,2014 年。

［194］ 谢广靖:《天津城市空间形态演变:回顾、问题与对策》,《城市时代,协同规划——2013 中国城市规划年会论文集》,中国城市规划年会,2013 年。

［195］ 杨玥:《天津城内的濠墙修建及变迁》,《城乡治理与规划改

革——2014 中国城市规划年会论文集》,中国城市规划年会,2014 年。

［196］ 天津市文物组、天津市历史博物馆联合发掘组:《天津东郊发现战国墓简报》,《文物参考资料》1957 年第 3 期。

［197］ 云希正:《天津市郊遗址古墓葬的调查与发掘记略》,《北国春秋》1959 年第 1 期。

［198］ 天津市文化局考古发掘队:《天津军粮城发现的唐代墓葬》,《考古》1963 年第 3 期。

［199］ 天津文管处:《天津南郊窦庄子隋墓和汉代瓮棺墓》,《文物资料丛刊》第 1 辑,北京:文物出版社,1977 年。

［200］ 陈隽如:《元朝海运对天津的影响》,《天津日报》1961 年 8 月 23 日第 4 版。

［201］ 来新夏:《"天津卫"考》,《北京日报》2004 年 12 月 6 日。

［202］ 南炳文:《天津建城之初事》,《天津日报》2004 年 12 月 20 日。

［203］ 陈凯:《天津老城墙的消失》,《天津日报》2010 年 7 月 4 日第 5 版。

［204］ 经纬:《漕运与天津之生成探微》,《中国文化报》2013 年 5 月 16 日第 14 版。

四、学位论文

［1］ 黄忠怀:《整合与分化:明永乐以后河北平原的村落形态及其演变》,复旦大学博士学位论文,2003 年。

［2］ 刘露:《天津城市空间结构与交通发展的相关性研究》,华东师范大学博士学位论文,2008 年。

［3］ 张毅:《明清天津盐业研究（1368—1840）》,南开大学博士学位

论文,2009 年。

[4] 牛会聪:《多元文化生态廊道影响下京杭大运河天津段聚落形态研究》,天津大学博士学位论文,2011 年。

[5] 王长松:《近代海河河道治理与天津港口空间转移的过程研究》,北京大学博士学位论文,2011 年。

[6] 李鹏飞:《明清天津驻军研究(1368—1840)》,南开大学博士学位论文,2013 年。

[7] 苗苗:《明蓟镇长城沿线关城聚落研究》,天津大学硕士学位论文,2004 年。

[8] 袁蕊:《天津七十二沽考——兼论其与城市形成发展之关系》,天津师范大学硕士学位论文,2004 年。

[9] 吕婧:《天津近代城市规划历史研究》,武汉理工大学硕士学位论文,2005 年。

[10] 王伟凯:《天津城区建设研究(1404—1949)》,南开大学博士学位论文,2005 年。

[11] 王志勇:《近代保定天津城市发展比较研究(1840—1927)》,华中师范大学硕士学位论文,2005 年。

[12] 于美霞:《北京与天津城市发展中的分工与协作——历史考察与未来构想》,天津师范大学硕士学位论文,2006 年。

[13] 张柱:《租界与天津城市化研究:1860—1937》,南开大学硕士学位论文,2006 年。

[14] 李琛:《京杭大运河沿岸聚落区域空间分布规律研究》,天津大学硕士学位论文,2007 年。

[15] 刘静静:《二十世纪初直隶地方政府与城市变迁》,河北师范大学硕士学位论文,2009 年。

[16] 刘连芳:《周盛传与盛军述略》,东北师范大学硕士学位论文,2011 年。

［17］ 王琳峰:《明长城蓟镇军事防御性聚落研究》,天津大学博士学位论文,2011 年。

［18］ 孙金浩:《清中期以后京杭大运河衰落对运河地区城乡经济的影响》,四川省社会科学院研究生学院硕士学位论文,2011 年。

［19］ 苏心:《空间句法下北京天津历史城区形态活力演变研究》,天津大学硕士学位论文,2014 年。

［20］ 张寞轩:《开埠城市街区空间形态演化的历史分析——以天津为例》,天津大学硕士学位论文,2014 年。

［21］ 陈秋静:《从文化线路的角度看明清大运河的演变与价值研究——以沧州段为例》,北京理工大学硕士学位论文,2015 年。

［22］ 程悦然:《古代天津区域中心的形成与发展》,云南大学硕士学位论文,2016 年。

［23］ 黄宁宁:《河北山水地名和政区地名用字探析》,四川外国语大学硕士学位论文,2016 年。

［24］ 李书兵:《清代至民国青县聚落地理分布研究》,天津师范大学硕士学位论文,2017 年。

附　录

附录1　清代直隶省各府州县等级情况汇总表

府、直隶州	评级	属州、县	评级
顺天府		大兴县	冲繁疲难
		宛平县	冲繁疲难
		良乡县	冲繁难
		固安县	繁难
		永清县	简
		东安县	简
		香河县	简
		通州	冲繁疲难
		三河县	冲繁难
		武清县	冲繁疲
		宝坻县	繁疲难
		宁河县	冲繁难
		昌平州	冲繁难
		顺义县	冲难
		密云县	冲繁难
		怀柔县	冲繁

府、直隶州	评级	属州、县	评级
顺天府		涿州	冲繁难
		房山县	繁难
		霸州	冲繁
		文安县	繁难
		大城县	繁难
		保定县	简
		蓟州	冲繁
		平谷县	简
保定府	冲繁疲难	清苑县	冲繁疲难
		满城县	冲
		安肃县	冲
		定兴县	冲繁
		新城县	冲繁
		唐县	简
		博野县	疲
		望都县	冲难
		容城县	简
		完县	简
		蠡县	繁难
		雄县	冲繁难
		祁州	简
		束鹿县	繁难
		安州	简
		高阳县	简

续表

府、直隶州	评级	属州、县	评级
正定府	冲繁	正定县	冲繁难
		获鹿县	冲
		井陉县	简
		阜平县	简
		栾城县	简
		行唐县	简
		灵寿县	简
		平山县	简
		元氏县	简
		赞皇县	简晋州
		无极县	简
		藁城县	简
		新乐县	冲疲
大名府	冲繁难	大名县	冲繁难
		元城县	繁
		南乐县	难
		清丰县	难
		东明县	繁疲难
		开州	繁疲难
		长垣县	繁疲难

续表

府、直隶州	评级	属州、县	评级
顺德府	冲	邢台县	冲繁难
		沙河县	冲
		南和县	繁疲
		平乡县	疲难
		广宗县	疲
		巨鹿县	疲难
		唐山县	简
		内丘县	冲
		任县	简
广平府	简	永年县	冲繁难
		曲周县	繁
		肥乡县	简
		鸡泽县	疲难
		广平县	简
		邯郸县	冲繁难
		成安县	简
		威县	难
		清河县	简
		磁州	冲繁难
天津府	冲繁疲难	天津县	冲繁疲难
		青县	冲繁疲难
		静海县	冲繁疲难
		沧州	冲繁疲难
		南皮县	繁难
		盐山县	繁
		庆云县	简

府、直隶州	评级	属州、县	评级
河间府	冲繁难	河间县	冲繁难
		献县	冲繁疲难
		阜城县	冲
		肃宁县	简
		任丘县	冲繁难
		交河县	繁疲难
		宁津县	简
		景州	繁难
		吴桥县	繁难
		东光县	繁疲难
		故城县	疲难
承德府	冲繁难	滦平县	冲难
		平泉州	冲繁难
		丰宁县	繁难
		隆化县	
朝阳府	繁疲难	建昌县	繁难
赤峰州直隶州	繁难	林西县	

府、直隶州	评级	属州、县	评级
宣化府	冲繁难	宣化县	冲繁难
		赤城县	简
		万全县	冲繁难
		龙门县	简
		怀来县	繁难
		蔚州	冲疲难
		西宁县	简
		怀安县	冲繁
		延庆州	冲难
		保安州	简
		围场厅	冲繁疲难
张家口直隶厅	要		
独石口直隶厅	要		
多伦诺尔直隶厅	要		
永平府	要	卢龙县	冲繁难
		迁安县	繁疲难
		抚宁县	冲难
		昌黎县	繁难
		滦州	难
		乐亭县	简
		临榆县	冲繁难
遵化直隶州	冲繁难	玉田县	冲繁难
		丰润县	冲繁难
易州直隶州	繁难	涞水县	冲繁
		广昌县	简

续表

府、直隶州	评级	属州、县	评级
冀州直隶州	繁疲	南宫县	简
		枣强县	繁疲难
		新河县	简
		武邑县	疲难
		衡水县	简
赵州直隶州	冲繁	柏乡县	冲繁
		隆平县	简
		高邑县	简
		宁晋县	简
深州直隶州	简	武强县	简
		饶阳县	疲繁难
		安平县	简
定州直隶州	冲繁疲难	曲阳县	简
		深泽县	简

资料来源:表内信息源自《清史稿》卷五十四《地理志一》,赵尔巽等撰:《清史稿》第八册,北京:中华书局,1977 年,第 1893—1923 页。

附录2　《乾隆府厅州县图志》载乾隆时期天津府辖州县内镇的情况统计表

州县	镇	说明
天津县	无	无
静海	子牙镇	
	独流镇	巡检驻此
青县	兴济镇	巡检驻此
	长芦镇	
	杜林镇	巡检驻此
	砖河镇	
	范桥镇	
	流河镇	巡检驻此
沧州	郭桥镇	
	合口镇	
	同居镇	
南皮	马明镇	
	底桥镇	
	刁公楼镇	
盐山	海丰镇	
	崔家口镇	
	高家湾镇	
	望树镇	
	常郭镇	
	韩村镇	
	菜园镇	
	苏基镇	
	杨庄镇	巡检驻此
庆云	无棣镇	
	分水镇	

资料来源:表内信息源自《乾隆府厅州县图志》卷三《天津府》,新化三味书室,光绪二十三年授经堂校刊本,第2—6页。

附录3 《大清一统志》载乾隆时期天津府辖州县内镇的情况统计表

州县	镇	说　　明
天津县	无	无
静海县	子牙镇	在静海县西南,滨子牙河,接大城县,有管河主簿驻此
青县	兴济镇	在青县东南三十里,即故县也
	长芦镇	在青县南七十里,即古长芦废县也,旧为都转运使司所驻,领盐课司二十四,在沧州境及山东境者各十二,今运司移驻天津犹仍长芦之名,又旧有巡司及税课司转运所,今裁
	杜林镇	在青县南七十里有巡司,南接交河县界,滹沱河、漳河至此汇流
	砖河镇	在青县南九十里,卫河西岸,有游击驻防河东,即沧州砖河驿
	范桥镇	在青县南,《九域志》在乾宁军南三十里,《金志》属会川县,后废,县志今有新集镇在县南三十里,东临滹沱河,又崇仙镇在县西南五十里,当河间孔道
	流河镇	在青县东北三十里,卫河西岸,有管河主簿驻此
沧州	郭桥镇	在沧州东,《九域志》清池有任河、郭瞳二镇,《金史·地理志》旧有郭桥镇,后废
	合口镇	在沧州西,晋太元十三年后燕慕容楷将兵会慕容农于合口。隆安二年魏主珪命拓跋遵镇渤海之合口。《魏书·地形志》浮阳县西接漳水、卫水入马谓之合水。《水经注》衡、漳水入清河谓之合口
	同居镇	在沧州东北九十里
南皮县	马明镇	《九域志》南皮县有南皮、马明、乐延、临津四镇。《金史·地理志》唯马明一镇,元废
	底桥镇	在南皮县东南五十里,又刁公楼镇在县东南七十里,即晋刁协故里

州县	镇	说 明
盐山县	海丰镇	《金史·地理志》盐山县有海丰、海润二镇,后增利丰、撲头二镇,旧志海丰镇在县东北八十里,瓦砾如阜,绵亘里余。又《九域志》县有会宁、通商、韦家庄三镇,皆久废
	崔家口镇	在盐山县东南五十里,又高家湾镇在县东四十里,望树镇在县东南三十里,距庆云县三十里,常郭镇在县北五十里,韩村镇在县北少东七十里,菜园镇在县东北三十里,苏基镇在县东北五十里,杨二庄镇在县东北七十里,距海五十里
庆云县	无棣镇	在庆云县东,即故县也,《九域志》无棣县有无棣、剧口、车店三镇。又《金志》县有分水镇,今在县西南十二里

资料来源:表内信息源自(乾隆)《钦定大清一统志》卷十七《天津府·关隘》,四库全书本,第25—26页。

附录 4　乾隆时期直隶省辖州县内市镇数量统计表

府	州县	《大清一统志》（乾隆四十九年，即 1784 年）	《乾隆府厅州县图志》（乾隆五十三年，即 1788 年）	数量变化
顺天府	大兴县	0	0	0
	宛平县	0	0	0
	良乡县	0	0	0
	固安县	0	0	0
	永清县	1	1	0
	东安县	1	1	0
	香河县	0	0	0
	通州	0	0	0
	三河县	0	1	+1
	武清县	1	1	0
	宝坻县	0	0	0
	宁河县	1	1	0
	昌平州	1	1	0
	顺义县	1	1	0
	密云县	0	0	0
	怀柔县	1	1	0
	涿州	0	0	0
	房山县	0	0	0
	霸州	0	0	0
	文安县	4	4	0
	大城县	2	2	0
	保定县	1	1	0
	蓟州	2	2	0
	平谷县	0	0	0

续表

府	州县	《大清一统志》 （乾隆四十九年， 即 1784 年）	《乾隆府厅州县图志》 （乾隆五十三年， 即 1788 年）	数量变化
保定府	清苑县	0	1	+ 1
	满城县	1	1	0
	安肃县	0	0	0
	定兴县	0	0	0
	新城县	0	1	+ 1
	唐县	2	2	0
	博野县	1	1	0
	望都县	1	1	0
	容城县	0	0	0
	完县	0	0	0
	蠡县	1	1	0
	雄县	0	0	0
	祁州	0	0	0
	束鹿县	0	0	0
	安州	0	0	0
	高阳县	0	0	0
	新安县	1	0	− 1
永平府	卢龙县	0	0	0
	迁安县	0	0	0
	抚宁县	0	0	0
	昌黎县	0	0	0
	滦州	1	1	0
	乐亭县	0	0	0
	临榆县	0	0	0

续表

府	州县	《大清一统志》 （乾隆四十九年， 即 1784 年）	《乾隆府厅州县图志》 （乾隆五十三年， 即 1788 年）	数量变化
河间府	河间县	1	1	0
	献县	1	1	0
	阜城县	1	1	0
	肃宁县	0	1	+1
	任丘县	1	1	0
	交河县	2	2	0
	宁津县	1	1	0
	景州	4	4	0
	吴桥县	1	1	0
	东光县	1	1	0
	故城县	1	1	0
天津府	天津县	0	0	0
	静海县	1	2	+1
	青县	7	6	−1
	沧州	3	3	0
	南皮县	2	3	+1
	盐山县	2	9	+7
	庆云县	1	2	+1
正定府	正定县	0	0	0
	井陉县	0	0	0
	获鹿县	0	0	0
	元氏县	0	0	0
	灵寿县	0	1	+1
	栾城县	0	0	0
	平山县	2	2	0

府	州县	《大清一统志》 （乾隆四十九年， 即1784年）	《乾隆府厅州县图志》 （乾隆五十三年， 即1788年）	数量变化
	阜平县	1	1	0
	行唐县	0	0	0
	赞皇县	0	0	0
	晋州	0	0	0
	无极县	0	0	0
	藁城县	0	0	0
	新乐县	0	0	0
	邢台县	0	0	0
	沙河县	1	1	0
	南和县	0	0	0
	平乡县	1	1	0
顺德府	巨鹿县	1	1	0
	广宗县	0	0	0
	唐山县	0	0	0
	内丘县	0	0	0
	任县	1	1	0
	永年县	2	4	+2
	曲周县	0	0	0
	肥乡县	1	1	0
	鸡泽县	0	0	0
	广平县	0	0	0
广平府	邯郸县	1	1	0
	成安县	0	0	0
	威县	0	0	0
	清河县	1	1	0
	磁州	2	3	+1

续表

府	州县	《大清一统志》（乾隆四十九年，即1784年）	《乾隆府厅州县图志》（乾隆五十三年，即1788年）	数量变化
大名府	元城县	2	2	0
	大名县	4	4	0
	南乐县	1	1	0
	清丰县	0	0	0
	东明县	0	0	0
	开州	2	2	0
	长垣县	1	1	0
宣化府	宣化县	0	0	0
	赤城县	0	0	0
	万全县	0	0	0
	龙门县	0	0	0
	怀来县	0	0	0
	蔚州	2	2	0
	西宁县	0	0	0
	怀安县	0	0	0
	延庆州	1	1	0
	保安州	0	0	0
承德府	滦平县	0	0	0
	丰宁县	0	0	0
	平泉州	0	0	0
	赤峰县	0	0	0
	建昌县	0	0	0
	朝阳县	0	0	0
遵化州	遵化州	1	1	0
	玉田县	0	0	0
	丰润县	0	0	0

府	州县	《大清一统志》（乾隆四十九年，即1784年）	《乾隆府厅州县图志》（乾隆五十三年，即1788年）	数量变化
易州	易州	0	0	0
	涞水县	0	0	0
	广昌县	0	0	0
冀州	冀州	1	1	0
	南宫县	2	2	0
	新河县	0	0	0
	枣强县	0	0	0
	武邑县	0	0	0
	衡水县	0	0	0
赵州	赵州	0	1	＋1
	柏乡县	0	0	0
	隆平县	0	0	0
	高邑县	0	0	0
	临城县	0	0	0
	宁晋县	1	1	0
深州	深州	0	0	0
	武强县	1	1	0
	饶阳县	0	0	0
	安平县	0	0	0
定州	定州	0	0	0
	深泽县	0	0	0
	曲阳县	0	0	0

资料来源：表内数据源自(乾隆)《钦定大清一统志》卷三至三十四《直隶统部》(四库全书本)和《乾隆府厅州县图志》卷一《顺天府》、卷二至卷四《直隶布政使司》(新化三味书室，光绪二十三年授经堂校刊本)所载记录统计而成。

附录5 乾隆时期直隶省辖州县内镇的情况汇总表

府	州县	《大清一统志》		《乾隆府厅州县图志》	
		镇	说明	镇	说明
顺天府	大兴县	无	无	无	无
	宛平县	无	无	无	无
	良乡县	无	无	无	无
	固安县	无	无	无	无
	永清县	信安镇	在永清县东南五十里,与霸州接界,即宋信安军	信安镇	无
	东安县	马头镇	在东安县西,又桃河头镇在县南四十里	马头镇	无
	香河县	无	无	无	无
	通州	无	无	无	无
	三河县	无	无	泥洼镇	无
	武清县	王庆坨镇	在武清县南八十里,其地川薮错综,东通大海,有千总驻此,隶静海营都司	王庆坨镇	无
	宝坻县	无	无	无	无
	宁河县	芦台镇	在宁河县东南去宝坻县一百四十里,即故芦台军,元至元十九年立芦台盐使司,明亦设芦台场,置巡司,本朝初裁巡司,今复设	芦台镇	巡检驻
	昌平州	黄花镇	在昌平州北八十里,有城,元置千户所于此,当居庸、古北二关之中,北连四海,治为京师北门,明置守备参将驻此。本朝初裁,今有把总戍守	黄花镇	无
	顺义县	宋城镇	在顺义县东北二十里,唐时置戍守处	宋城镇	无
	密云县	无	无	无	无
	怀柔县	红螺镇	在怀柔县北十里	红螺镇	无
	涿州	无	无	无	无
	房山县	无	无	无	无

府	州县	《大清一统志》		《乾隆府厅州县图志》	
		镇	说明	镇	说明
	霸州	无	无	无	无
	文安县	柳河镇	在文安县东北,有集	柳河镇	无
		胜芳镇	在文安县东北七十里,居民万余,贸易时轴舻千计	胜芳镇	无
		苏家桥镇	在文安县北四十里,霸州界,当水陆之冲,百物云集,明建文初燕王自固安渡巨马河,驻师苏家桥即此	苏家桥镇	主簿驻
		狼虎庙镇	在文安县西北二十里为南北通冲	狼虎庙镇	无
	大城县	李坛镇	在大城县南四十里,又广东镇在县西南十八里皆有堡,有集	李坛镇	无
		子牙镇	在大城县东北四十里与静海县接界,东北去静海县四十五里,有东西二村,东属静海,西属大城,以盐河中流为界	子牙镇	无
	保定县	无	无	无	无
	蓟州	马伸桥镇	在蓟州东三十五里,又别山店镇在州东南三十里	马伸桥镇	无
		上仓店镇	在蓟州南三十里,又南三十里有下仓店镇,又邦均店镇在州西三十里	上仓店镇	无
	平谷县	无	无	无	无
保定府	清苑县	无	无	保安镇	无
	满城县	拱辰镇	在满城县西南五十里,明万历十三年招抚流移创置,今居民甚众	拱辰镇	无
	安肃县	无	无	无	无
	定兴县	无	无	无	无
	新城县	无	无	巨河镇	无

续表

府	州县	《大清一统志》		《乾隆府厅州县图志》	
		镇	说明	镇	说明
	唐县	赤岸镇	在唐县南,唐武德六年高开道自易州南掠赤岸镇,《九域志》镇在定州	赤岸镇	无
		军城镇	在唐县西北九十里,南至曲阳县八十里,北至倒马关六十里,宋杨延昭于此筑城屯军,金时置镇,明洪武初置马驿于此	军城镇	无
	博野县	永安镇	在博野县南,唐水之阳,旧置巡司,又铁登盏巡司在县东南滋水之阳,今俱废	永安镇	无
	望都县	永丰镇	在望都县东南,又有来安镇亦在县境	永丰镇	无
	容城县	无	无	无	无
	完县	无	无	无	无
	蠡县	新桥镇	在蠡县东北六十里,《九域志》博野县有新桥镇	新桥镇	无
	雄县	无	无	无	无
	祁州	无	无	无	无
	束鹿县	无	无	无	无
	安州	无	无	无	无
	高阳县	无	无	无	无
	新安县	巨河镇	在新安县西南,旧有巡司,久废	无	无
永平府	卢龙县	无	无	无	无
	迁安县	无	无	无	无
	抚宁县	无	无	无	无
	昌黎县	无	无	无	无

356

续表

府	州县	《大清一统志》		《乾隆府厅州县图志》	
		镇	说明	镇	说明
	滦州	榛子镇	在滦州西,《金史·地理志》石城县有榛子镇,旧志在州西九十里有堡城,明万历中移乐亭新桥巡司于此,今因之	榛子镇	巡检驻此
	乐亭县	无	无	无	无
	临榆县	无	无	无	无
河间府	河间县	景和镇	在府城东七十里,有巡司,相近有崇山镇接青县界。又王存《九域志》河间县有永宁、北林二镇,元废	景河镇	无
	献县	淮镇	在献县东,《金史·地理志》河交有槐家镇,旧志士人呼为淮镇,在献县东四十里,滹沱河所经,北属献县,南属交河,明嘉靖三十年筑四城,东淮镇、南单桥、西大章、北商家林,今皆圮。通志商家林在河间县南三十里,南去献县亦三十里,行旅必经之地	淮镇	无
	阜城县	漫河镇	在阜城县南三十里,南去景州亦三十里,为南北要冲,又建桥镇在县东三十里	漫河镇	无
	肃宁县	无	无	丰乐镇	无
	任丘县	鄚市镇	在任丘县北,即故鄚州,民居繁盛,商家辐辏,又长丰镇在县东北,即故长丰县,又新中镇在县南四十里	鄚市镇	无

府	州县	《大清一统志》		《乾隆府厅州县图志》	
		镇	说明	镇	说明
	交河县	泊头镇	在交河县东五十里,卫河西岸,有城,商贾环集,有管河通判、主簿驻此,旧有泊头镇巡司,今裁	泊头镇	无
		高川镇	在交河县东北六十里,有把总驻守,又《金史·地理志》交河县东有景城、南大树、刘解、槐家、参军、贯河、北望、夹滩、策河、沙窝共十镇,今刘解镇在县东北三十五里,槐家为准镇在献县界,余废	高川镇	无
	宁津县	保安镇	在宁津县西南二十五里,今名包头店,又中安镇在县东北二十五里,今名中五店,又《金史·地理志》县又有西保安、广平、会津三镇,元废	保安镇	无
	景州	安陵镇	在景州东十七里,即故县也,明置巡司,今裁	安陵镇	无
		宋门镇	在景州西北三十里	宋门镇	无
		广川镇	在景州西南七十里,隋唐时广川县也,又刘智庙镇在州南,即故刘智社,与山东德州接界,商旅辏集	广川镇	无
		李晏镇	在景州东北,当葫芦河南岸,此为东李晏口,又有西安晏镇在今深州南,皆五代时置军屯戍处	李晏镇	无
	吴桥县	连窝镇	在吴桥县西北四十里,卫河东岸,西南去景州四十里,东北去东光县十八里,为三州县接界处	连窝镇	无
	东光县	马头镇	在东光县西三里,又下口镇在县北二十里,皆卫河所经,商旅辏集	马头镇	无
	故城县	郑家口镇	在故城县西南二十五里,有巡司,又四柳树镇一名四女祠镇,在县东南十八里,接山东恩县界,皆临卫河	郑家口镇	巡检驻此

续表

府	州县	《大清一统志》		《乾隆府厅州县图志》	
		镇	说明	镇	说明
天津府	天津县	无	无	无	有杨青一驿,巡检二,驻葛沽、西沽
	静海县	子牙镇	在静海县西南,滨子牙河,接大城县,有管河主簿驻此	子牙镇	无
				独流镇	巡检驻此
	青县	兴济镇	在青县东南三十里,即故县也	兴济镇	巡检驻此
		长芦镇	在青县南七十里,即古长芦废县也,旧为都转运使司所驻,领盐课司二十四,在沧州境及山东境者各十二,令运司移驻天津犹仍长芦之名,又旧有巡司及税课司转运所,今裁	长芦镇	无
		杜林镇	在青县南七十里有巡司,南接交河县界,滹沱河、漳河至此汇流	杜林镇	巡检驻此
		砖河镇	在青县南九十里,卫河西岸,有游击驻防河东,即沧州砖河驿	砖河镇	无
		范桥镇	在青县南,《九域志》在乾宁军南三十里,金志属会川县,后废,县志今有新集镇在县南三十里,东临滹沱河,又崇仙镇在县西南五十里,当河间孔道	范桥镇	无
		流河镇	在青县东北三十里,卫河西岸,有管河主簿驻此	流河镇	巡检驻此

府	州县	《大清一统志》		《乾隆府厅州县图志》	
		镇	说明	镇	说明
	沧州	郭桥镇	在沧州东,《九域志》清池有任河、郭疃二镇,《金史·地理志》旧有郭桥镇,后废	郭桥镇	无
		合口镇	在沧州西,晋太元十三年后燕慕容楷将兵会慕容农于合口。隆安二年魏主珪命拓跋遵镇渤海之合口。《魏书·地形志》浮阳县西接漳水、卫水入马谓之合水。《水经注》衡、漳水入清河谓之合口	合口镇	无
		同居镇	在沧州东北九十里	同居镇	无
	南皮县	马明镇	《九域志》南皮县有南皮、马明、乐延、临津四镇。《金史·地理志》唯马明一镇,元废	马明镇	无
		底桥镇	在南皮县东南五十里,又刁公楼镇在县东南七十里,即晋刁协故里	底桥镇	无
				刁公楼镇	无
	盐山县	海丰镇	《金史·地理志》盐山县有海丰、海润二镇,后增利丰、撲头二镇,旧志海丰镇在县东北八十里,瓦砾如阜,绵亘里余。又《九域志》县有会宁、通商、韦家庄三镇,皆久废	海丰镇	无
		崔家口镇	在盐山县东南五十里,又高家湾镇在县东四十里,望树镇在县东南三十里,距庆云县三十里,常郭镇在县北五十里,韩村镇在县北少东七十里,菜园镇在县东北三十里,苏基镇在县东北五十里,杨二庄镇在县东北七十里,距海五十里	崔家口镇	无
				高家湾镇	无
				望树镇	无
				常郭镇	无

府	州县	《大清一统志》		《乾隆府厅州县图志》	
		镇	说明	镇	说明
	盐山县			韩村镇	无
				菜园镇	无
				苏基镇	无
				杨庄镇	巡检驻此
	庆云县	无棣镇	在庆云县东,即故县也,《九域志》无棣县有无棣、剧口、车店三镇。又金志县有分水镇,今在县西南十二里	无棣镇	无
				分水镇	无
正定府	正定县	无	无	无	无
	井陉县	无	无	无	无
	获鹿县	无	无	无	无
	元氏县	无	无	无	无
	灵寿县	无	无	慈峪镇	无
	栾城县	无	无	无	无
	平山县	回舍镇	在平山县西,二十里有土城,明嘉靖二年筑,周二里,外有壕	回舍镇	无
		郭苏镇	在平山县西北四十里,有土城,明嘉靖二十一年筑周一里	郭苏镇	无
	阜平县	王快镇	在阜平县东五十里,其地居民繁衍贸易辏集,为县重地。本朝康熙中阜平县常寄治于此	王快镇	无
	行唐县	无	无	无	无
	赞皇县	无	无	无	无
	晋州	无	无	无	无
	无极县	无	无	无	无
	藁城县	无	无	无	无
	新乐县	无	无	无	无

续表

府	州县	《大清一统志》		《乾隆府厅州县图志》	
		镇	说明	镇	说明
顺德府	邢台县	无	无	无	无
	沙河县	綦阳镇	在沙河县西四十里,《九域志》沙河县有綦村镇铁冶务。旧志綦阳镇在县西四十里,宋皇祐四年置铁冶司于此,有冶神祠	綦阳镇	无
	南和县	无	无	无	无
	平乡县	常河镇	在平乡县东北,又高阜镇在县东,又东有节固镇,皆明嘉靖二十一年筑堡	常河镇	无
	巨鹿县	围城镇	在巨鹿县东北四十里,《九域志》巨鹿县有新店、围城二镇。《金史·地理志》巨鹿有围城镇,旧志民居环绕如围,故名	围城镇	无
	广宗县	无	无	无	无
	唐山县	无	无	无	无
	内丘县	无	无	无	无
	任县	新店镇	在任县东三十五里,《九域志》巨鹿县有新店镇。金时改属任县	新店镇	无
广平府	永年县	大繇镇	在永年县东二十五里,又有牛家堡镇在县南二十里,曲陌镇在县北三十里,旧皆有城,今圮	大繇镇	无
		黄龙镇	在永年县西南,唐光化三年朱全忠将葛从周救洺州,自邺县渡漳水,营于黄龙镇,金人疆域图永年县有黄龙镇	黄龙镇	无
				牛家堡镇	无
				曲陌镇	无

府	州县	《大清一统志》		《乾隆府厅州县图志》	
		镇	说明	镇	说明
广平府	曲周县	无	无	无	无
	肥乡县	新安镇	《九域志》肥乡县有翟固、新寨、清潭、新安四镇,县志新安镇在县西二十里,有堡,又翟固集在县东八里,即宋翟四固镇,又前后新寨在县东三十里,即新寨镇也	新安镇	无
	鸡泽县	无	无	无	无
	广平县	无	无	无	无
	邯郸县	大赵镇	《九域志》邯郸县有大赵镇,旧志今有代召镇在县东南二十里盖即大赵之讹	代召镇	无
	成安县	无	无	无	无
	威县	无	无	无	无
	清河县	宁化镇	在清河县西南古黄河滨。《九域志》清河县有定远、阮村、甘陵、太清、宁化、田楼六镇	宁化镇	无
	磁州	彭城镇	在磁州西四十五里,今设州判驻此。此居民善陶、缶罂之属,或绘以五采。又有冶子镇在州西八十里,亦陶冶处	昭德镇	无
		二祖镇	《九域志》滏阳县有昭德、观城、台城、二祖四镇,旧志二祖镇在磁州东北五十里,又昭德镇在州西北台城镇在州北	二祖镇	无
				台城镇	无

府	州县	《大清一统志》		《乾隆府厅州县图志》	
		镇	说明	镇	说明
大名府	元城县	小滩镇	在元城县东北二十五里,卫河滨。自元以来为转输要道,河南漕运以此为转兑之所。明初设巡司,嘉靖三十七年又设税课司于此,今裁	小滩镇	无
		束馆镇	在元城县东六十里,以其地有束晳庙而名,亦曰束庙也	束馆镇	无
	大名县	李固镇	在大名县西,唐文德元年,朱全忠救乐从训自白马济河,下黎阳、临河、李固三镇。《九域志》魏县有李固镇	李固镇	无
		双井镇	在大名县西二十里,当漳、卫合流之冲,明嘉靖中建	双井镇	无
		北皋镇	在大名县西,与成安、临漳二县接界。明嘉靖三十年筑城,与双井、沙口皆称境内巨镇	北皋镇	无
		回龙镇	在大名镇西南六十里,接内黄县界。相传宋真宗北征时回銮经此	回龙镇	无
	南乐县	韩张镇	在南乐县东二十五里。金志朝城县有韩张镇即此	韩张镇	无
	清丰县	无	无	无	无
	东明县	无	无	无	无
	开州	土楼镇	在开州西。宋永初末,北魏奚斤等拔宋滑台,进击翟广于土楼破之,即此。《九域志》临河县有土楼镇	土楼镇	无
		古定镇	在开州东南六十里。旧置巡司,俗称小濮州	古定镇	无

府	州县	《大清一统志》		《乾隆府厅州县图志》	
		镇	说明	镇	说明
大名府	长垣县	大冈镇	在长垣县东南七十里。明洪武初置巡司,今裁。旧志明嘉靖中,于县境筑四堡:曰版邱,在县南;曰樊相,在县西北;曰南岳,在县东北;其一即大冈也	大冈镇	无
宣化府	宣化县	无	无	无	无
	赤城县	无	无	无	无
	万全县	无	无	无	无
	龙门县	无	无	无	无
	怀来县	无	无	无	无
	蔚州	长宁镇	在蔚州东北七十里,地虽平坦,为诸关隘之襟喉,旧设巡司,今裁	长宁镇	无
		神道沟镇	在蔚州东南一百里,路通广昌县。明万历三十八年置巡司,今裁	神道沟镇	无
	西宁县	无	无	无	无
	怀安县	无	无	无	无
	延庆州	弘阳镇	在延庆州西南。唐武德六年,高开道所部弘阳、统漠二镇来降,即此。旧志弘阳镇在州西南三十里,统漠即上驿也	宏阳镇	无
	保安州	无	无	无	无
承德府	滦平县	无	无	无	无
	丰宁县	无	无	无	无
	平泉州	无	无	无	无
	赤峰县	无	无	无	无
	建昌县	无	无	无	无
	朝阳县	无	无	无	无

续表

府	州县	《大清一统志》		《乾隆府厅州县图志》	
		镇	说明	镇	说明
遵化府	遵化州	石门镇	在州西五十里。《水经注》灅水东南过石门峡,山高崭绝壁立洞开,俗谓之石门口。《方舆纪要》石门镇在蓟州东六十里。宋宣和五年,辽萧乾败宋兵于石门镇,遂陷蓟州,侵掠燕城,为郭药师所败。今为石门镇驿。宣德三年征乌朗罕自石门驿出喜峰口是也。乌朗罕旧作兀良哈,今译改	石门镇	无
	玉田县	无	无	无	无
	丰润县	无	无	无	无
易州	易州	无	无	无	无
	涞水县	无	无	无	无
	广昌县	无	无	无	无
冀州	冀州	来远镇	在州境。《九域志》信都有刘固、宗齐、来远三镇。《金史·地理志》唯有来远一镇,后亦废	来远镇	无
	南宫县	长芦镇	在南宫县北。《九域志》南宫有长芦、新河、堂阳三镇	长芦镇	无
		宁化镇	《金史·地理志》南宫镇三,堂阳、宁化、七公。旧志宁化镇在县东二十五里。元设守御所,今废。有集	宁化镇	无
	新河县	无	无	无	无
	枣强县	无	无	无	无
	武邑县	无	无	无	无
	衡水县	无	无	无	无

府	州县	《大清一统志》		《乾隆府厅州县图志》	
		镇	说明	镇	说明
赵州	赵州	无	无	百尺口镇	无
	柏乡县	无	无	无	无
	隆平县	无	无	无	无
	高邑县	无	无	无	无
	临城县	无	无	无	无
	宁晋县	奉城镇	《金史·地理志》宁晋县有奉城镇	奉城镇	无
深州	深州	无	无	无	无
	武强县	小范镇	在武强县东二十里	小范镇	无
	饶阳县	无	无	无	无
	安平县	无	无	无	无
定州	定州	无	无	无	无
	深泽县	无	无	无	无
	曲阳县	无	无	无	无

资料来源:表内信息源自(乾隆)《钦定大清一统志》卷三至卷三十四《直隶统部》(四库全书本)和《乾隆府厅州县图志》卷一《顺天府》、卷二至卷四《直隶布政使司》(新化三味书室,光绪二十三年授经堂校刊本)所载信息梳理而成。

附录6　光绪时期天津府辖州县内镇的情况汇总表

州县	镇数量	镇	说明
天津县	15	新农镇	即小站
		白塘口镇	
		咸水沽镇	有把总
		葛沽镇	有巡检
		新城镇	有同知、守备
		双港镇	有把总
		灰堆镇	
		杨柳青	有驿丞把总
		西沽镇	有把总、巡检
		丁字沽镇	
		北仓镇	有大使
		蒲口镇	有把总
		旱沟镇	有千总
		三河镇	有把总
		桃花口镇	
静海县	8	四党口	有守备
		大中旺镇	
		良王庄镇	
		唐官屯镇	有千总、把总
		陈官屯镇	有外委
		东子牙镇	有把总
		独流镇	有巡检、把总
		瓦子头镇	

续表

州县	镇数量	镇	说明
青县	9	李镇	有外委
		大兴镇	
		兴济镇	有巡检、把总
		马厂镇	有外委
		新集镇	新集镇
		杜林镇	有巡检
		崇仙镇	
		流河镇	
		黄洼镇	
沧州	17	凤化店	有巡检
		马落坡镇	
		毕孟镇	
		北堡	有千总
		旧州	有外委
		五龙堂镇	
		捷地镇	有把总
		狼儿口镇	
		新县镇	
		王寺镇	
		小集镇	
		孟村镇	有巡检
		砖河镇	有游击
		同居镇	有把总
		李村镇	有巡检
		吕家桥	
		岐口镇	有守备

续表

州县	镇数量	镇	说明
南皮县	7	路灌镇	
		砥桥镇	
		董村镇	
		泊头镇	有主簿
		薛家窝镇	有把总
		冯家口	有外委
		半壁店镇	
盐山县	22	贾象镇	
		大王镇	
		海丰镇	
		狼坨子	有千总、外委
		高湾镇	有外委
		苏基镇	
		赵毛陶镇	
		羊二庄镇	有巡检、把总
		丁村镇	
		韩集镇	
		旧县镇	
		孟店镇	
		望树镇	
		杨家集镇	
		崔口镇	
		毛家集	
		新店镇	
		周郭镇	即周郭庄
		才元镇	

州县	镇数量	镇	说明
		韩村镇	有外委,即通志韩寇镇
		常郭镇	
		旧高城镇	
庆云县	4	严家务镇	
		尚家堂镇	
		解家集镇	
		黑牛王镇	

资料来源:表内信息源自光绪《重修天津府志》卷二十三《舆地》,来新夏、郭凤岐:《天津通志·旧志点校卷(上)》,天津:南开大学出版社,2001 年,第 966—983 页。

附录7 清末直隶省辖州县内镇的情况汇总表

府	州县	镇数量	镇	说明
顺天府	大兴县	3	青云店镇	
			凤河营镇	
			白塔村镇	
	宛平县	8	沿河口镇	
			磨石口镇	
			榆垡镇	
			平罗营镇	
			五里坨镇	
			赵村镇	
			王平口镇	
			天津关镇	
	良乡县	0	无	
	固安县	1	牛坨镇	
	永清县	0	无	
	东安县	1	旧州镇	
	香河县	0	无	
	通州	3	马头店镇	
			永乐店镇	
			马驹桥镇	
	三河县	1	马坊镇	
	武清县	8	王庆坨镇	
			安平镇	
			桐柏镇	
			崔黄口镇	
			三里浅镇	
			南蔡村镇	
			筐儿港镇	
			黄花店镇	

府	州县	镇数量	镇	说明
	宝坻县	1	玉甫营镇	
	宁河县	3	北塘口镇	
			新河庄镇	
			营城镇	
	昌平州	9	港泉营镇	
			牛房镇	
			奋奄屯镇	
			沙屯镇	
			高丽营镇	
			蔺沟镇	
			前营镇	
			前屯镇	
			皂角屯镇	
	顺义县	2	漕河营镇	
			杨各庄镇	
	密云县	0	无	
	怀柔县	0	无	
	涿州	5	王家店镇	
			松木店镇	
			柳河营镇	
			马沟村镇	
			长沟镇	
	房山县	0	无	
	霸州	0	无	行宫:苏桥镇
	文安县	0	无	
	大城县	0	无	

府	州县	镇数量	镇	说明
	保定县	0	无	
	蓟州	0	无	
	平谷县	0	无	
保定府	清苑县	0	无	
	满城县	1	方顺桥镇	河丞驻此
	安肃县	0	无	
	定兴县	0	无	有范阳坡、固城镇、宣化驿
	新城县	3	方官镇	
			新桥镇	
			白沟镇	
	唐县	0	无	
	博野县	0	无	
	望都县	0	无	
	容城县	0	无	
	完县	0	无	
	蠡县	0	无	
	雄县	0	无	
	祁州	0	无	
	束鹿县	0	无	
	安州	0	无	
	高阳县	0	无	

府	州县	镇数量	镇	说明
永平府	卢龙县	2	燕河庄镇	
			夷齐庙镇	
	迁安县	3	太平寨镇	
			汉儿崖镇	
			沙河镇	
	抚宁县	3	蒲河营镇	
			洋河口镇	
			深河堡镇	
	昌黎县	4	姜各庄镇	
			蒲河口镇	
			沙崖口镇	
			蛤泊堡镇	
	滦州	4	刘河口镇	
			稻地镇	
			开平镇	
			榛子镇	巡司驻此
	乐亭县	2	西关里镇	
			马头营镇	
	临榆县	3	海阳镇	
			乾沟镇	
			白塔岭镇	

续表

府	州县	镇数量	镇	说明
河间府	河间县	6	东城镇	县丞驻此
			二十里铺镇	
			卧佛堂镇	
			沙河桥镇	
			崇仙镇	
			新村镇	
	献县	2	淮家林镇	
			商家林镇	
	阜城县	0	无	
	肃宁县	0	无	
	任邱县	1	古州镇	
	交河县	2	泊头镇	河主簿驻此
			高川镇	
	宁津县	1	包头镇	
	景州	3	刘智庙镇	
			安陵镇	
			连窝镇	
	吴桥县	0	无	
	东光县	2	灯明寺镇	
			夏口镇	
	故城县	0	无	

续表

府	州县	镇数量	镇	说明
天津府	天津县	8	大沽镇	
			三河镇	
			头絁沟镇	
			蒲沟镇	
			咸水沽镇	
			双港镇	
			北码头镇	
			赵家场镇	
	静海县	1	独流镇	巡司驻此
	青县	3	长芦镇	
			兴济镇	巡司驻此
			杜林镇	巡司驻此
	沧州	4	砖河镇	
			祁口镇	
			捷地镇	
			旧州镇	
	南皮县	2	薛家窝镇	
			冯家口镇	
	盐山县	3	狼坨子镇	
			韩村镇	
			高家湾镇	
	庆云县	0	无	

续表

府	州县	镇数量	镇	说明
正定府	正定县	0	无	
	井陉县	0	无	
	获鹿县	0	无	
	元氏县	0	无	
	灵寿县	0	无	有叉头镇巡司。乾隆中移慈峪镇
	栾城县	0	无	
	平山县	0	无	
	阜平县	0	无	汛东有王快镇。康熙中，县寄此。又茨沟营镇
	行唐县	0	无	
	赞皇县	0	无	王家坪镇,咸丰末改汛
	晋州	0	无	
	无极县	0	无	
	藁城县	0	无	
	新乐县	0	无	
顺德府	邢台县	0	无	
	沙河县	0	无	
	南和县	0	无	
	平乡县	0	无	
	巨鹿县	0	无	
	广宗县	0	无	
	唐山县	0	无	
	内丘县	0	无	
	任县	0	无	

府	州县	镇数量	镇	说明
广平府	永年县	0	无	
	曲周县	0	无	
	肥乡县	0	无	
	鸡泽县	0	无	
	广平县	0	无	
	邯郸县	0	无	
	成安县	0	无	
	威县	0	无	
	清河县	0	无	
	磁州	1	彭城镇	州判驻此
大名府	元城县	0	无	
	大名县	0	无	
	南乐县	0	无	
	清丰县	1	顺和堡镇	
	东明县	1	杜胜集镇	
	开州	4	徐镇堡镇	
			两门集镇	
			井店集镇	
			柳下屯镇	
	长垣县	0	无	

续表

府	州县	镇数量	镇	说明
宣化府	宣化县	2	鸡鸣堡镇	
			深井镇	
	赤城县	11	新镇楼镇	
			云州堡镇	
			北栅镇	
			东栅镇	
			西栅镇	
			盘道镇	
			塘子镇	
			清平镇岭镇	
			四望镇	
			砖墩镇	
			野鸡镇	
	万全县	0	无	
	龙门县	8	安边镇	
			新楼镇	
			墩镇	
			冲台镇	
			盘道镇	
			宜台镇	
			常峪镇	
			雕鹗堡镇	
	怀来县	2	保安堡镇	参将驻此,置都司
			攀山堡	守备驻此

府	州县	镇数量	镇	说明
宣化府	蔚州	3	不详	
			不详	
			不详	
	西宁县	1	顺盛川镇	
	怀安县	4	左卫城镇	
			西洋河堡镇	
			水关台镇	
			镇口台镇	
	延庆州	5	石硖峪镇	
			营盘口镇	
			小水口镇	
			镇安堡镇	
			千家店镇	
	保安州	1	马水口镇	
承德府	滦平县	7	喀喇河屯镇	
			大店子镇	
			三道梁镇	
			马圈子镇	
			红旗镇	
			呼什哈镇	
			喇嘛洞镇	

续表

府	州县	镇数量	镇	说明
承德府	丰宁县	6	荒地镇	
			邓家栅镇	
			上黄旗镇	
			林家营镇	
			森吉图镇	
			白虎沟镇	
	平泉州	8	七沟营镇	
			丫头沟镇	
			暖泉镇	
			樱桃沟镇	
			龙须门镇	
			波罗树镇	
			他拉波罗洼镇	
			卧佛寺镇	
	朝阳县	4	六家子镇	
			波罗赤镇	
			三道梁镇	
			青沟镇	
	建昌县	4	贝子口琴镇	
			波罗索他拉镇	
			胡吉而图镇	
			大城子镇	

续表

府	州县	镇数量	镇	说明
赤峰府	赤峰州	4	杜梨子沟镇	
			哈拉木头镇	
			四道梁镇	
			音只嘎梁镇	
	林西县	0	无	
遵化府	遵化州	10	马兰峪镇	总兵驻此
			洪山口镇	总兵驻此
			鲇鱼口镇	
			大安口镇	
			罗文峪镇	
			石门镇	州判驻此
			大洼汛镇	
			窝哨子镇	
			窄道子镇	
			老厂镇	
	玉田县	0	无	
	丰润县	3	小集镇	
			毕家圈镇	
			开平营镇	

续表

府	州县	镇数量	镇	说明
易州	易州	3	泰宁镇	总兵驻此
			乌龙沟镇	
			紫荆关镇	
	涞水县	5	大龙门镇	
			马水口镇	
			水东营镇	
			秋澜汛镇	
			黄庄镇	巡司驻此
	广昌县	8	浮图峪镇	
			银防路镇	
			插箭岭口镇	
			白石口镇	
			胡核岭口镇	
			黄土岭口镇	
			黑石岭镇	
			飞狐口镇	
冀州	冀州	0	无	
	南宫县	0	无	
	新河县	0	无	
	枣强县	0	无	
	武邑县	0	无	
	衡水县	0	无	

府	州县	镇数量	镇	说明
赵州	赵州	0	无	
	柏乡县	0	无	
	隆平县	0	无	
	高邑县	0	无	
	临城县	0	无	
	宁晋县	0	无	
深州	深州	0	无	
	武强县	0	无	
	饶阳县	0	无	
	安平县	0	无	
定州	定州	0	无	
	深泽县	0	无	
	曲阳县	0	无	
口北三厅	张家口厅	3	兴和城镇	
			太平庄镇	
			乌里雅苏台镇	
	独石口厅	4	丁庄湾镇	
			黑河川镇	
			东卯镇	
			千家镇	
	多伦诺尔厅	0	无	

资料来源:表中信息源自《清史稿》卷五十四《地理志》,赵尔巽等撰:《清史稿》第八册,北京:中华书局,1977 年,第 1894—1923 页。

附录8　天津府村落名称变化统计表

区域	村落名称	村落名称具体变化
天津县东乡	何家庄	庄前作圈
天津县东乡	杨家场	场前作庄
天津县东乡	邢家庄	庄前作沽道
天津县东乡	下郭庄	前作郭家庄
天津县东乡	毛家台	毛前作倪
天津县东乡	王四楼	王四前作黄家
天津县南乡	佟家楼	佟前作童
天津县南乡	宣家楼	宣前作苑
天津县南乡	上河圈	圈前作园
天津县南乡	冯家口	冯前作凌
天津县南乡	于家台	台前作庄
天津县南乡	曾家台	台前作庄
天津县南乡	前杨家楼	楼前作庄
天津县南乡	王兰庄	兰前作监
天津县南乡	梨园坨	前作大、小梨园头
天津县南乡	胡家楼	胡前作孙
天津县南乡	于家台	台前作庄
天津县南乡	时庄	时前作官
天津县南乡	李庄	前作赵北李庄
天津县南乡	南八里台	前作八里庄
天津县南乡	巨客庄	客前作葛
天津县南乡	东庄子	前作东刘家庄
天津县南乡	高沙岭	沙前作山
天津县南乡	白沙头	头前作岭
天津县西乡	武家台	武作吴
天津县西乡	邓家淀	淀前作台
天津县西乡	王家庄	庄前作店

区域	村落名称	村落名称具体变化
天津县北乡	赵家圈	圈前作场
天津县北乡	小街	街前作淀
天津县北乡	上新庄	前作达子新庄
天津县北乡	韩盛庄	前作韩胜家庄
天津县北乡	刘安庄	安前作家
天津县北乡	刘状庄	状前作快
天津县北乡	霍家嘴	霍前作火
天津县北乡	宜兴埠	埠前作府
天津县北乡	高家场	场前作庄
青县东乡	国家沟	沟前作庄
青县东乡	何老营	前作火了营
青县东乡	张序庄	序前作虎
青县东乡	交道庄	交前作觉
青县东乡	集贤屯	集前作寄
青县东乡	东槐村	村前作庄
青县东乡	广昌屯	昌前作吕
青县东乡	寺庄	寺前作时
青县东乡	廉儿庄	前作连家
青县东乡	小姜家庄	姜前作杨
青县东乡	李云龙屯	前作李官
青县东乡	孙官屯	官前作家
青县东乡	罗家店	店前作庄
青县东乡	刘官屯	官前作缺
青县东乡	谭官屯	官前作家
青县东乡	周龙庄	周前作张
青县东乡	王布袋庄	袋前作家

区域	村落名称	村落名称具体变化
青县东乡	打虎庄	打前作大
青县东乡	下五旗	旗前作里
青县东乡	罗官屯	官前作家
青县东乡	宋官屯	官前作家
青县东乡	小吕庄	前作吕家
青县东乡	小苏庄	前作苏家
青县东乡	尹官屯	尹前作耿
青县东乡	余庆屯	余前作于
青县南乡	戴家园	园前作庄
青县南乡	靳刘庄	刘前作家
青县南乡	张齐庄	前作小齐家
青县南乡	魏姚王塔寺庄	姚前作韩
青县南乡	阁家营	前作膏上
青县南乡	大刘津庄	刘前作牛
青县南乡	小牛新庄	前作牛新家
青县南乡	邢靳马头	前无邢字
青县南乡	桃关营	桃前作陶
青县南乡	两连庄	连前作个
青县南乡	郭布村	郭前作郝
青县南乡	大布村	大前作提家
青县南乡	小布村	前作张家布
青县南乡	苗马头	苗前作刘家
青县南乡	小刘李庄	前作刘李家
青县南乡	铁佛庄	佛前作家
青县南乡	冯官庄	官前作家
青县南乡	庞新庄	庞前作罢

区域	村落名称	村落名称具体变化
青县南乡	南小营	南前作刘家
青县南乡	小何庄	前作何家
青县西乡	马家坊	坊前作场
青县西乡	西王庄	前作王家
青县西乡	长芦坦	坦前作疃
青县西乡	邢家庙	庙前作庄
青县西乡	王庄科	前作皇庄
青县西乡	于董庄	董前作家
青县西乡	朱新庄	新前作家
青县西乡	蒋程村	前无蒋字
青县西乡	徐梁程村	前无梁字
青县西乡	金邓程村	前无金字
青县西乡	张杨楼	前作杨家楼
青县西乡	王程村	王前作白家
青县北乡	王新庄	新前作家
青县北乡	王牌庄	牌前作盘
青县北乡	冯家庄	庄前作店
青县北乡	李豹儿庄	前作小李家
青县北乡	范家庄	范前作苑
青县北乡	程家庄	程前作陈
静海县东乡	罗锅庄	锅前作家
静海县东乡	梅厂	前作梅场村
静海县东乡	慈儿庄	前作慈庄
静海县东乡	清河庄	清前作大
静海县东乡	陈在庄	在前作塞
静海县东乡	二侯庄	侯前作何

续表

区域	村落名称	村落名称具体变化
静海县东乡	西乱垛	一无西字
静海县南乡	李靖庄	前作立敬家
静海县南乡	袁家疙疸	袁前作元
静海县西乡	玉田庄	玉前作义
静海县西乡	谭家疙瘩	谭前作谈
静海县西乡	王匡村	匡前作家
静海县北乡	罗家堂	堂前作庄
静海县北乡	马家村	马前作冯
静海县北乡	南萧家楼	前无南字
静海县北乡	北萧家楼	前作萧家庄
沧州东乡	唐家庄	前作唐官屯
沧州东乡	小戴庄	前作戴家圈子
沧州东乡	祝家院	院前作庄
沧州东乡	李新庄	新前作家
沧州东乡	吕家楼	楼前作院
沧州东乡	顾官屯	官前作北
沧州东乡	张新庄	新前作家
沧州东乡	小庄	前作小新
沧州东乡	六口	六前作流
沧州东乡	大白草冢	草前作菜
沧州东乡	刘家铺	铺前作庙
沧州东乡	牛进庄	进前作新
沧州南乡	刘家屯	前作刘家子来
沧州南乡	柳梦春庄	前作刘木春庄
沧州南乡	张家场	前作张还初家
沧州南乡	尹家桥	尹前作殷

续表

区域	村落名称	村落名称具体变化
沧州南乡	大贾庄	前作贾家庙
沧州南乡	张举庄	举前作家
沧州南乡	周孙庄	孙前作李
沧州南乡	孙福庄	福前作家
沧州南乡	小李庄	李前作孙
沧州南乡	高家庄	庄前作店
沧州南乡	马进士庄	前作马家
沧州南乡	前王官屯	前作王守成
沧州南乡	后王官屯	前作王世官
沧州南乡	萧官屯	官前作缺
沧州南乡	王新庄	新前作家
沧州南乡	刘官屯	官前作英
沧州南乡	刘浩屯	刘前作柳
沧州南乡	清凉寺	清凉前作流佛
沧州南乡	后刘庄	后前作小
沧州南乡	前刘庄即孙金刘庄	孙前作生
沧州南乡	姜家庄	庄前作桥
沧州南乡	扛　庄	前作　场
沧州南乡	王家宅	宅前作坟
沧州南乡	张祈屯	祈前作继
沧州南乡	孙情屯	情前作清
沧州南乡	徐家庄	徐前作齐
沧州南乡	柳长堤	前作刘长店
沧州南乡	张家砦	砦前作宅
沧州南乡	李长堤	堤前作店
沧州南乡	武家阁	武前作吴

续表

区域	村落名称	村落名称具体变化
沧州南乡	和里高庄	和里前作火燎
沧州南乡	马杯庄	杯前作连
沧州南乡	吕家宅	宅前作坟
沧州南乡	虎皮马庄	前无虎皮二字
沧州西乡	南新庄	前无南字
沧州西乡	张家坟	前作小张家庄
沧州西乡	吕家庄	庄前作院
沧州西乡	刘新庄	前作汗子刘家
沧州西乡	刘舒庄	前作起家
沧州西乡	王新庄	新前作家
沧州西乡	东纪家洼	东前作小
沧州西乡	古迹铺	古迹前作顾西
沧州西乡	止帆头	前作纸房头
沧州西乡	崔家营	崔前作尤
沧州西乡	温五拨	温前作张
沧州西乡	刘八拨	刘前作杨
沧州西乡	冷新庄	前无冷字
沧州西乡	吴家坊	坊前作庄
沧州西乡	李皋庄	皋前作高
沧州西乡	邢八拨	八前作九
沧州西乡	邢九拨	九前作四
沧州北乡	岭庄	前作岭冢店
沧州北乡	慈儿庄	慈前作柴
沧州北乡	李洼庄	洼前作官
沧州北乡	刘赵庄	赵前作曹
沧州北乡	瓦古町	町前作滩

区域	村落名称	村落名称具体变化
沧州北乡	港溪	溪前作西
沧州北乡	流散庄	前作刘三
沧州北乡	吴家铺	铺前作庄
沧州北乡	王家铺	铺前作桥
沧州北乡	前科牛	前作后科牛
沧州北乡	郑家庄	郑前作邓
沧州北乡	李村	李前作孙
沧州北乡	鹁鸽刘庄	鹁鸽前作鹁鸽
南皮县东乡	张家园	园前作庄
南皮县东乡	东新庄	东前作前
南皮县东乡	徐郎中庄	郎中前作家
南皮县东乡	许道口	道前作家庄
南皮县东乡	刘旺家庄	前作窑厂西刘
南皮县东乡	王叔莲庄	叔连前作少全
南皮县东乡	黄家庄	场前作庄
南皮县东乡	邢家庄	邢前作郝
南皮县南乡	戴家庄	戴前作代
南皮县南乡	汤老庄	老前作家
南皮县南乡	刘和睦庄	前作刘家
南皮县南乡	郭围庄	围前作家
南皮县南乡	白家坊	坊前作集
南皮县南乡	泊家庄	泊家前作波
南皮县南乡	刘寺庄	寺前作家
南皮县南乡	侯尖庄	尖前作家
南皮县南乡	徐尖庄	徐前作西
南皮县南乡	张尖庄	张前作东

区域	村落名称	村落名称具体变化
南皮县南乡	庞尖庄	尖前作家
南皮县南乡	小鲁庄	前作鲁家
南皮县南乡	张兵备庄	前作张家
南皮县南乡	寺后杨庄	前作杨家
南皮县南乡	刘大瓮庄	大前作打
南皮县南乡	洼里杨庄	前作杨家
南皮县南乡	洼里崔庄	前作崔家
南皮县南乡	洼里高庄	前作高家
南皮县南乡	洼里董庄	前作董家
南皮县南乡	高家营盘	高前作小张
南皮县南乡	仇祥于庄	前作于家
南皮县南乡	仇祥崔家	前作崔家场
南皮县南乡	王恭良庄	恭良前作姑娘
南皮县南乡	大马庄	大前作王家
南皮县南乡	小马庄	小前作刘家
南皮县南乡	萧家桥	桥前作庄
南皮县南乡	大王庄	前作王山家
南皮县南乡	小王庄	前作王还家
南皮县南乡	张玉衡庄	前作张义恒
南皮县南乡	儿马陈庄	前作陈家
南皮县南乡	西郑家庄	西前作小
南皮县南乡	李七庄	七前作家
南皮县南乡	张大庄	大前作家
南皮县南乡	王家庄	前作张祥王家庄
南皮县南乡	张暮春庄	暮前作木
南皮县南乡	刘辉庄	辉前作家

续表

区域	村落名称	村落名称具体变化
南皮县南乡	刘家屯	屯前作庄
南皮县南乡	王国贞庄	前作王果针
南皮县南乡	孙刘庄	孙前作小
南皮县南乡	火张庄	前作张家
南皮县南乡	沙把张庄	前作小张家
南皮县南乡	小高庄	小高前作高家
南皮县南乡	李及庄	前作李济家
南皮县南乡	沙杨桂庄	前作杨家
南皮县南乡	赵毛庄	毛前作家
南皮县南乡	李兴宇庄	前作李家
南皮县南乡	李疙瘩庄	前作李家
南皮县西乡	南花园	前作刘家花园
南皮县西乡	戴家庄	戴前作代
南皮县西乡	小李庄	前作李家
南皮县西乡	后张三庄	前作西张家八里庄
南皮县西乡	前张三庄	前作东张家八里庄
南皮县西乡	双狮赵庄	前无双狮
南皮县西乡	张盘古庄	盘古前作廉史
南皮县西乡	毕剪子庄	前作毕家
南皮县西乡	刘八里庄	刘前作赵
南皮县西乡	赵监生庄	前作赵家
南皮县西乡	高八里庄	前作高家
南皮县西乡	刘家湾	湾前作庄
南皮县西乡	堤口傅庄	前作傅家
南皮县西乡	萧家园	园前作庄
南皮县西乡	小林庄	前作林家

续表

区域	村落名称	村落名称具体变化
南皮县西乡	吴家集	集前作庄
南皮县西乡	葵家庄	葵前作蔡
南皮县西乡	高家集	集前作庄
南皮县西乡	孙家集	集前作庄
南皮县西乡	侯孟吉庄	前作侯家
南皮县西乡	小戴庄	戴前作代
南皮县西乡	齐家庄	前作齐孙
南皮县北乡	北花园	北前作张家
南皮县北乡	侯新庄	前作光定侯家
南皮县北乡	王家庄	前作王蒜头家
南皮县北乡	张拔贡庄	前作张扒棍子
南皮县北乡	木家桥	木前作穆
南皮县北乡	六户刘庄	前无六户
南皮县北乡	谷家庄	谷前作古
南皮县北乡	王家庄	前作王三斗家
南皮县北乡	博古刘庄	前作小刘
南皮县北乡	北张庄	北前作大
南皮县北乡	孙七庄	七前作家
南皮县北乡	王新庄	前作打鱼王家
南皮县北乡	李黄庄	黄前作家
盐山县东乡	大黄庄	前作黄家
盐山县东乡	汤龙洼	汤前作张
盐山县东乡	摩河村	前作诃庄
盐山县东乡	冯家铺	铺前作河
盐山县南乡	清水庄	庄前作沟
盐山县南乡	小李砦	李前作里

区域	村落名称	村落名称具体变化
盐山县南乡	韩将军庄	前作韩家
盐山县南乡	大酆庄	酆前作封
盐山县南乡	小酆庄	酆前作封
盐山县南乡	温暖庄	前作南店
盐山县南乡	北台	北前作南
盐山县南乡	韩家庄	庄前作桥
盐山县南乡	傅里庄	里前作家
盐山县南乡	舌许庄	舌前作绳
盐山县南乡	大吕宅	宅前作家寨
盐山县南乡	小吕宅	宅前作家寨
盐山县南乡	张家庄	前张子香家庄
盐山县南乡	三官庙	官前作皇
盐山县西乡	谢家园	园前作庄
盐山县西乡	大姚庄	大前作二
盐山县北乡	杨红庙	姜红庙
盐山县北乡	陈马闸口	前作马大口
盐山县北乡	翟马闸口	前作马大口
盐山县北乡	吕吴庄	前作吴家
盐山县北乡	金马闸口	前作马大口
盐山县北乡	李马闸口	前作马大口
盐山县北乡	田马闸口	前作马大口
盐山县北乡	姜马闸口	前作马大口
盐山县北乡	王马闸口	前作马大口
盐山县北乡	陈家庄	庄前作林
盐山县北乡	刘家庄	前有黄堤字
盐山县北乡	刘家皂	皂前作庄

续表

区域	村落名称	村落名称具体变化
盐山县北乡	刘家铺	铺前作庄
庆云县东乡	李云渠庄	云渠前作家
庆云县东乡	邓家黄邱	前作邓家庄
庆云县东乡	于家店	店前作庄
庆云县东乡	李家庄	前作李营
庆云县东乡	张凤喈庄	前作小张家
庆云县东乡	扳打营	前作板达
庆云县东乡	严家务	严前作阎
庆云县东乡	关家庄	关前作阎
庆云县东乡	大胡家庄	大前作种
庆云县东乡	王卦家庄	前无卦字
庆云县东乡	小唐家庄	小前作西
庆云县东乡	大唐家庄	大前作东
庆云县东乡	徐道口	徐前作陈
庆云县东乡	胡家店	店前作庄
庆云县东乡	小王庄	前作王家
庆云县东乡	张牌庄	牌前作家
庆云县东乡	人和刘庄	前作刘家
庆云县东乡	东刘庄	东前作大
庆云县东乡	杨大夫庄	前作杨家庄
庆云县东乡	小刘庄	刘前作柳
庆云县东乡	大新庄	大前作小
庆云县东乡	李赤城庄	前作李家庄
庆云县东乡	陈乡宦庄	前作小陈
庆云县东乡	堤口崔庄	前作大、小崔
庆云县南乡	魏家洼	洼前作庄

区域	村落名称	村落名称具体变化
庆云县南乡	王南津庄	前作王家
庆云县南乡	李泮池庄	前作李家
庆云县南乡	解家集	集前作庄
庆云县南乡	养马王庄	前作王家
庆云县南乡	乔万庄	万前作家
庆云县南乡	范家庵	庵前作庄
庆云县南乡	大陈庄	前作陈家
庆云县南乡	程太监庄	前作程家
庆云县南乡	刘谟庄	谟前作家
庆云县南乡	南杜庄	前作杜家
庆云县南乡	李梓庄	梓前作家
庆云县南乡	菜张庄	前作张家
庆云县南乡	西崔郎务	前作西存良
庆云县南乡	东崔郎务	前作东存良
庆云县南乡	慈老王庄	前作王家
庆云县南乡	李白元庄	前作后李家
庆云县南乡	李合璧庄	前作李家
庆云县南乡	堤南李庄	前作沙窝李
庆云县南乡	寺后刘庄	刘前作王
庆云县南乡	大周庄	前作周家
庆云县西乡	王知县庄	前作王家
庆云县西乡	陈养元庄	养元前作追子
庆云县西乡	赵奎斗庄	前作赵家
庆云县西乡	小杨庄	前作杨家
庆云县西乡	杨钦赐庄	前作杨家
庆云县西乡	杨马郎庄	前作杨家

资料来源:表内信息源自《重修天津府志》卷二十五《舆地·城乡》,来新夏、郭凤岐:《天津通志·旧志点校卷(上)》,天津:南开大学出版社,2001 年,第 965—983 页。

后 记

时间总是很公平地拥抱每个人，又无可阻挡地透体而过，带走了生动与鲜活，将记忆的碎片散落于灵魂中。翻看这些碎片，这是过往的收获，是存在的价值，是留存于世的痕迹。

本书的主体是笔者的博士毕业论文。我于2012年有幸进入天津师范大学历史文化学院学习，师从毛曦教授。能拜入老师门下，获得博士研究生的学习机会是我的幸运。其中既有个人的些许努力，也有家人、朋友、上司的支持和理解，但最重要的还是老师的宽容和接纳。这世间珍贵之事物不是人人都有机会获取，无论金钱、名利、天分、知识皆是如此。我有机会在老师的指引下走上寻真之路，能有机会去追寻这世间的珍贵是莫大的福缘。在尚无此机会的人眼中，昨日众人中的一员，今日似乎已与众不同。但只有经历过的人才会明白，这并不值得自傲，若以此自恃，前路已见尽头。无论在别人眼中如何，自己心中应该有数。环顾左右，无论师长还是同学，皆有过人之处，虚心求教才是应一贯自持的心态。

回顾博士在读这几年时光，首先要感谢天津师范大学历史文化学院教授毛曦先生。恩师数年如一日耐心、细致地教导，无数次的指导、讨论，使我在言传身教中更深刻地领悟严谨治学的精神和原则。无论是论文的选题，还是思路的梳理、文章框架的构建都闪耀着导师智慧的光芒。怎奈自身学识浅薄,基础薄弱,很多精神尚不能领会,诸多思想还不能融汇。探索的道路没有尽头,我将铭记导师的谆谆教诲与恩情,在未来的道路中不懈努力,在导师的指引下继续前行。

我还要感谢官宝利校长在课堂学习、论文开题过程中的指导和帮助。官校长轻松幽默的语言风格、平易近人的态度使人倍感亲切,信手拈来的案例让人备受启发。同时,还要感谢邓玉娜、于双远老师在论文开题过程中提出的宝贵建议和指导。也要感谢罗艳春老师在田野考察中给予的帮助和启发。感谢侯建新院长、徐悦院长、郭婷老师在我各方面负担比较重的情况下,对学业的拖延给予的关怀、包容和谅解。感谢董振华师弟无私地分享个人的经验和思考,经常与我讨论,帮助我理清思路。感谢万映辰师妹提供的珍贵资料和图片,为资料搜集节省了大量时间。感谢汤津岑、王丽两位同学在学习期间给予的支持和帮助。感谢我的家人,特别是在论文写作的最后阶段,为我提供了必要的时间保证。求学期间,我已任教于天津国土资源和房屋职业学院,从备考到求学的数年,得到学院、部门数位领导的认可与支持,并给予了众多方便与保障,吾将以所学回馈。

本书得以出版要感谢天津市档案馆(天津市地方志编修委员会办公室)的众位领导、老师,感谢评审专家的认可与鼓励,感谢出版社编审老师的辛勤工作。

所有要感谢的人无关乎身份地位、无关乎年龄辈分,今日有所谢,是前日众人有所为,是对众人所为的感恩,也是对自身的激励。人生的考验贯穿始终,面对困境与迷惑,能得师友的指引与支持,实是我之幸!

2021 年 8 月于天津